CATALOGUE
DES LIVRES

COMPOSANT LA

BIBLIOTHÈQUE DE FEU M. GUIZOT

PREMIÈRE PARTIE

BEAUX-ARTS. — BELLES-LETTRES. — HISTOIRE

DONT LA VENTE AURA LIEU

Le lundi 8 mars 1875, et les onze jours suivants
à une heure et demie très-précises

Hôtel des commissaires-priseurs, rue Drouot
Salle n° 3, au premier

Par le ministère de Me Charles **PILLET**, commissaire-priseur,
Rue de la Grange-Batelière, 10.

PARIS
ADOLPHE LABITTE
LIBRAIRE DE LA BIBLIOTHÈQUE NATIONALE
4, rue de Lille, 4

1875

CATALOGUE
DES LIVRES

COMPOSANT LA

BIBLIOTHÈQUE DE FEU M. GUIZOT

PREMIÈRE PARTIE

BEAUX-ARTS. — BELLES-LETTRES. — HISTOIRE

DONT LA VENTE AURA LIEU

Le lundi 8 mars 1874, et les onze jours suivants
à une heure et demie très-précises

Hôtel des commissaires-priseurs, rue Drouot
Salle n° 3, au premier

Par le ministère de M\ CHARLES **PILLET**, commissaire-priseur,
Rue de la Grange-Batelière, 10.

PARIS

ADOLPHE LABITTE

LIBRAIRE DE LA BIBLIOTHÈQUE NATIONALE

4, rue de Lille, 4

1875

ORDRE DES VACATIONS.

Première vacation. — *Lundi 8 mars 1875.*

	Numéros.	
Beaux-Arts, Belles-Lettres..................	36 —	220
Beaux-Arts.................................	1 —	35

Deuxième vacation. — *Mardi 9 mars.*

| Belles-Lettres............................. | 416 — | 442 |
| ——— .... | 221 — | 415 |

Troisième vacation. — *Mercredi 10 mars.*

| Géographie, Voyages....................... | 571 | 667 |
| Mélanges littéraires, Polygraphes et Collections....... | 443 — | 570 |

Quatrième vacation. — *Jeudi 11 mars.*

| Voyages, Histoire universelle, Histoire ancienne, Histoire générale de l'Europe...................... | 686 — | 895 |
| Voyages................................... | 668 — | 685 |

Cinquième vacation. — *Vendredi 12 mars.*

| Histoire de France......................... | 915 — | 1104 |
| Géographie de la France, Collections sur l'histoire de France............................... | 896 — | 914 |

Sixième vacation. — *Samedi 13 mars.*

| Histoire de France......................... | 1105 — | 1325 |

Septième vacation. — *Lundi 15 mars.*

| Histoire de France, Histoire des provinces et villes de France................................. | 1326 — | 1545 |

ORDRE DES VACATIONS.

Huitième vacation. — *Mardi 16 mars.*

                                                    Numéros.

Histoire des provinces de France, Histoire d'Angleterre, Collections publiées par ordre du gouvernement anglais .... 1546 — 1753

Neuvième vacation. — *Mercredi 17 mars.*

Histoire d'Angleterre............................ 1754 — 1989

Dixième vacation. — *Jeudi 18 mars.*

Histoire des provinces de l'Angleterre et de ses colonies, Histoire d'Italie, de Suisse, d'Espagne, d'Allemagne, de Russie et de Danemark........................ 1990 — 2217

Onzième vacation. — *Vendredi 19 mars.*

Histoire d'Afrique et d'Amérique, Noblesse, Archéologie, Paléographie, Histoire littéraire, Sociétés savantes.... 2218 — 2440

Douzième vacation. — *Samedi 20 mars.*

Biographie, Bibliographie, Journaux................ 2441 — 2586

CONDITIONS DE LA VENTE.

M. Adolphe Labitte, chargé de la vente, remplira les commissions des personnes qui ne pourraient y assister.

La vente se fait au comptant.

Les acquéreurs payeront 5 p. °/₀ en sus des enchères, applicables aux frais.

Il y aura exposition des livres composant chaque vacation, à une heure précise.

Les réclamations devront être faites, au plus tard, dans les vingt-quatre heures qui suivront la vente. Passé ce délai, les articles adjugés ne seront repris pour aucune cause.

N. B. Tous les ouvrages portent, sur les titres, l'armoirie reproduite en tête de ce Catalogue, et ces mots pour exergue : *Bibliothèque de M. Guizot.*

CATALOGUE
DES LIVRES

COMPOSANT LA

BIBLIOTHÈQUE DE FEU M. GUIZOT

PREMIÈRE PARTIE

BEAUX-ARTS, BELLES-LETTRES ET HISTOIRE

BEAUX-ARTS.

MÉLANGES SUR LES ARTS.

1. Dictionnaire de l'Académie des Beaux-Arts. *Paris, Firmin Didot*, 1858, 2 vol. in-8, fig. grav. demi-rel. chagr. brun tr. jasp.
2. Études sur l'histoire de l'art, par L. Vitet. *Paris, M. Lévy*, 1864, 3 vol. in-12, demi-rel. v. bl.
3. Opera di Filippo Baldinucci Fiorentino. *In Torino*, 1768-70, 2 vol. in-4, portr. demi-rel. v. marbr.
4. Il Riposto, in cui si tratta della pittura e della scultura di Raffaello Borghini. *Milano*, 1807, 3 vol. in-8, demi-rel. v. ant.
5. Recueil de lettres sur la peinture, la sculpture et l'architecture, par L.-J. Jay. *Paris*, 1817, in-8, demi-rel. v. v.
6. Beaux-Arts et voyages, par Ch. Lenormant, précédés d'une lettre de M. Guizot. *Paris, Mich. Lévy fr.*, 1861, 2 vol. in-8, demi-rel. v. bleu.
7. Du Vandalisme et du catholicisme dans l'art, par le comte de Montalembert. *Paris, Debécourt*, 1839, in-8, figures, demi-rel. v. f. tr. jasp.

8. The fine Arts, their nature and relations, by M. Guizot; translated with the assistance of the author, by George Grove; with illustrations drawn on wood by George Scharf. *London, Thomas Bosworth*, 1853, gr. in-8 carré, nombr. fig. grav., cart. en percal. non rog.

9. Influence de la liberté et des idées religieuses et morales sur les beaux-arts, par André Albrespy. *Paris, Sandoz et Fischbacher*, 1873, in-12, demi-rel. v. v.

10. Épilogue à l'art chrétien, par A.-F. Rio. *Fribourg-en-Brisgau*, 1870, 2 vol. in-8, demi-rel. v. f.

11. Taine (H.). Philosophie de l'art en Grèce. — Philosophie de l'art en Italie. — De l'Idéal dans l'art. — Philosophie de l'art dans les Pays-Bas. *Paris, Germer-Baillière*, 1867-1870, 4 vol. in-12, demi-rel. v. bl.

12. Histoire de la caricature et du grotesque dans la littérature et dans l'art (en Angleterre), par Thomas Wright, traduite avec l'approbation de l'auteur par Octave Sachot. *Paris, Amédée Pichot*, 1867, gr. in-8, illustrée de 238 gravures intercalées dans le texte, demi-rel. v. f. tête jasp. n. rog. Envoi aut. de l'auteur à M. Guizot.

13. Du Laocoon, ou des limites respectives de la poésie et de la peinture, traduit de l'allemand de G.-E. Lessing, par Charles Vanderbourg. *Paris, Ant.-Aug. Renouard*, 1802, in-8, fig. demi-rel. v. ant.

14. Creuzer. Die historische Kunst der Griechen. *Leipzig*, 1803, in-8. — Symbolik und Mythologie der alten Volker. *Leipzig*, 1810, 4 vol. in-8, demi-rel.

15. Geschichte der historischen Forschung und Kunst, von Ludwig Wachler. *Gottingen*, 1812, 5 vol. in-8, demi-rel.

16. Waagen. Kunstwerke und Kunstler in England. *Berlin*, 1837, 3 vol. in-12, demi-rel.

17. HISTOIRE DES ARTS industriels au moyen âge et à l'époque de la Renaissance, par Jules Labarte, 2ᵉ édition. *Paris, A. Morel*, 1872, 2 vol. in-4, planches, br. (*Envoi d'auteur.*)

PEINTURE.

8. Grammaire des arts du dessin, architecture, sculpture, peinture, par Ch. Blanc. *Paris, veuve Jules Renouard*, 1867, gr. in-8, nombr. figures interc. dans le texte, demi-rel. v. f. dos orné n. rog. (*Envoi d'auteur.*)

19. Grammaire des arts du dessin, architecture, sculpture, peinture, par Ch. Blanc. *Paris, veuve Jules Renouard*, 1870, in-4, br. neuf, n. c. figures interc. dans le texte.

<small>Les premières pages, jusqu'à 10, sont déchirées dans la marge du bas, mais sans atteindre le texte.</small>

20. Peintures antiques inédites, précédées de recherches sur l'emploi de la peinture dans la décoration des édifices sacrés et publics chez les Grecs et les Romains; faisant suite aux Monuments inédits, par M. Raoul-Rochette. *Paris, Imprim. royale*, 1836, in-4, avec 15 planches color., demi-rel. v. f. dos orné.

21. Notions pratiques sur l'art de la peinture, enrichies d'exemples d'après les grands maîtres des écoles italienne, flamande et hollandaise, par John Burnet; traduites de l'anglais par P.-C. Van Geel. *Paris, Rittner et Goupil*, 1835, in-4, avec planches, cart. en percal. non rog.

22. Trattato della pittura di Lionardo da Vinci. *Milano*, 1804, in-8, portr. et fig. demi-rel. bas.

23. Le Vite de' Pittori, scultori et architetti moderni, scritte da Gio. Pietro Bellori. *In Roma*, 1672, in-4, portr. bas.

24. Vite de' pittori antichi scritte ed illustrate da Carlo Dati. *Milano*, 1806, in-8, portr. demi-rel. v. ant.

25. Vite dei pittori antichi greci e latini, compilate dal P. M. Guglielmo. *In Siena*, 1795, in-4, portr. demi-rel. v. br.

26. Vite de' più eccellenti pittori, scultori e architetti, scritte da Giorgio Vasari. *Milano*, 1807-1811, 16 vol. in-8, portr. demi-rel. v. ant.

27. Storia pittorica della Italica dell'ab. Luigi Lanzi. *Bassano*, 1809, 6 vol. in-8, demi-rel. v. viol.

28. Histoire de la peinture en Italie, par M. B. A. A. *Paris, P. Didot l'aîné*, 1817, 2 vol. in-8, demi-rel. v. ant.

29. Histoire de la peinture en Italie, par John Coindet. *Paris*, 1849. — Léonard de Vinci et son école, par A.-F. Rio. *Paris*, 1855, ens. 2 vol. in-12, demi-rel. v. f.

30. Appendice à l'ouvrage intitulé : Histoire de Raphaël, par Quatremère de Quincy, par le baron Desnoyers. 1852, in-4, cartonné, figures.

31. Deux candélabres composés par Raphaël et par Michel-Ange. 4 pl. in-fol. demi-rel.

32. Opere di Antonio Raffaello Mengs, publicate dal cat. D. Giuseppe Niccola d'Azara. *In Bassano*, 1783, 2 vol. in-8, demi-rel. v. ant.

33. TABLEAUX, STATUES, BAS-RELIEFS ET CAMÉES DE LA GALERIE DE FLORENCE ET DU PALAIS PITTI, dessinés par Wicar, peintre, et gravés sous la direction de C.-L. Masquelier avec les explications par Monge, membre de l'Institut. *A Paris, chez Lacombe, peintre de l'ouvrage,* 1789-1804, 4 vol. in-folio, maroq. viol. fil. tr. dor. (*Aux armes royales d'Angleterre, avec le chiffre de M. Guizot.*)

Épreuves sur chine.

34. Museo Bresciano, illustrato per Giuseppe Saleri. *Brescia, tipografia della Minerva,* 1838, tom. Ier, in-4, fig. mar. r. tr. dor. (*Envoi d'auteur signé.*)

Bel exemplaire en grand papier vélin.

35. LE MUSÉE ROYAL, publié par Henri Laurent, graveur du cabinet du roi, ou Recueil de gravures d'après les plus beaux tableaux, statues et bas-reliefs de la collection royale, avec description des sujets, notices littéraires et discours sur les arts. *Paris, de l'impr. de P. Didot l'aîné,* 1816-18, 2 vol. gr. in-fol. pap. vélin, gravures et fig. gr. à l'eau-forte, demi-rel. mar. rouge non rog.

Bel exemplaire. Les notices sont de M. Guizot.

36. Description des tableaux du Palais-Royal, avec la vie des peintres à la tête de leurs ouvrages. *Paris,* 1727, in-12, v. ant. fil.

37. Galerie Aguado. Choix des principaux tableaux de la galerie de M. le marquis de Las Marismas del Guadalquivir, par Ch. Gavard; notices sur les peintres par Louis Viardot. *Paris, chez Gavard, s. d.,* in-fol. titre et planches grav. par Bénard, demi-rel. maroq. noir au chiffre de M. Guizot.

38. L'Académie royale de peinture et de sculpture, étude historique par L. Vitet. *Paris, M. Lévy,* 1861, in-8, demi-rel. mar. br.

39. Louis David, son école et son temps, souvenirs par E.-J. Delécluze. *Paris, Didier,* 1855, in-8, demi-rel. chagr. brun, dos orné.

40. Œuvres posthumes de Girodet-Trioson, peintre d'histoire; suivies de sa correspondance, précédées d'une notice historique et mises en ordre par P.-A. Coupin. *Paris, Jules Renouard,* 1829, 2 vol. gr. in-8, demi-rel. v. vert, figures.

41. Ingres, sa vie et ses ouvrages, par M. Charles Blanc. *Paris, veuve J. Renouard,* 1870, très-gr. in-8, portr. gravé par Flammeng, et 12 belles gravures, demi-rel. chagr. violet.

BEAUX-ARTS.

DESSINS ET GRAVURES.

43. RECUEIL DE DESSINS ORIGINAUX à la sépia, avec explications tirées du Dictionnaire iconologique, en 1 vol. in-fol. v. m.

Ce recueil contient 150 dessins très-bien exécutés, avec deux tables manuscrites comme les explications, et paraissant dater du commencement du dix-huitième siècle. Quatre de ces dessins ont été arrachés du recueil.

44. Voyage d'un iconophile, revue des principaux cabinets d'estampes, bibliothèques et musées d'Allemagne, de Hollande et d'Angleterre, par Duchesne aîné. *Paris*, 1834, in-8, demi-rel. v. tr. marbr.

45. Iconographie chrétienne, Histoire de Dieu, par M. Didron. *Paris, Impr. royale*, 1843, in-4, v. ant. fil. dos orné, non rog.

Exemplaire en grand papier vélin.

46. COLLECTION DES COSTUMES, armes et meubles, pour servir à l'histoire de France depuis le commencement du ve siècle jusqu'à nos jours, par le comte H. de Viel-Castel. *Paris, Treuttel et Wurtz*, 1827-1832, 3 vol. in-fol. pap. vél. avec 300 planches color., demi-rel. mar. r. dos orné, non rog.

47. COSTUMES DES XIIIe, XIVe et XVe SIÈCLES, extraits des monuments les plus authentiques de peinture et de sculpture, avec un texte historique et descriptif, par Camille Bonnard. *Paris, Treuttel et Würtz*, 1829-1830; 2 vol. in-4, pap. vél., nombr. fig. color. demi-rel. mar. r. non rog.

48. Galerie des personnages de Shakspeare, reproduits dans les principales scènes de ses pièces, avec une analyse succincte de chacune des pièces de Shakspeare et la reproduction en anglais et en français des scènes auxquelles se rapportent les quatre-vingts gravures dont cet ouvrage est orné, par Amédée Pichot, précédée d'une notice biographique de Shakspeare, par Old-Nick. *Paris, Baudry*, 1844, in-4, fig. sur chine, cart. toile, tr. dor. (*Envoi d'auteur.*)

49. Monuments inédits ou peu connus faisant partie du cabinet de Guillaume Libri et qui se rapportent à l'histoire des arts et du dessin, considérés dans leur application à l'ornement des livres. *Londres, Dulan*, 1862, in-4, 60 planches chromo or et couleurs, demi-rel. maroq. rouge.

Plus le supplément publié en 1864.

50. Figures de l'histoire de la République romaine, d'après les dessins de Mirys. *Paris, an VIII*, gr. in-4, pap. vélin, demi-rel. n. rog.

51. La Grèce, par Stack. — Elberg, in-fol. demi-rel. (*Recueil de planches.*)
52. Viva Delineatio ac descriptio omnium prœliorum, obsidionum, etc., quæ, durante bello adversus Hispaniarum regem, in Belgii provinciis gestæ sunt. *Amstelodami*, 1621, in-4, obl. (285 planches.)
53. Vues pittoresques de l'Écosse, dessinées d'après nature par F.-A. Pernot; lithographiées par Bonington, David, Deroi, Enfantin, Francia, Goblain, etc., d'après les dessins de Delaroche jeune et Eugène Lami; avec un texte explicatif extrait des ouvrages de Walter Scott, par Am. Pichot. *Paris, Ch. Gosselin*, 1826, gr. in-4, pap. vél. fort, cart. non rog.
54. Cartes et dessins chinois, 8 rouleaux.

ARCHITECTURE.

55. Nouvelle Architecture pratique, ou Bullet. rectifié et entièrement refondu par feu M. A. Miché, publié par Jay, architecte. *Paris*, 1825, 2 vol. in-8, bas.
56. An Inquiry into the principles of beauty in grecian architecture; with an historical view of the rise and progress of the art in Greece; by George, earl of Aberdeen. *London, John Murray*, 1822, in-8, mar. vert, dent. dos orné, tr. dorée.
57. Philosophie de l'architecture en Grèce, par Emile Boutmy. *Paris, Germer-Baillière*, 1870, in-12, demi-rel. v. v.
58. L'Architecture au siècle de Pisistrate, par E. Beulé. *Paris, typ. de madame veuve Lacour*, 1860, gr. in-8, figures et planches coloriées, demi-rel. v. ant. dos orné.
59. De l'Architecture égyptienne considérée dans son origine, ses principes et son goût, par M. Quatremère de Quincy. *Paris, Barrois l'aîné*, 1803. — La Statue vocale de Memnon (par Letronne). *Paris, Impr. royale*, 1833, in-4, pl. demi-rel. chagr. v.
60. Histoire de la vie et des ouvrages des plus célèbres architectes du XIe siècle jusqu'à la fin du XVIIIe, par M. Quatremère de Quincy. *Paris, J. Renouard*, 1830, 2 vol. gr. in-8, fig. cart. n. rog.
61. Memorie intorno la vita e le opere di Andrea Palladio pubblicate nell' inaugurazione del suo monumento in Vicenza li 19 agosto 1845..... dall' abate Antonio Magrini. *Padova, dalla tipografia del seminario*, 1845, gr. in-4, pap.

vélin fort, portrait, figures et fac-simile, chag. r. dent. dos orné, tr. dor.

62. A Dictionary of the architecture and archæology of the middle ages, by John Britton. *London*, 1838, gr. in-8, demi-rel. figures.

63. Description des monuments de Rhodes, par le colonel Rottiers. *Bruxelles, Madame veuve A. Colinez*, 1830, in-4, papier vélin, demi-rel. v. bleu, non rog.

64. Architecture monastique, par M. Albert Lenoir. *Paris, Impr. nationale*, 1852-56, 2 vol. in-4, br. et cart. non rogné.

Avec de nombreuses figures dans le texte. Exemplaire en papier vélin.

65. LES ÉGLISES DE LA TERRE SAINTE, par le comte Melchior de Vogüé. *Paris, V. Didron*, 1860, in-4, nombr. planches, dont quelques-unes sont color. demi-rel. dos et coins de mar. vert, fil. dos orné, tr. sup. dor. non rog.

66. Le Temple de Jérusalem. Monographie du Haram-Ech-Chérif, suivie d'un essai sur la topographie de la ville sainte, par le comte Melchior de Vogüé. *Paris, Noblet et Baudry*, 1864.

67. Dissertation sur l'âge de la cathédrale de Tournai, par B.-C. Dumortier. *Paris, M. Hayez*, 1841, broch. in-8 de 18 pages, cart. (*Envoi d'auteur.*)

68. Vue générale de l'abbaye de Saint-Bertin. In-fol. contenant 8 planches gravées et coloriées, demi-rel. bas. verte.

SCULPTURE ET CISELURE.

69. Recherches sur l'art statuaire considéré chez les anciens et chez les modernes. *Paris, chez la veuve Nyon*, 1805, in-8, cart.

70. Recueil des costumes français, ou Collection des plus belles statues, etc., depuis Clovis jusqu'à Napoléon, par Beaunier et Rathier. *Paris*, 1810, in-fol. demi-rel. 108 planches.

71. La Vie et les Œuvres de Jean-Baptiste Pigalle, sculpteur, par P. Tarbé. *Paris, veuve J. Renouard*, 1859, in-8, demi-rel. v. br.

72. Armeria antica e moderna di S. M. Carlo Alberto, descritta dal conte Vittorio Seyssel d'Aix. *Torino*, 1840, in-8, fig. mar. r. compart. dor. tr. dor. (*Aux chiffres du prince Paléologue.*)

73. Scudi dell' armeria di S. M. Carlo Alberto, 7 planches in-fol. maroq. rouge, tr. dor.

MUSIQUE.

74. Histoire de l'harmonie au moyen âge, par E. de Coussemaker. *Paris, Didron*, 1852, in-4, br.
75. Mémoires, ou Essais sur la musique, par le citoyen Grétry. *Paris, de l'Imprimerie de la République, an V*, 2 vol. in-8, cart. n. r.

BELLES-LETTRES.

RHÉTORIQUE, LINGUISTIQUE.

76. Étude sur l'état de la rhétorique chez les Grecs jusqu'à la prise de Constantinople, par E. Gros. *Paris, Firmin Didot fr.*, 1835, in-8, maroq. bleu, fil. à comp. tr. dor. (*Ouvrage dédié à M. Guizot.*)
77. Philodemi Rhetorica, restituit, latine vertit E. Gros. *Parisiis, F. Didot*, 1840, in-8, v. viol. fil. tr. dor. (*Envoi d'auteur.*)
78. La Science du langage, cours professé à l'institution royale de la Grande-Bretagne en l'année 1861, par M. Max-Müller, traduit de l'anglais par MM. Georges Harris et Perrot. *Paris, Durand et Pedone-Lauriel*, 1867, 3 vol. in-8, demi-rel. v. f. tr. jasp.
79. Gébelin (Court de). Monde primitif, ou Origine du langage et de l'écriture. — Grammaire universelle. — Dictionnaire étymologique de la langue grecque. *Paris*, 1775-1782, 3 vol. in-4, fig. demi-rel. de v. r.
80. L'Alphabet raisonné, ou Explication de la figure des lettres, par M. l'abbé Moussaud. *Paris, Maradan*, 1803, 2 vol. in-8, fig. demi-rel. v. ant.
81. Thèses supplémentaires de métrique et de musique anciennes, de grammaire et de littérature, par B. Jullien.

Paris, L. Hachette, 1861, in-8, demi-rel. chagr. brun tr. jasp.

82. Éloquence et improvisation, art de la parole oratoire au barreau, à la tribune, à la chaire, par Gorgias. *Paris, Cotillon*, 1846, in-8, mar. v. fil. tr. dor.

83. Œuvres complètes de Démosthène et d'Eschine, en grec et en français, traduction de l'abbé Auger; édition revue par J. Planche. *Paris, Verdière*, 1819, 10 vol. in-8, portr. demi-rel. v. vert, dos orné.

84. Œuvres politiques de Démosthène, traduites par P.-A. Plougoulm. *Paris, Hachette*, 1863, 2 vol. in-8, demi-rel. chagr. rouge. tr. jasp.

85. Recueil des discours, rapports et pièces diverses lus dans les séances publiques et particulières de l'Académie française, *Paris*, 1803, 1869, 10 vol. in-4, br.

86. Discours prononcé par M. Thiers, le jour de sa réception à l'Académie française (le 13 décembre 1834). *Paris, F. Didot*, 1834, in-8, cart. n. rog.

87. Discours prononcés par M. Guizot. 1840-1847, 7 vol. in-8, demi-rel. mar. n.

88. Œuvres de Berryer. Discours parlementaires, 1830-1845. *Paris, Didier*, 1872-73, 3 vol. in-8, demi-rel. v. bleu.

89. Orations and Speeches on various occasions, by Edw. Everett. *Boston*, 1850, 2 vol. in-8, cart. (*Envoi d'auteur*.)

---

90. Thesaurus græcæ linguæ, ab Henrico Stephano constructus, edidit Hase. *Parisiis, Didot*, 1831-51, 4 vol. in-fol. demi-reliure.

Tomes I à IV.

91. Kritisches Griechisch deutsches Wörterbuch, von Scheider. *Jena*, 1805, 2 vol. in-4, vélin.

92. Traité de la formation des mots dans la langue grecque avec des notions comparatives sur la dérivation et la composition en sanscrit, en latin et dans les idiomes germaniques, par Ad. Regnier. *Paris, L. Hachette*, 1855, in-8, demi-rel. mar. la Val.

93. GLOSSARIUM ad scriptores mediæ et infimæ latinitatis, auctore Carolo Dufresne, domino Du Cange. *Parisiis, sub oliva Caroli Osmont*, 1733-1736, 6 vol. avec un frontisp. gr. — Supplementum... collegit et digessit D. P. Carpentier. *Parisiis, Le Breton*, 1766, 4 vol. — Ensemble 10 vol. in-fol. v. m.

94. Les Langues de l'Europe moderne, par A. Schleicher, traduit de l'allemand par Hermann Ewerbeck. *Paris, Ladrange*, 1852, in-8, demi-rel. mar. la Val.

95. Parallèle des langues de l'Europe et de l'Inde, ou Étude des principales langues romanes, germaniques, slavonnes et celtes. *Paris, Impr. royale*, 1836, in-4, pap. vél. demi-rel. v. f. dos orné.

96. Grammaire générale indo-européenne, ou Comparaison des langues grecque, latine, française, gothique, etc., entre elles et avec le sanscrit, par F.-G. Eichoff. *Paris, Maisonneuve*, 1867, in-8, demi-rel. v. f.

97. Origine et formation de la langue française, par A. de Chevallet. *Paris, Impr. impériale*, 1853-1857, 3 vol. in-8, demi-rel. v. v. (*Envoi d'auteur.*)

98. Histoire de la langue française, par E. Littré. *Paris, Didier*, 1863, 2 vol. in-8, demi-rel. v. viol.

99. Précis d'histoire de la langue française, par A. Pellissier. *Paris, Didier*, 1873, in-12, br. — Petit Manuel d'économie pratique, par Maurice Block. *Paris, Hetzel, s. d.*, in-12, br. — Quelques-unes des épreuves de nos pères, par l'abbé Hébert-Duperron. *Caen*, 1871, in-12, br. (*Envoi d'auteur.*)

100. Histoire de la formation de la langue française, pour servir de complément à l'histoire littéraire de la France, par J.-J. Ampère. *Paris, Didier*, 1869, in-8, demi-rel. v. f.

101. Essai philosophique sur la formation de la langue française, par M. Édélestand du Méril. *Paris, Franck*, 1852, in-8, demi-rel. mar. v.

102. Notice sur l'époque de l'introduction de la langue française dans les actes publics au moyen âge, par B.-C. du Mortier. *Bruxelles*, 1843, plaquette in-8, cart. fac-simile.

103. Dictionnaire de l'Académie française, sixième édition. *Paris, F. Didot*, 1835, 2 vol. in-4, demi-rel. v. ant.

104. Glossaire des documents de l'histoire, par M. Mantellier. — Examen critique du Dictionnaire de l'Académie française, par M. Gary. — La Particule nobiliaire, par Dangeau. *Paris*, 1869-73, 3 br. in-8. (*Envoi de l'auteur.*)

105. Errata du Dictionnaire de l'Académie française, ou Remarques critiques sur les irrégularités qu'il présente, avec l'indication de certaines règles à établir, par B. Pau-

tex, 2ᵉ édition. *Paris, J. Cherbuliez,* 1862, in-8, demi-rel. v. f.

106. Grand Dictionnaire général et grammatical des dictionnaires francais, par Napoléon Landais. *Paris, Didier*, 1853, 2 vol. in-4, demi-rel. mar. bl.

107. DICTIONNAIRE de la langue française, par E. Littré. *Paris, Hachette,* 1863-72, 4 vol. in-4, demi-rel. dos et coins de mar. n.

108. Dictionnaire de la langue française, par E. Littré. Livr. 1 à 4.

109. Dictionnaire étymologique de la langue françoise, par M. Ménage, avec les Origines françoises de M. de Caseneuve, etc..., le tout mis en ordre et augmenté par A.-F. Jault. *Paris, Briasson,* 1750, 2 vol. in-fol. v. rac. dos orné.

110. Dictionnaire étymologique de la langue française, par A. Brachet. *Paris, J. Hetzel, s. d.,* in-12, demi-rel. v. bl. —Dictionnaire étymologique de la langue française. In-12, demi-rel. v. bl. (*Manque le titre.*)

111. Dictionnaire universel françois et latin, vulgairement appelé Dictionnaire de Trévoux... *Paris,* 1777, 8 vol. in-fol. v. m.

112. Glossaire nautique. Répertoire polyglotte de termes de marine anciens et modernes, par A. Jal. *Paris, F. Didot,* 1848, in-4 de 1,592 pages, demi-rel. chagr. bl.

113. Dictionnaire étymologique, synonymique et polyglotte des termes usités dans les sciences naturelles, par A.-J.-L. Jourdan. *Paris, J.-B. Baillière,* 1834, 2 vol. in-8, demi-reliure.

114. Recherches sur les formes grammaticales de la langue française et de ses dialectes au XIIIᵉ siècle, par Gustave Fallot, publiées par Paul Ackermann. *Paris, Impr. royale,* 1839, in-8, demi-rel. mar. br.

115. L'Éclaircissement de la langue française, par Jean Palsgrave, suivi de la Grammaire de Gilles du Guez, publiés pour la première fois en France par F. Génin. *Paris, Impr. nationale,* 1852, in-4 de 1,136 pages, demi-rel. chagr. brun.

116. Grammaire des grammaires, ou Analyse raisonnée des meilleurs traités sur la langue française, par Ch.-P. Girault-Duvivier. *Paris, Janet et Cotelle,* 1834, 2 vol. in-8, demi-rel. v. f.

117. Grammaire de Napoléon Landais, résumé général de toutes les grammaires françaises. *Paris,* 1835, in-4, v. viol. compart. tr. dor.

118. Grammaire historique de la langue française, par Aug. Brachet. *Paris, Hetzel, s. d.*, in-12, demi-rel. v. viol. tr. jaspée.

119. Histoire des révolutions du langage en France, par Francis Wey. *Paris, F. Didot*, 1848, in-8, demi-rel. v. v.

120. Observations sur l'orthographe française, par Amb. F.-Didot. *Paris, F. Didot*, 1867, in-8, br.

121. Observations sur l'orthographe française, par Ambr. Firmin-Didot. *Paris*, 1868, gr. in-8, demi-rel.

122. Synonymes français, par l'abbé Roubaud. *Paris, Bossange*, 1796, 4 vol. in-8, demi-rel. v. ant.

123. La Synonymie française, ou Dictionnaire de tous les synonymes définis jusqu'à ce jour, par MM. Girard, Bauzée, Roubaud, Guizot et autres auteurs, J.-L. Piestre. *Lyon, Cormon et Blanc*, 1810, 2 vol. in-12, demi-rel. v. f.

124. Synonymes français, par Benjamin Lafaye. *Paris, L. Hachette*, 1841, in-8, demi-rel. mar. br.

125. Nouveau Dictionnaire universel des synonymes de la langue française, par M. F. Guizot. *Paris, Maradan*, 1809, 2 vol. in-8, cart. n. rog.

126. Dictionnaire des synonymes de la langue française, par M. Guizot, cinquième édition, revue et augmentée. *Paris, Didier*, 1859, 2 vol. in-8, demi-rel. v. f.

127. Dictionnaire des synonymes de la langue française, par M. Lafaye. *Paris, L. Hachette*, 1858, gr. in-8, demi-rel. v. bl.

128. Supplément du Dictionnaire des synonymes de la langue française, par M. Lafaye. *Paris, L. Hachette*, 1865, grand in-8, demi-rel. v. vert.

129. Grammaire comparée des langues de la France, par Louis de Baecker. *Paris, Ch. Blériot*, 1860, in-8. demi-rel. mar. la Vall.

130. Histoire de la langue romane (roman provençal), par Francisque Mandet. *Paris, Dauvin et Fontaine*, 1840, in-8, demi-rel. mar. br.

131. Grammaire romane, ou Grammaire de la langue des troubadours, par M. Raynouard. *Paris, impr. de F. Didot*, 1816, in-8, demi-rel. v. v.

132. Glossaire de la langue romane, par J.-B.-B. Roquefort. *Paris, B. Warée*, 1808, 2 vol. in-8, v. gr.

133. Lexique roman, ou Dictionnaire de la langue des troubadours, comparée avec les autres langues de l'Europe

latine, par M. Raynouard. *Paris, Silvestre*, 1838-44, 6 vol. in-8, demi-rel. v. ant. (*Le tome VI est en demi-rel. mar. v. n. rog.*)

134. Recherches sur les patois, suivies d'un vocabulaire latin-français inédit du xive siècle, par E.-A. Escallier. *Douai, V. Wartelle*, 1856, in-8, demi-rel. mar. br.

135. Glossaire du centre de la France, par M. le comte Jaubert. *Paris, impr. N. Chaix et Comp.*, s. d., 2 vol. in-8, demi-rel. v. v.

136. Glossaire du centre de la France, par M. le comte Jaubert. *Paris, impr. Chaix*, 1864, in-4, carte, demi-rel. v. viol. dos orné.

137. Dictionnaire du patois du Bas-Limousin (Corrèze), et plus particulièrement des environs de Tulle, ouvrage posthume de M. Nicolas Béronie, mis en ordre, augmenté et publié par Joseph-Anne Vialle. *Tulle, de l'impr. de J.-M. Drapeau*, s. d., in-4 à 2 col. demi-chag. brun.

138. Histoire de l'idiome bourguignon et de sa littérature propre, ou Philologie comparée de cet idiome, suivie de quelques poésies françaises inédites de Bernard de la Monnoye, par Mignard. *Dijon, Lamarche*, 1856, in-8, demi-rel. mar. la Vall.

139. Dictionnaire languedocien - françois... par M. L. S. D. *Nismes, Gaude*, 1785, 2 vol. in-8, bas.

140. Dictionnaire étymologique et comparatif des langues teuto-gothiques, par Henri Meidinger, traduit de l'allemand. *Francfort, J. Meidinger*, 1833, in-8, demi-rel. mar. v.

141. Grammatisch-kritisches Wörterbuch der Hochdeutschen Mundart... von Johann Christoph Adelung. *Leipzig, bey Johann Immanuel Breitkopf*, 1793-1801, 4 vol. in-4, v. m.

142. Grammaire raisonnée de la langue russe, précédée d'une introduction sur l'histoire de cet idiome, de son alphabet et de sa grammaire, par N. Gretsch; ouvrage traduit du russe et arrangé pour la langue française, avec l'accent tonique sur tous les mots cités, par Ch.-Ph. Reiff. *Saint-Pétersbourg*, 1837, in-4, cuir de Russie, compart. à froid, dos orné, tr. dor.

143. Mémoires sur les analogies des langues flamande, allemande et anglaise, ou Étude comparée de ces idiomes..... par E.-J. Delfortrie. *Bruxelles, M. Hayez*, 1858, in-4, demi-rel. v. f. dos orné.

144. Histoire générale et système comparé des langues sémitiques, par E. Renan. 1re partie. Histoire générale des

langues sémitiques. *Paris, Impr. impériale*, 1855, in-8, demi-rel. mar. r.

145. Lexicon manuale hebraicum et chaldaicum, authore Glaire. *Lutetiæ Parisiorum*, 1830, in-8, demi-rel. v. f.

146. Nouvelle Grammaire hébraïque, analytique et raisonnée, par C. Bonifas-Guizot. *Montauban, Forestié, s. d.*, in-8, demi-rel. v. ant. (*Envoi de la veuve de l'auteur.*)

147. Essai sur la propagation de l'alphabet phénicien dans l'ancien monde, par Franç. Lenormant. *Paris, Maisonneuve*, 1872, très-gr. in-8 avec planches, demi-rel. chagr. r. dos orné.

148. Etude sur l'idiome des Védas et l'origine de la langue sanscrite, par Ad. Régnier. *Paris, typ. de Ch. Lahure*, 1855, in-4, demi-rel. chagr. brun.

149. De l'Influence de l'écriture sur le langage, suivi des grammaires birmane et malaie, par A.-A.-E. Schleiermacher. *Darmstadt*, 1835, in-8, cart. n. rog.

150. A Grammar of the language of Burmah, by Thomas Latter. *Calcutta, Tacker and C°, and London, Smith, Elder, s. d.*, in-4, rel. en chagr. r. compart. dos orné, tr. dor.

151. Grammaire javanaise, accompagnée de fac-simile et d'exercices de lecture, par l'abbé P. Favre. *Paris, Imprimerie impériale*, 1866, in-8, br.

152. Essai sur la langue et la littérature chinoises, avec cinq planches contenant des textes chinois accompagnés de traductions, de remarques et d'un commentaire littéraire et grammatical, par J.-P.-Abel Rémusat. *Paris*, 1811, in-8, bas.

153. The Kafir language, comprising a sketch of its history and a grammar, by the R. J. W. Appleyard. *King, William's town*, 1850, in-8, cart.

154. Études sur la langue séchuana, par Eugène Casalis, précédées d'une introduction sur l'origine et les progrès de la mission chez les Bassoutos. *Paris, Imprimerie royale*, 1841, in-8, demi-rel. mar. Laval.

155. W. von Humboldt. Ueber die Kawi sprache. *Berlin*, 1836, 3 vol. in-4, cart. n. rogn.

POÉSIE.

156. Hesiodi Opera omnia latinis versibus expressa atque illustrata a Bernardo Zamagna Ragusino. *Ex regio Par-*

mensi typographio, 1785, in-4, pap. de Holl. mar. br. compart. tr. dor.

157. Homeri Carmina et cycli epici reliquiæ, græce et latine. *Parisiis, Amb.-F. Didot*, 1837, gr. in-8 à 2 col. rel. en v. ant. fil. dent. dos orné, tr. dor.

158. L'Iliade et l'Odyssée d'Homère, suivies de la Batrachomyomachie, des hymnes, de divers petits poëmes..... traduction nouvelle par M. Dugas-Montbel. *Paris, impr. de P. Didot l'aîné*, 1815-18, 4 vol. in-8, demi-rel. v. vert.

159. L'Iliade d'Homère et l'Odyssée d'Homère, traduites en français par Dugas-Montbel, avec le texte grec en regard, 6 vol. — Observations sur l'Iliade et sur l'Odyssée d'Homère, par le même, 3 vol. *Paris, F. Didot*, 1828-1833, 9 vol. in-8, demi-rel. v. f. tr. jasp.

160. L'Iliade d'Homère, trad. par Barth. Saint-Hilaire,—trad. par Thouron. — Velléda, poëme par Mme Peuquer. — Histoire des poëmes épiques français, par Duchesne, 1870. — 9 vol. in-8, br.

161. Anacreontis Teii carmina græce, recensione Guilielmi Baxteri, cum ejusdem notis tertium edidit... cum suis animadversionibus adjecit Joan. Frider. Fischerus. *Lipsiæ, sumtibus Joan. Godofredi Muelleri*, 1793, gr. in-8, portr. sur le titre, rel. en vél. blanc.

162. Anacreontis Teii Odaria, præfixo commentario quo poetæ genus traditur et bibliotheca Anacreonteia adumbratur, additis var. lectionibus. *Parmæ, ex regio typographeio, s. d.*, in-4, pap. de Holl. v. gr. fil. tr. dor.

163. Anacreonte, Safo y Tirteo traducidos del griego en prosa y verso por don José del Castillo y Ayensa. *Madrid*, 1832, in-12, mar. r. fil. tr. dor.

164. Olympiques de Pindare, avec le texte en regard et des notes, par Al. Perrault-Maynand. *Lyon*, 1837, gr. in-8, demi-rel. v. vert, tête dor. n. rog. (*Bruyère.*)

165. Olympiques de Pindare, avec le texte en regard et des notes, par M. Al. Perrault-Maynand. *Lyon, typ. de Dumoulin*, 1843, gr. in-8, pap. vél. fort, demi-rel. v. vert, dos orné.

166. Pythiques et Isthmiques de Pindare, avec le texte en regard et des notes, par M. Al. Perrault-Maynand. *Lyon, typogr. de Dumoulin*, 1843, in-8, pap. vél. demi-rel. v. bl.

167. Essais sur le génie de Pindare et sur la poésie lyrique dans ses rapports avec l'élévation morale et religieuse des peuples, par M. Villemain. *Paris, F. Didot*, 1859, in-8,

. demi-rel. chagr. vert, tr. jasp. Envoi autogr. de l'auteur à M. Guizot,

168. Les Idylles de Théocrite, suivies de ses inscriptions, traduites en vers français par Firmin Didot. *Paris, F. Didot*, 1833, gr. in-8, pap. vélin, rel. en v. ant. fil. et dent. dos orné. (*Trautz-Bauzonnet.*)

Avec envoi d'auteur.

169. Manuelis Philæ carmina, nunc primum edidit E. Miller. *Parisiis, excusum in typographeo imperiali imperatoris permissu*, 1855-57, 2 vol. gr. in-8, demi-rel. v. f. tr. jasp.

170. Hymnes de Synésius, évêque de Ptolémaïs, traduits du grec en français, avec le texte en regard, par J.-F. Grégoire et F.-Z. Collombet, précédés d'une notice sur Synésius par M. Villemain. *Lyon, Sauvignet*, 1836, in-8, demi-rel. mar. r.

171. Babrii Fabulæ iambicæ cxxiii... jussv svmni educationis publicæ administratoris Abeli Villemain, nunc primum editæ a Joh. Fr. Boissonade. *Parisiis, apud F. Didot*, 1846, in-8, chagr. viol. fil. tr. dor.

172. Chants du peuple en Grèce, par M. de Marcellus. *Paris, J. Lecoffre*, 1851, 2 vol. in-8, demi-rel. mar. v.

173. Études sur la poésie latine, par M. Patin. *Paris, L. Hachette*, 1869, 2 vol. in-12, br. (*Envoi d'auteur.*)

174. La Poésie et l'Éloquence à Rome au temps des Césars, par Jules Janin. *Paris, Didier*, 1864, in-8, demi-rel. maroq. rouge, tr. jasp. (*Envoi d'auteur.*)

175. Quinti Horatii Flacci Opera, interpretatione et notis illustravit Ludov. Desprez... in usum seren. Delphini. *Venetiis, apud Joan. Malachinum*, 1727, in-4, parch.

176. Les Odes d'Horace, traduites en vers, avec des arguments et des notes, par Ch. Vanderbourg. *Paris, F. Schoell*, 1812-13, 3 vol. in-8, demi-rel. v. f. tr. jasp.

177. Virgilii Maronis Opera. *Lutetiæ Parisiorum, typis J. Barbou*, 1754, 3 vol. in-12, v. marbr. fil. tr. dor. figure de Cochin.

Avec une note autographe et signée de M. Guizot.

178. P. Virgilii Maronis Opera, varietate lectionis et perpetua adnotatione illustrata a Chr. Gottl. Heyne. *Lipsiæ, sumptibus Caspari Fritsch*, 1788-89, 4 vol. in-8, vél. bl.

179. Les Bucoliques de Virgile, traduites en vers français, texte en regard, par M. Desaugiers aîné. *Paris, Delloye*, 1835, in-8, demi-rel. dos et coins de chagr. viol. n. rog.

180. Œuvres de Virgile, texte latin publié d'après les travaux les plus récents de la philologie, avec un commentaire critique et explicatif, une introduction et une notice. *Paris, L. Hachette*, 1867-69 et 72, 3 vol. in-8.
181. Études sur Virgile, comparé avec tous les poëtes épiques et dramatiques des anciens et des modernes, par P.-F. Tissot. *Paris, Méquignon-Marvis*, 1825-30, 4 vol. in-8, demi-rel. v. vert, dos orné.
182. Juvenalis Satiræ, ed. Achaintre. *Parisiis, Didot*, 1810, 2 vol. in-8, demi-rel.
183. La Pharsale de Lucain, traduite en français par M. Marmontel. *Paris, chez Merlin*, 1766, 2 vol. in-8, figures de Gravelot, v. écail. fil. tr. marbr.
184. Silius Italicus. Punicorum libri, illustrati à Ruperti. *Gottingæ*, 1795, 2 vol. in-8, demi-rel.
185. Astronomiques de M. Manilius. *Paris*, 1786, 2 vol. in-8, bas. tr. marbr.
186. Œuvres de Salvien, traduction nouvelle, avec le texte en regard, par J.-F. Grégoire et F.-B. Collombet. *Paris et Lyon*, 1833, 2 vol. in-8, demi-rel. v. bleu, tr. marbr. (*Envoi d'auteur.*)
187. Claudiani Opera, cum notis St. Claverii. *Parisiis, Nicolas Buon*, 1602, pet. in-4, bas. r. fleurdelisée.
188. Sidonii Apollinaris episcopi Opera, cum notis Sirmondi. *Parisiis, Cramoisy*, 1652, in-4, demi-rel.
189. Études de mœurs et de critique sur les poëtes latins de la décadence, par M. D. Nisard. *Paris, Ch. Gosselin*, 1834, 2 vol. in-8, demi-rel. v. ant. (*Envoi d'auteur.*)
190. Poëtæ latini minores, curavit Wernsdorf. *Altenburgi*, 1780, 10 vol. in-8, vélin.
191. Poésies populaires latines antérieures au XIIe siècle, par M. Edélestand du Méril. *Paris, Brockaus et Avenarius*, 1843, in-8, demi-rel. v. ant. (*Envoi d'auteur.*)
192. De la Poésie latine en France au siècle de Louis XIV. Thèse par l'abbé Vissac. *Paris, A. Durand*, 1862, in-8, demi-rel. v. bl.
193. The Latin poems commonly attributed to Walter Mapes, collected by Thomas Wright. *London, Camden Society*, 1841, pet. in-4, cart.

---

194. CHOIX DES POÉSIES originales des Troubadours, par M. Raynouard. *Paris, impr. de F. Didot*, 1816-1821, 6 vol. in-8, pap. vél. demi-rel. mar. v. n. rog.

195. Le Romancero françois. Histoire de quelques anciens Trouvères et choix de leurs chansons, le tout nouvellement recueilli par M. Paulin Paris. *Paris, Techener*, 1833, in-12, demi-rel. dos et coins de v. r. n. rog.

Exemplaire en grand papier vélin.

196. Le Romancero françois. Histoire de quelques anciens Trouvères et choix de leurs chansons, le tout nouvellement recueilli par M. Paulin Paris. *Paris, Techener*, 1833, in-12, cart. n. rog.

Exemplaire en grand papier vélin.

197. Jongleurs et Trouvères, ou choix de saluts, épîtres, rêveries et autres pièces légères des XIII° et XIV° siècles, publié pour la première fois par Achille Jubinal. *Paris, J.-A. Merklein*, 1835, in-8, pap. vél. demi-rel. dos et coins de v. r. n. rog.

Tiré à petit nombre.

198. Essais historiques sur les bardes, les jongleurs et les trouvères normands et anglo-normands, suivis de pièces de Malherbe, par M. l'abbé de la Rue. *Caen, Mancel*, 1834, 3 vol. gr. in-8, cart. n. rog.

Exemplaire en grand papier vélin.

199. Ueber die Lais, Sequenzen und Leiche. Ein Beitrage zur Geschichte der Volkslieder in Mittelalter, von F. Wolf. *Heidelberg*, 1841, gr. in-8, gr. papier, mar. r. doublé de moire.

Bel exemplaire.

200. Les Épopées françaises, étude sur les origines et l'histoire de la littérature nationale, par M. Léon Gautier. *Paris, Victor Palmé*, 1865-68, 3 forts vol. in-8, demi-rel. v. f. tr. jasp. (*Envoi de l'auteur.*)

201. La Chevalerie, ou les histoires du moyen âge, composées de la Table ronde, Amadis, Roland, poëmes sur les trois grandes familles de la chevalerie romanesque, par A. Creuzé de Lesser. *Paris, F. Ponce-Lebas*, 1839, gr. in-8, à 2 col. portr. demi-rel. mar. br.

202. L'Ordène de chevalerie, avec une dissertation sur l'origine de la langue française. *A Lauzanne, et se trouve à Paris*, 1759, in-12, demi-rel. vél. vert, front. gr.

203. Charlemagne, an anglo-norman poem of the twelfth, by Francisque Michel. *London, W. Pickering*, 1836, in-18, cart. n. rog.

Exemplaire de dédicace à M. Guizot, sur papier vélin vert.

BELLES-LETTRES.

204. La Chanson de Roland, poëme de Théroulde, suivi de la Chronique de Turpin, traduction d'Alex. de Saint-Albin. *Paris, A. Lacroix*, 1865, in-12, demi-rel. v. bl. (*Avec envoi du traducteur à M. Guizot.*)

205. La Chanson de Roland, texte critique accompagné d'une traduction nouvelle et précédé d'une introduction historique par Léon Gautier. *Tours, Alfr. Mame et fils*, 1871-72, 2 vol. gr. in-8, demi-rel. dos et coins de maroq. rouge du levant, jans. tête dor. n. rog. (*Envoi autographe signé de l'auteur à M. Guizot.*)

Exemplaire en grand papier vélin.

206. Le Chevalier au Cygne et Godefroid de Bouillon, poëme historique, publié pour la première fois avec de nouvelles recherches sur les légendes qui ont rapport à la Belgique, un travail et des documents sur les croisades, par le baron de Reiffenberg. *Bruxelles, M. Hayez*, 1846; in-4, fig. facsimile, demi-rel. v. f. dos orné.

207. Macaire, chanson de geste, publiée d'après le manuscrit unique de Venise, avec un essai de restitution en regard par M. F. Guessard. *Paris, A. Franck*, 1866, pet. in-12, pap. vergé, cart. n. rog. (*Envoi d'auteur.*)

208. Partonopeus de Blois, publié pour la première fois, d'après le manuscrit de la bibliothèque de l'Arsenal, avec trois fac-simile, par G.-A. Crapelet. *Paris, impr. de Crapelet*, 1834, 2 vol. gr. in-8, cart. n. rog.

Exemplaire en grand papier vélin.

209. Li Romans de Berte aus grans piés, publié pour la première fois par M. Paulin Paris. *Paris, Techener*, 1832, in-12, fig. cart. n. rog.

Un des 20 exemplaires sur papier vélin fort, n° 18.

210. Li Romans de Garin le Loherain, publié pour la première fois par M. P. Paris. *Paris, Techener*, 1833-35, 2 vol. in-16, cart. n. rog.

Tiré à 420 exemplaires. Un des 20 sur papier vélin.

211. Tristan. Recueil de ce qui reste des poëmes relatifs à ses aventures, composés en françois, en anglo-normand et en grec dans les XIIe et XIIIe siècles, publié par Francisque Michel. *Londres, Guil. Pickering*, 1835, 2 vol. in-16, cart. n. rog.

Cet exemplaire, l'un des quatre tirés sur papier de couleur, a été imprimé pour M. Guizot.

212. Nouveau Recueil de contes, dits, fabliaux et autres pièces inédites des XIIIe, XIVe et XVe siècles, pour faire suite

aux collections Legrand d'Aussy, Barbazan et Méon, mis au jour par Achille Jubinal. *Paris, Ed. Pannier*, 1839-1842, 2 vol. in-8, demi-rel. v. rouge, dos orné.

213. Le Roman de Robert le Diable en vers du xiii° siècle, publié par G.-S. Trébutien. *Paris, Silvestre*, 1837, in-4, goth. fig. sur bois, demi-rel. mar. r. (*Tache d'huile.*)

Tiré à 130 exemplaires.

214. Floire et Blanceflor, poëmes du xiii° siècle, publiés d'après les manuscrits avec une introduction, des notes et un glossaire par M. Edélestand du Méril. *Paris, P. Jannet*, 1856, in-16, cart. n. rog. (*Envoi d'auteur.*)

215. Hugues de Lincoln. Recueil de ballades anglo-normandes et écossoises relatives au meurtre de cet enfant commis par les Juifs en MCCLV, publié avec une introduction et des notes par Francisque Michel. *Paris, Silvestre*, 1834, in-8, demi-rel. dos et coins de v. r. n. rog.

Tiré à 200 exemplaires.

216. Œuvres complètes de Rutebeuf, trouvère du xiii° siècle, recueillies et mises au jour pour la première fois par Achille Jubinal. *Paris, Ed. Pannier*, 1839, 2 vol. in-8, demi-rel. v. viol.

217. Des XXIII manières de vilains (xiii° siècle). — De l'Oustillement au villain. — La Riote du Monde. Le Roi d'Angleterre et le Jongleur d'Ely (xiii° siècle). *Paris, Silvestre*, 1832-34, in-8, demi-rel. dos et coins de v. n. rog.

Un des 10 exemplaires sur papier de Hollande.

218. Roman d'Eustache Le Moine, pirate fameux du xiii° siècle, publié pour la première fois par Francisque Michel. *Paris, Silvestre*, 1834, in-8, fig. pap. vél. demi-rel. dos et coins de v. v. n. rog.

219. Roman de la Violette, ou de Gérard de Nevers, en vers du xiii° siècle, par Gibert de Montreuil, publié pour la première fois par Francisque Michel. *Paris, Silvestre*, 1834, gr. in-8, fac-simile, demi-rel. dos et coins de v. viol. n. rog.

Tiré à 200 exemplaires. Celui-ci est sur papier vélin : il porte le n° 63.

220. Roman de Mahomet, en vers du xiv° siècle, par Alexandre du Pont, et livre de la loi au Sarrazin en prose du xiv° siècle, par Raymond Lulle, publiés par MM. Reinaud et Francisque Michel. *Paris, Silvestre*, 1831, in-8, demi-rel. dos et coins de v. viol. n. rog.

Tiré à 200 exemplaires. Celui-ci est sur papier vélin ; il porte le n° 179.

221. Lai d'Havelok le Danois (xiiie siècle, publié par Francisque Michel). *Paris, Silvestre,* 1833, gr. in-8, cart. n. rog.

<small>Tiré à 100 exemplaires. Celui-ci est un des 4 sur papier de Chine; il porte le n° 1.</small>

222. Le Roman en vers de Girart de Rossillon, jadis duc de Bourgogne, publié d'après les manuscrits, avec des notes par Mignard. *Paris, J. Techener,* 1858, gr. in-8, demi-rel. v. f. n. rog.

223. Le Livre de Baudoyn, conte de Flandre, suivi de fragments du Roman de Trasiguyes, publié par MM. C.-P. Sercure et A. Voisin. *Bruxelles, Berthol,* 1836, in-8, portr. demi-rel. mar. v.

224. Le Roman de Foulque de Candie, par Herbert Leduc, de Dammartine. *Reims,* 1860, in-8, demi-rel. v. bl.

225. Le Comte Lucanor, apologues et fabliaux du xive siècle, traduits de don Jean Manuel par M. Adolphe de Puibusque. *Paris, Amyot,* 1854, in-8, demi-rel. v. gris.

226. Zwei Fabliaux aus einer Neuenburger Handschrift, herausgegeben von Adelbert Keller. *Stuttgart,* 1840, in-8, cart. n. rog.

227. L'Histoire du Châtelain de Coucy et de la Dame de Fayel, publiée d'après le manuscrit de la Bibliothèque du Roi, et mise en français (avec des notes historiques sur les diverses familles dont il est fait mention dans l'ouvrage), par G.-A. Crapelet. *Paris, impr. de Crapelet,* 1829, gr. in-8, fig. et fac-simile, cart. n. rog.

<small>Exemplaire en grand papier jésus vélin.</small>

228. Chansons du Châtelain de Coucy, revues sur tous les manuscrits par Francisque Michel, suivies de l'ancienne musique mise en notation moderne, par M. Perne. *Paris, impr. de Crapelet,* 1830, gr. in-8, cart. n. rog.

<small>Exemplaire en grand papier jésus vélin.</small>

229. Poésies morales et historiques d'Eustache Deschamps, publiées pour la première fois d'après le manuscrit de la Bibliothèque du Roi, avec un précis historique et littéraire sur l'auteur, par G.-A. Crapelet, *Paris, impr. de Crapelet,* 1832, gr. in-8, cart. n. rog.

<small>Exemplaire en grand papier vélin.</small>

230. Le Roman de la Rose, par Guillaume de Lorris et Jehan de Meung, nouvelle édition, revue et corrigée, par M. Méon. *Paris, impr. de P. Didot,* 1814, 4 vol. in-8, portr. et fig. de Monnet, v. v. dent. tr. dor.

231. Le Roman du Renart. Supplément, variantes et corrections, publié par P. Chabaille. *Paris, Silvestre*, 1835, in-8, demi-rel. v. r.

232. Poésies de Marguerite-Eléonore Clotilde de Vallon-Chalys, depuis Madame de Surville, poëte français du xv⁰ siècle, publiées par Ch. Vanderbourg. *Paris, impr. de P. Didot*, an xii-1804, in-18, pap. vél. cart. n. rog.

233. Poésies des xv⁰ et xvi⁰ siècles, publiées d'après des éditions gothiques et des manuscrits. *Paris, Silvestre*, 1830-37, in-8, pap. de Holl., goth. demi-rel. dos et coins de v. bl. n. rog.

Tiré à 100 exemplaires; celui-ci porte le n° 55.

234. Recueil de poésies calvinistes (1550-1566), publié par P. Tarbé. *Reims*, 1866, in-8, demi-rel. maroq. fauve, tr. jasp. (*Envoi de M. Tarbé.*)

235. Œuvres choisies de Pierre de Ronsard, avec notice, notes et commentaires, par C.-A. Sainte-Beuve. *Paris, A. Sautelet*, 1828, in-8, demi-rel. v. viol.

236. Les Ornements de la mémoire, ou les traits brillants des poëtes français les plus célèbres, avec des dissertations sur chaque genre de style, par Allets. *Lille*, 1822, pet. in-12, demi-rel. maroq. rouge, dos orné, tr. jasp.

237. Vies des poëtes français du siècle de Louis XIV, par M. F. Guizot. *Paris, Schoell*, 1813, in-8, demi-rel.

Tome Iᵉʳ, seul publié. Rare.

238. Le Parnasse françois, par Titon du Tillet. *Paris, Coignard*, 1732, in-fol. v. portraits en médaillon.

239. Hippolyte Durand. Les Grands Poëtes, recueil des plus beaux vers des plus célèbres écrivains français, précédé de notices biographiques et littéraires. *Paris, J. Hetzel*, s. d., in-12, demi-rel. v. bleu.

240. Œuvres de Boileau, avec des notes historiques et littéraires par M. Berriat-Saint-Prix. *Paris, C.-H. Langlois*, 1830, 4 vol. in-8, demi-rel. dos et coins de v. ant.

241. Œuvres complètes de Boileau, accompagnées de notes historiques et littéraires par A.-Ch. Gidel. *Paris, Garnier*, 1870-73, 4 vol. in-8, portr. demi-rel. v. f. et br. (*Le tome Iᵉʳ, demi-rel. v. f.*)

242. Œuvres complètes de J. de la Fontaine. *Paris, Lefèvre*, 1814, 6 vol. in-8, portr. demi-rel. v. gr.

243. Fables de la Fontaine, avec un nouveau commentaire littéraire et grammatical, par Ch. Wodier. *Paris, A. Eymery*, 1818, 2 vol. in-8, fig. de Bergeret, v. ant. compart.

244. Fables de la Fontaine avec le commentaire de M. l'abbé Guillon. *Paris, Delalain*, 1829, 2 vol. in-8. portr. v. rac. dent.

245. La Fontaine et les fabulistes, par M. Saint-Marc Girardin. *Paris, Mich. Lévy fr.*, 1867, 2 vol. in-8, demi-rel. v. f. tr. jasp.

246. Essai sur les Fables de la Fontaine. Thèse par H. Taine. *Paris, veuve Joubert*, 1853, in-8, demi-rel. v. f.

247. Histoire des poëmes épiques du xviie siècle, par Julien Duchesne. *Paris, E. Thorin*, 1870, in-8, demi-rel. v. f.

248. Mélanges poétiques. 1802-1859, 45 pièces environ en 5 vol. in-8 et in-12, demi-rel.

249. Mes Passe-temps, chansons suivies de l'Art de la danse, poëme par Jean-Etienne Despréaux. *Paris, Defrelle*, 1806, 2 vol. in-8, port. et fig. de Moreau, demi-rel. v. f.

250. Charlemagne, ou l'Église délivrée, poëme par M. le prince de Canino. *Paris, F. Didot*, 1815, 2 vol. in-8, demi-rel. v. r.

251. La Panhypocrisiade, ou le Spectacle infernal du seizième siècle, comédie épique, par Népomucène-L. Lemercier. *Paris, F. Didier*, 1819, in-8. demi-rel. v. bl.

252. Œuvres de M. de Lamartine. *Paris, Ch. Gosselin*, 1832, 4 vol. in-8, portr. et fig. v. v.

253. La Chute d'un ange, épisode, par Alphonse de Lamartine. *Paris, Ch. Gosselin*, 1838, 2 vol. in-8, v. gris.

254. Poésies du cœur, par Mme Mélanie Waldor. *Paris*, 1835, in-8, cart. tr. dor.

255. Rêves d'une jeune fille, poésies, par Mlle Elise Moreau. *Paris, Rolland*, 1837, in-8, fig. sur chine, v. ant. compart. n. rog.

256. Heures de poésie, par Francisque Bouvet. *Nantua, A. Arène*, 1841, in-18, demi-rel. mar. viol. tête dor. n. rog. (*Envoi d'auteur*.)

257. Œuvres littéraires de M. Ch. Liadières. *Paris, M. Lévy*, 1851, in-12, demi-rel. mar. la Vall. (*Envoi d'auteur*) — Histoires poétiques, par Brizeux. *Paris, V. Lecou*, 1855, in-12, demi-rel. mar. v. v. (*Envoi d'auteur*.) — Les Traditionnelles, nouvelles poésies, par J. Reboul. *Paris, E. Giraud*, 1857, in-12, demi-rel. mar. v. — Petits Poëmes, par Ed. Grenier. *Paris, Charpentier*, 1859, in-12, demi-rel. mar. v. — Les Poëmes de la mer, par J. Autran. *Paris, M. Lévy*, 1859, in-12, demi-rel. mar. br. (*Envoi d'auteur*.) — Épi-

tres et Satires, par M. Viennet. *Paris, Hachette*, 1860, in-12, demi-rel. v. viol. (*Envoi d'auteur.*)

258. Idylles héroïques, par Victor de Laprade. *Paris, Michel Lévy*, 1858, in-12, demi-rel. mar. v.

259. Devant la croix, poésies, par H.-F. Juillerat. *Paris, Ch. Meyrueis*, 1859, in-12, demi-rel. mar. n.

260. Viennet. — Les Fables complètes. — La Franciade, poëme, précédé d'une introduction par M. Jules Janin. *Paris, Hachette et Plon*, 1863-65, 2 vol. in-12, demi-rel. v. ant. tr. jasp.

261. Ségur (le comte). Sainte Cécile, poëme tragique. *Paris*, 1868, in-18, br. — Premières Fables. *Paris, Tolra et Haton*, 1870, in-18, br.

262. Barbier (Auguste). Iambes et Poëmes. *Paris, Dentu*, 1868. — Jules César, tragédie de Shakespeare, traduite en vers français. *Paris, Dentu, s. d.* Ens. 2 ouvr. en 1 vol. in-12, demi-rel. v. f. tr. jasp.

263. Alfred de Vigny. Journal d'un poëte, recueilli et publié par Louis Ratisbonne. *Paris*, 1867, in-12, demi-rel. v. vert. (*Envoi de l'éditeur.*) — Œuvres d'Edouard Turquety : Amour et Foi ; Poésies catholiques ; Hymnes sacrées... *Paris, Ambr. Bray*, 1857, in-12, cart. en percal. (*Envoi d'auteur.*) — Edouard Grenier. Poëmes dramatiques. *Paris, Hetzel, s. d.*; in-12, demi-rel. chagr. r. (*Envoi d'auteur.*)

264. Les Géorgiques du Midi, poëme en quatre chants, suivi de diverses pièces de poésie, par Mme Verdier-Allut, publié par Gustave Fornier de Clausonne. *Paris, Michel Lévy*, 1862, in-12, demi-rel. v. f.

265. La Maison. Stances et sonnets, par le comte Anatole de Ségur. *Paris, Tolra et Haton*, 1869, in-18, demi-rel. v. v.

266. Pernette, par Victor de Laprade. *Paris, Didier*, 1869, in-8, demi-rel. v. bl. (*Envoi d'auteur.*)

267. Dieu, l'âme et la nature, par Piorry. 1870. — L'Exposition universelle, par Bellin. — Les Maternelles, par Sophie Hue. — Le Verger d'Isaure, — et autres poésies françaises. — 8 vol. in-12, br.

268. Le Poëme des champs, par Ch. Calemard de la Fayette. *Paris, Hachette*, 1873. — Fleurs d'été, poésies, par madame E. Barutel. *Paris, Hachette*, 1872. — Gaule et Rome, légende nationale, par Casimir Pertus. *Paris, E. Lachaud*, 1873, 3 vol. in-12. br. (*Envoi d'auteur.*)

269. Sursum corda ! poésies, par le comte A. de Ségur. *Paris, Tolra*, 1873, in-12, demi-rel. v. f.

BELLES-LETTRES.

270. DANTE. L'Inferno, corredato di brevi dichiarazioni da G. G. Warren lord Vernon. *Londra*, 1858, 3 vol. gr. in-fol. cart. n. rog.

Le tome III renferme 112 planches.

271. Opere poetiche di Dante Alighieri, con note di diversi, per diligenza e studio di Antonio Buttura. *Parigi, Lefèvre*, 1823. 2 vol. in-8, v. viol. compart.

272. La Divina Comedia di Dante Alighieri, cioè l'Inferno, il Purgatorio ed il Paradiso, composta ed incisa da Sofia Giacomelli. *Paris, Salmon, s. d.*, in-4, fig. au trait, bas.

273. Le Paradis, l'Enfer et le Purgatoire de Dante Alighieri, traduits en français par M. le chevalier A.-J. Artaud. *Paris, Didot*, 1830, 9 vol. in-16, figures, demi-rel. v. rose, tr. marbr.

274. Dante, Studien von Schlosser. *Leipzig*, 1855, pet. in-8, cart.

275. Pétrarque, étude d'après de nouveaux documents, par Mézières. *Paris, Didier*, 1868, in-8, demi-rel. v. f. (*Envoi d'auteur.*)

275 *bis*. Opere poetiche del signor abate Carlo Innocenzio Frugoni. *Parma*, 1779, 9 vol. in-8, portr. mar. r. fil. tr. dor.

Exemplaire de dédicace, aux armes du duc de Parme.

276. Poesie di Eustachio Manfredi. *Parma*, 1793, gr. in-8, portr. cart. n. rog.

---

277. Milton et la poésie épique, par M. Raymond de Véricour. *Paris, Delaunay*, 1838, in-8, v. viol. compart. tr. dor.

278. Poems, by Mr Gray. *Parma, printed by Bodoni*, 1793, in-4, pap. de Holl. cart. n. rog.

279. The poetical Works of Mathew Prior. *London*, 1779, 2 vol. pet. in-8, v. fig.

280. The complete Works of lord Byron. *Paris, Baudry*, 1847. 4 vol. in-8, demi-rel. mar.

281. Lalla-Rookh, by Thomas Moore, illustrated with engravings from Richard Westall. *London, Longman*, 1817, in-8, mar. bl. fil. tr. dor. *figures*.

Bel exemplaire.

282. Italy, a poem, by Samuel Rogers. *London, Cadell*, 1830, in-8, cart. n. rog.

Jolie édition ornée de vignettes.

283. The Vision of Piers Ploughman, newly imprinted. *London, William Pickering*, 1832, 2 vol. pet. in-8, cartonnés.

Jolie réimpression, avec notes et glossaire. Envoi de l'éditeur : Thomas Wright.

284. The Christian life, by Robert Montgomery. *London, Arthur Hall*, 1849, in-12, cart.

285. Reliques of ancient english poetry, consisting of old heroic ballads, songs, and other pieces of our earliest poets, together with some few of later date... by Thomas Percy. *London, Henry G. Bohn*, 1852, gr. in-8, cart. en percal. non rog.

286. The poetical Works of John Keats. *London, Moxon*, 1854, in-4, cart. portrait.

287. Beatrice and other poems, by the hon. Roden Noel. *London, Macmillan*, 1858, in-12, cart.

288. Hymns and miscellaneous poems (by S. Austin). 1863, in-8, cart. en percal. non rog. (*Envoi d'auteur.*)

Non mis dans le commerce.

289. Colloquies, chiefly on poetry. — Poetry for the people. — Milness poems. — Milman, tamor, a poem. — 5 vol. in-8, cart. et rel.

---

290. Le Romancero du Cid, traduction nouvelle avec le texte en regard, par Antony Rénal. *Paris, Baudry* 1842, 2 vol. in-8, demi-rel. v. f.

291. Poëme du Cid, texte espagnol, accompagné d'une traduction française, de notes, d'un vocabulaire et d'une introduction par Damas-Hinard. *Paris, Impr. impériale*, 1858, in-4, demi-r. v. f.

292. Espagne poétique, choix de poésies castillanes depuis Charles-Quint jusqu'à nos jours, mises en vers français par don Juan Maria Maury. *Paris, P. Mongie*, 1826, 2 vol. in-8, portr. compart. dor. tr. dor.

---

293. Memoirs of the life and writings of Luis de Camoens, by John Adamson. *London, printed for Longman*, 1820, 2 vol. in-8, portraits, cart. non rog. (*Défaut à un feuillet du tome II.*)

294. Les Lusiades, ou les Portugais, poëme de Camoens, traduction nouvelle avec des notes par J.-B.-J. Millié. *Paris, F. Didot*. 1825, 2 vol. in-8, demi-rel. v. f.

295. Les Niebelungen, ou les Bourguignons chez Attila, roi des Huns, poëme traduit de l'ancien idiome teuton par Mme Ch. Moreau de la Meltière, publié par Francis Riaux. *Paris, Charpentier,* 1837, 2 vol. in-8, demi-rel. v. ant.

296. Die Sagen und Geschichten des Rheinlandes, von Karl Geib. *Frankfurt A. M.*, 1850, in-12, cart.

---

297. Ramayana, poema indiano di Valmici, testo sanscrito secondo i codici manoscritti della scuola Gandana per Gaspare Corresio. *Parigi, della Stamperia reale,* 1843-1847, tom. 1, 2, 3, 6, gr. in-8, pap. de Holl. cart. n. rog.

298. Fleurs de l'Inde, comprenant la Mort de Yaznadate, épisode tiré de la Ramaïde de Valmiki, traduit en vers latins et en vers français, avec le texte sanscrit en regard...*Nancy et Paris*, 1857, gr. in-8, demi-rel. v. violet.

299. Le Mahabharata, onze épisodes tirés de ce poëme épique, traduits du sanscrit en français par Ph.-Ed. Foucaux. *Paris, Benjamin Duprat,* 1862, in-8, demi-rel. mar. bleu, tr. jasp.

300. Harivansa, ou Histoire de la famille de Hari, ouvrage formant un appendice du Mahabharata, et traduit sur l'original sanscrit par M. A. Langlois. *Paris,* 1834, 2 tom. en 1 vol. in-4, demi-rel. mar. br. (*Taches d'humidité.*)

301. Savitri, épisode du Mahabharata, trad. du sanscrit par G. Pauthier. *Paris, Curmer,* 1841, in-8, cart. n. rog.
   Tiré à petit nombre et devenu rare. Chef-d'œuvre d'impression.

302. Collection orientale. Le Livre des Rois. T. V et VI, in-fol. cart.

303. Les Aventures de Kamrup, par Tahein-Uddin, traduites de l'hindoustani par M. Garcin de Tassy. *Paris, Debure frères,* 1834, gr. in-8, pap. vél. cart. n. rog. (*Taches d'humidité.*)

304. Les Œuvres de Wali, publiées en hindoustani, par M. Garcin de Tassy. *Paris, Impr. royale,* 1834, in-4, pap. vél. demi-rel. v. f. dos orné.

305. Considérations sur l'ensemble de la civilisation chinoise, par M. P. Laffite. — Le Li-Sao, poëme du IIIe siècle avant notre ère, traduit du chinois par le marquis d'Hervey de Saint-Denys. *Paris,* 1861-70, 2 br. in-8. (*Envoi de l'auteur.*)

306. Poésies de l'époque des Thang (VIIe, VIIIe et IXe siècles de notre ère), traduites du chinois avec une étude sur l'art

poétique en Chine, par le marquis d'Hervey de Saint-Denys. *Paris, Amyot*, 1862, in-8, demi-rel. v. f. tr. jasp.

THÉATRE.

307. Histoire de la littérature dramatique, par Jules Janin. *Paris, Michel Lévy*, 1853-58, 6 vol. in-12, demi-rel. chagr. viol. dos orné.
308. Cours de littérature dramatique, par A.-W. Schlegel, traduit de l'allemand. *Paris, J.-J. Paschoud*, 1814, 3 vol. in-8, demi-rel. bas.
309. Sophoclis tragœdiæ septem... cum versione et notis ex editione Rich. Franc. Phil. Brunck. *Argentorati, J.-G. Treuttel*, 1786, 4 vol. gr. in-8, rel. en v. f. dent. dos orné, tr. dor. (*Exemplaire en grand papier.*)
310. Euripidis tragœdiæ, fragmenta, epistolæ, ex editione Josuæ Barnesii, curavit Christianus Daniel Beckius. *Lipsiæ, E. B. Svikerti*, 1778, 3 vol. in-4, portr. d.-rel. v. marbr.
311. Fragments pour servir à l'histoire de la comédie antique. Epicharme, Ménandre, Plaute, par M. Artaud. *Paris, A. Durand*, 1863, in-8, demi-rel. v. ant.
312. Théâtre d'Aristophane, scènes traduites en vers français par M. Eugène Fallex. *Paris, Aug. Durand*, 1863, 2 vol. in-12, demi-rel. chag. grenat. (*Envoi d'auteur.*)
313. Essai historique et littéraire sur la comédie de Ménandre, par Ch. Benoît. *Paris, F. Didot*, 1854, in-8, demi-rel. v. olive.
314. Théâtre de L. A. Sénèque, traduit par J.-B. Levée, augmenté d'un examen de pièces et de notes, par Amaury Duval et Alex. Duval. *Paris, A. Chassériau*, 1822, 3 vol. in-8, demi-rel. v. ant. dos orné.
315. Répertoire du Théâtre françois, ou Recueil des tragédies et comédies restées au théâtre depuis Rotrou, avec des notices par M. Petitot. *Paris, impr. de P. Didot*, 1803-1804, 23 vol. in-8, demi-rel. v. ant.
316. Répertoire du Théâtre français, avec des commentaires par Voltaire, L. Racine, etc., des remarques de Molière, Lekain, etc. et des notices sur les auteurs et acteurs célèbres, par L.-B. Picard et J. Peyrot. *Paris, F.-A. Duprat*, 1826, 2 tom. en 4 vol. in-8; portr. demi-rel. v. v.
317. Le Théâtre français avant la Renaissance, 1450-1550; mystères, moralités et farces, précédé d'une introduction et accompagné de notes, par M. Édouard Fournier. *Paris,*

Laplace, Sanchez (1872), gr. in-8 à 2 col. avec portraits en pied coloriés, dessinés par Maurice Sand, Allouard et Adr. Marie, demi-rel. chagr. viol. dos orné.

318. Le Théâtre français aux xvie et xviie siècles, ou Choix des comédies les plus curieuses antérieures à Molière, avec une introduction, des notes et une notice sur chaque auteur, par M. Édouard Fournier. *Paris, Laplace, Sanchez, s. d.*, très-gr. in-8, avec portraits en pied coloriés, dessinés par MM. Maurice Sand et Allouard, demi-rel. chagr. r.

319. Chefs-d'œuvre dramatiques, ou Recueil des meilleures pièces du Théâtre français, tragique, comique et lyrique, par M. Marmontel, historiographe de France. *Paris,* 1773, in-4, v. ant. marbr.

320. La Vraie Farce de maître Pathelin, mise en vers modernes par Édouard Fournier. *Paris, Jouaust,* 1873, in-18, demi-rel. v. f.

321. Théâtre de Pierre Corneille, avec des commentaires, etc. *S. l.*, 1764, 12 vol. in-8, v. marbr. tr. dor.

<small>Exemplaire avec la signature de Mlle de Lespinasse sur le titre de chaque volume.</small>

322. Histoire de la vie et des ouvrages de P. Corneille, par M. J. Taschereau. *Paris, A. Mesnier,* 1829, in-8, portr. v. gr. dent.

323. Corneille and his times, by M. Guizot. *London, Richard Bentley,* 1852, gr. in-8, cart. en percal. n. rog.

324. Guizot. Corneille and his times. *London,* 1852, in-8, cart. — Shakespeare and his times. 1852, in-8, cart.

325. Œuvres de Jean Racine, avec des commentaires par J.-L. Geoffroy. *Paris, le Normant,* 1808, 7 vol. in-8, portr. et fig. de Choffard, bas. rac.

326. Etudes littéraires et morales de Racine, publiées par le marquis de la Rochefoucauld-Liancourt. *Paris, impr. de veuve Dondey-Dupré,* 1856, in-8, v. r. compart. tr. dor. (*Envoi d'auteur.*)

327. Les Médecins au temps de Molière, mœurs, institutions, doctrines, par Maurice Raynaud. *Paris, Didier,* 1862, in-8, demi-rel. v. f. (*Envoi d'auteur.*)

328. Iphigénie en Tauride, tragédie représentée pour la première fois à Châtenay, le 5 aoust 1713. *S. l.*, in-4, mar. br. dent. doublé de mar. or. dos orné. tr. dor. (*Rel. du temps.*)

<small>Manuscrit très-bien exécuté par P.-C. Gilbert, en 1714. Cette tragédie a été imitée et presque traduite d'Euripide, par M. de Malézieu, chancelier de</small>

Dombes, dont elle porte la signature à la fin. Le titre est sur peau vélin, avec un entourage finement dessiné à l'encre de Chine et au pinceau. Les coins de la reliure sont fatigués.

329. Les Ennemis de Racine au xvii° siècle, par F. Deltour. *Paris, Didier*, 1859, in-8, demi-rel. mar. v.

330. La Folle Journée, ou le Mariage de Figaro, comédie, par M. de Beaumarchais. *Au Palais-Royal, chez Ruault*, 1785, in-8, v. ant. marbr.

331. OEuvres de J.-F. Ducis. *Paris, A. Nepveu*, 1826, 4 vol. in-8, fig. de Colin et Desenne, demi-rel. v. f.

332. Les Etats de Blois, tragédie en cinq actes et en vers..., précédée d'une notice historique sur le duc de Guise par M. Raynouard. *Paris, Mame*, 1814, in-8, portr. gravé, demi-rel. v. ant.

333. Blanche d'Aquitaine, ou le Dernier des Carlovingiens, tragédie en cinq actes, par Hippolyte Bis. *Paris, L. Tenré*, 1827, in-8, fig. v. olive, compart. (*Envoi d'auteur.*)

334. Proverbes dramatiques et comédies posthumes de Carmontel. *Paris, Delongchamps et Ladvocat*, 1822-25, 7 vol. in-8, fig. v. v. compart. tr. dor. et demi-rel. v. v.

335. Jeanne d'Arc, ou la Fille du peuple au xv° siècle, drame historique et critique par Renaud (Athanase). *Paris, Furne*, 1851, in-12, demi-rel. v. ant.

336. La Rochefoucauld-Liancourt (le marquis de). Agrippine, tragédie. *Paris, veuve Dondey-Dupré*, 1854. — Achille à Troie, poëme. *Amyot, Paris*, 1848. — Achille à Troie, tragédie. *Paris, Amyot*, 1849, in-8, fig. v. f. compart. tr. dorée.

337. La Ligue, précédée des Etats d'Orléans, scènes historiques, par L. Vitet. *Paris, M. Lévy*, 1861, 3 vol. in-12, demi-rel. v. bl.

338. Recueil de pièces de théâtre. 13 pièces en 2 vol. in-8, demi-rel.

339. Chefs-d'œuvre des théâtres étrangers, traduits en français par MM. Aignan, Andrieux, de Barante, etc. *Paris, Ladvocat*, 1822-23, 25 vol. in-8, demi-rel. v. v.

340. The Plays of William Shakespeare, with illustrations of various commentators and notes of William Johnson and G. Steevens. *Basil*, 1800, 33 vol. in-8, demi-rel.

341. OEuvres complètes de Shakspeare, traduites de l'anglais par Letourneur, nouvelle édition, revue et corrigée, par Fr. Guizot. *Paris, Ladvocat*, 1821, 13 vol. in-8, portr. demi-rel. v. r. n. rog.

Exemplaire en grand papier vélin.

342. Précis des pièces dramatiques de W. Shakspeare, avec observations et notices par N.-P. Chaulin. *Paris, typogr. de J. Pinard,* 1829, in-8, demi-rel. mar. v.

343. De Shakspeare et de la poésie dramatique, par M. F. Guizot. *Paris, Ladvocat,* 1822, in-8, demi-rel. v. r.

344. Shakspeare and his times, by M. Guizot. *London, Rich. Bentley,* 1852, gr. in-8, cart. en percal. bleue, non rog.

345. Prédécesseurs et contemporains de Shakspeare, par A. Mézières. *Paris, Charpentier,* 1863, in-8, demi-rel. mar. br.

346. Characters of Shakspeare's plays, by Hazlitt. *London,* 1848, in-12, cart. n. rogn. (*Envoi d'auteur.*)

347. Characters of Shakspeare's plays, by William Hazlitt. *London, printed for Taylor,* 1818, in-8, pap. vél. cart. n. rogné.

348. Shakspeare's dramatische Werke übersetzt von A. W. Schlegel. *Berlin,* 1816, 9 vol. in-12, demi-rel.

349. Life of Shakespeare (from the pictorial edition). In-8, demi-rel. fig. et autres br. dans le même vol.

350. Tragedie del conte Vittorio Alfieri da Asti. *Losanna,* 1795, 3 vol. in-8, demi-rel. bas.

351. L. Tieck. Deutsches Theater. *Berlin,* 1817, 2 vol. in-8, demi-rel.

352. ŒUVRES DRAMATIQUES de F. Schiller, traduites de l'allemand (par M. de Barante). *Paris, Ladvocat,* 1821, in-8, portr. demi-rel. v. viol. n. rog.
Exemplaire en grand papier vélin,

353. Vie de Schiller, par Ad. Regnier. *Paris, L. Hachette,* 1859, in-8, demi-rel. mar. r.

354. Wallstein, tragédie, précédée de quelques réflexions sur le théâtre allemand et suivie de notes historiques, par Benj. Constant de Rebecque. *Genève, J.-J. Paschoud,* 1809, in-8, demi-rel. bas.

355. Dramaturgie de Hambourg, par E.-G. Lessing, trad. de M. Ed. de Suckau. *Paris, Didier,* 1869, in-8, demi-rel. v. f. (*Envoi d'auteur.*)

356. Chefs-d'œuvre du théâtre indien, traduits de l'original sanscrit en anglais, par M. H.-H. Wilson, et de l'anglais en français par M. A. Langlois. *Paris, Dondey-Dupré,* 1828, 2 vol. in-8, demi-rel. v. f.

357. La Reconnaissance de Sacountala, drame sanscrit et pracrit de Calidasa, publié et accompagné d'une traduc-

tion française, de notes, etc., par A.-L. Chéry. *Paris, Dondey-Dupré*, 1830, in-4, mar. viol. compart. tr. dor.

358. Tchao-Chi-Koul-Eul, ou l'Orphelin de la Chine, drame en prose et en vers, accompagné de nouvelles et de poésies chinoises, traduit du chinois par Stanislas Julien. *Paris, Moutardier*, 1834, in-8, demi-rel. v. f.

ROMANS.

359. Longus. Daphnis et Chloé (texte grec). *Parmæ, Bodonius*, 1786, in-4, pap. de Holl. demi-rel. chagr. r. n. rog.

360. Longus. Daphnis et Chloé (texte grec). *Paris, Pierre Didot*, 1802, in-4, demi-rel. n. rogn.

Figures de Prudhon et de Gérard, avant la lettre.

361. A Selection of latin stories (XIIIth and XIVth cent.). A contribution to the history of fiction during the middle ages, edited by Thomas Wright. *London*, 1842, in-8, demi-rel. (*Envoi d'auteur.*)

362. Le Roman des Quatre Fils Aymon, princes des Ardennes (publié par Prosper Tarbé). *Reims*, 1861, in-8, demi-rel. v. f. (*Tiré à 300 exemplaires.*)

363. Le Roman de Jehan de Paris, publié par Em. Mabille. *Paris, P. Jannet*, 1855, in-12, cart. n. rog.

364. Histoire et Cronicque du Petit Jehan de Saintré et de la Dame des Belles Cousines sans aultre nom nomner; collationnée sur les manuscrits de la Bibliothèque royale et sur les éditions du XVIe siècle. *Paris, F. Didot*, 1830, in-8, pap. vél. goth. cart. n. rog.

Jolie édition, ornée de fleurons, vignettes et lettres historiées en or et en couleur.

365. Œuvres de Rabelais, édition variorum, augmentée de pièces inédites, des Songes drôlatiques de Pantagruel, etc. *Paris, Dalibon*, 1823, 9 vol. in-8, portr. et fig. de Devéria, demi-rel. v. f. (*Thouvenin.*)

366. Mémoires du comte de Gramont, par Ant. Hamilton. *S. l. n. d.* in-4, v. f. tr. dor.

Copie manuscrite, d'une bonne écriture du dix-huitième siècle, des deux premières parties de ces fameux mémoires.

367. Mémoires de Gramont et contes, par Antoine Hamilton, précédés d'uue notice par Auger. *Paris, Furne*, 1861, gr. in-8, portr. fig. de Moreau, demi-rel. chagr.

368. Histoire de Gil Blas de Santillane, par Le Sage, vignettes par Jean Gigoux. *Paris, Paulin*, 1835, gr. in-8, texte encadré, demi-rel. v. f. n. rog.

369. Paul et Virginie, par J.-H. Bernardin de Saint-Pierre. *Paris, P. Didot*, 1806, in-4, cart. n. rog. portr.

<small>Exemplaire tiré grand in-folio. Les gravures, de Prudhon et Gérard, sont en épreuves avant la lettre.</small>

370. Paul et Virginie, par J.-H. Bernardin de Saint-Pierre *Paris, L. Curmer*, 1838, gr. in-8, portr. et fig. sur chine, demi-rel. dos et coins de mar. v. tr. dor.

371. Histoire du roi de Bohême et de ses sept châteaux (par Ch. Nodier). *Paris, Delangle frères*, 1830, in-8, fig. cart. n. rog.

372. Servitude et grandeur militaires, contenant Laurette, la Veillée de Vincennes et la Canne de jonc, par le comte Alfred de Vigny. *Paris, H. Delloye et V. Lecou*, 1838, in-8, dem-rel. v. v.

373. Pierre Saintive, par Louis Veuillot. *Paris, Ol. Fulgence*, 1840, in-12, v. f. dent. tr. dor. (*Envoi d'auteur.*)

374. Sue (Eugenio). Los Misterios de Paris, traduccion por don A. X. San Martin. — El Judio Errante, edicion illustrada por Gavarni, traducido por D.-P. Martinez Lopez. *Paris*, 1844-45, 8 vol. gr. in-8, fig. mar. br. compart. tr. dor.

375. Les Mémoires d'un enfant d'ouvrier, simples fragments. *Paris*, 1850, in-12, demi-rel. v. f. tr. jasp.

376. Georges Sand. Œuvres diverses. *Paris, Michel Lévy, Hetzel*, 1856-61, 16 tomes en 11 vol. in-12, cart.

<small>Histoire de ma vie. — La Mare au diable. — François le Champi. — André. — Mauprat. — La Ville noire. — Le Marquis de Villemer.</small>

377. J. Michelet. L'Amour. *Paris, L. Hachette*, 1859, in-12, demi-rel. v. bleu.

378. Les Prouesses de la bande du Jura, A Constantinople, les Tristesses humaines, ensemble 3 ouvrages par l'auteur des Horizons prochains. *Paris, Michel Lévy frères*, 1863-67, 3 vol. in-12, demi-rel. v. vert, tr. jasp.

379. Virginie de Leyva, ou intérieur d'un couvent de femmes en Italie au commencement du XVIIe siècle, par Philarète Chasles. *Paris, Poulet-Malassis*, 1861, in-12, demi-rel. v. f. (*Envoi d'auteur.*)

380. Saint-René Taillandier. Drames et romans de la vie littéraire. *Paris, libr. des Bibliophiles*, 1871, in-12, demi-rel. v. f.

381. Récits champêtres, le Secret de Marguerite, la Moissonneuse, les Vanniers, par Eugène Muller. *Paris, Didier*, 1873, in-12, demi-rel. v. bl.

382. Rondelet, le Danger de plaire, Mémoires d'un homme du monde, Fée, Voyage autour de ma bibliothèque, le Nouveau Seigneur du Village, par Sarcey, etc. 9 vol. in-8 et in-12, br.

383. I promessi Sposi, storia milanese del secolo XVII, scoperta e rifatta da Alessandro Manzoni. *Milano*, 1825-26, 3 vol. in-8, demi-rel. v. f.

384. El Ingenioso Hidalgo Don Quixote de la Mancha, compuesto por Miguel de Cervantes Saavedra. *Paris, Bossange*, 1814, 7 vol. in-18, fig. avant la lettre, demi-rel. v. v.

385. Histoire de l'admirable Don Quichotte de la Manche, traduite de l'espagnol de Michel de Cervantes, par Filleau de Saint-Martin. *Paris*, 1830, 5 vol. in-8, fig. de Charlet, demi-rel. v. r.

386. Essays on fiction, by Nassau W. Senior. *London, Longman*, 1864, pet. in-8, cart. en percal. n. rog. (*Envoi d'auteur.*)

387. Tom Jones, ou Histoire d'un enfant trouvé, traduite de Henri Fielding par L.-C. Chéron. *Paris*, 1804, 6 vol. in-12, cart. n. rog.

388. Suite du Voyage sentimental. In-8, mar. r. fil. doublé de tabis. tr. dor. (*Rel. anc.*)

Manuscrit.

389. Tales of my Landlord, collected by Jedediah Cleishbotham. *Edinburgh*, 1816, 4 vol. in-12, demi-rel.

Édition originale. Mouillures.

390. Contes de miss Harriett Martineau sur l'économie politique, traduits de l'anglais par M. B. Maurice. *Paris, Ch. Gosselin*, 1833-39, 8 vol. in-8, demi-rel. v. viol. tr. jasp.

391. Melanthe, or the days of the Medici, a tale, by Mrs. Maberly. *London, Mitchell*, 1843, 3 vol. in-12, demi-rel.

392. Chronicles selected from the originals of Cartaphilus, the Wandering Jew, now first revealed and edited by David Hoffmann of Gottegen. *London*, 1853, 2 vol. in-8, cart.

393. Mentone and the Riviera as a winter climate, by J. Henry Bennet. *London*, 1861, petit in-8, cart. anglais.

394. Leonore, a tale, and others poems by Georgina, lady Chatterton. *London*, 1864, in-12, cart.

395. Parents and Children, by madame de Witt. *London, T. Nelson and Sons*, s. d. in-18, fig. color. cart.

396. The Pupils of St John, by miss Yonge. — The Hermits, by the Ch. Kingsley. — Seekers after God, by W. Farrar. — England's Antiphon, by G. Macdonald. — Christian Singers of Germany, by Cath. Winkworth. *London, Macmillan*, s. d. 5 vol. in-12, portr. et fig. demi-rel. mar. La Val.

397. The Works of Fenimore Cooper. *Paris, Baudry*, 1844, 31 vol. in-8, demi-rel.

398. Eritis sicut Deus. Ein anonymer Roman. *Hamburg*, 1854, 3 vol. in-12, demi-rel.

399. Rgya Tch'er Rol Pa, ou Développement des jeux, contenant l'histoire du Bouddha Çakya-Mouni, par Ph.-Ed. Foucaux. *Paris, Impr. royale*, 1847, 2 vol. in-4, demi-rel. mar. br.

Le tome Ier est pourri dans un coin.

PHILOLOGIE.

400. De l'Esprit et de la Critique littéraires chez les peuples anciens et modernes, par A.-F. Théry. *Paris*, 1832, 2 vol. in-8, demi-rel. v. rouge.

401. Essai sur l'histoire de la critique chez les Grecs, suivi de la Poétique d'Aristote, par M. E. Egger. *Paris, Durand*, 1849, in-8, demi-rel. chagr. noir, tr. jasp.

402. Examen critique des plus célèbres écrivains de la Grèce, par Denys d'Halicarnasse, traduit en français pour la première fois, avec des notes, et le texte en regard, par E. Gros. *Paris, Brunot-Labbe*, 1826-27, 3 vol. in-8, demi-rel. v. vert, dos orné.

403. Œuvres de Macrobe, traduites par Ch. du Rosoy. *Paris, F. Didot*, 1827, 2 vol. in-8, fig. demi-rel. v. ant.

404. Advis et devis des lengues, par François Bonivard. *Genève, Fick*, 1865, in-8, vélin.

405. Mélanges de critique et de philologie, par S. Chardon de la Rochette. *Paris, d'Hautel*, 1812, 3 vol. in-8, demi-rel. v. ant.

406. Critiques et études littéraires, ou Passé et Présent, par Ch. de Rémusat. *Paris, Didier*, 1859, 2 vol. in-12, demi-rel. v. vert.

407. J.-F. Boissonade. Critique littéraire sous le premier empire, publiée par F. Colincamp, précédée d'une notice historique sur M. Boissonade par M. Naudet. *Paris, Didier,* 1863, 2 vol. in-8, demi-rel, v. viol. tr. jasp. (Portrait sur chine.)

408. Du Progrès de l'Idée chrétienne dans la littérature, par Jules Sallony. *Paris, Ambr. Bray,* 1864, in-8, demi-rel. maroq. brun La Val, tr. jasp.

409. Récits du xvi⁰ siècle, par Jules Bonnet. *Paris,* 1864. — Lettres de Jean Reboul, de Nîmes, précédées d'une introduction par M. Poujoulat. *Paris,* 1865. — Nouveaux Samedis, par A. de Pontmartin. *Paris,* 1869. — Etudes critiques sur la littérature contemporaine, par Ed. Scherer. *Paris,* 1863, ens. 4 vol. in-12. demi-rel. v. tr. jasp.

410. Taine (H.). Essais de critique et d'histoire, 2 vol. — Essai sur Tite-Live. — La Fontaine et ses Fables. — Les Philosophes du xix⁰ siècle. *Paris, L. Hachette,* 1860-70, 5 vol. in-12, demi-rel. v. f.

411. Lycée, ou Cours de littérature ancienne et moderne, par J. F. Laharpe. *Paris, H. Agasse, an VII, an XIII,* 16 tom. en 19 vol. in-8, demi-rel. bas.

412. Cours de Littérature française au xviii⁰ siècle, par M. Villemain. *Paris, Didier,* 1838, 5 vol. in-8, demi-rel. v. f. tr. marbr.

413. Cours de rhétorique et de belles-lettres, par Hugues Blair, traduit de l'anglais par Pierre Prévost. *Genève, Mauget et Cherbuliez,* 1808, 4 vol. in-8, cart.

414. Menagiana, ou les bons mots et remarques critiques de monsieur Ménage, recueillis par ses amis. *Paris, chez la veuve Delaulne,* 1729, 4 vol. in-12, v. ant.

SATIRES.

415. PASQUILLORUM TOMI II..... ad exhilarandum, confirmandumque, hoc perturbatissimo rerum statu, pii lectoris animum, apprimè conducentia. *Eleutheropoli,* 1544, très-pet. in-8, maroquin vert, tr. dor.

Recueil de satires contre Rome.
Précieux exemplaire ayant appartenu à **Luther** et annoté de sa main. Un avis de Samuel Butler, sur la garde du volume, atteste que ce livre, paru deux ans avant la mort de Luther, est annoté par lui.
Ces notes existent à la page 175, 177, 201, 214, 289, 315, 322, 378, 433, 440, 469, 473, 474, 488, 493, 494, 507, 513, 519. Un très-grand nombre de passages sont soulignés.

ÉPISTOLAIRES.

416. Lettres inédites de Marc-Aurèle et de Fronton, traduites avec le texte latin en regard et des notes par Armand Cassan. *Paris, A. Levavasseur*, 1830, 2 vol. in-8, demi-rel. v. tr. marbr.
417. Lettres d'Héloïse et d'Abailard. *Paris, J.-B. Fournier, de l'impr. de Didot le jeune*, 1796, 3 vol. in-4, figures de Moreau, demi-rel. v. ant.
418. Lettres d'Abailard et d'Héloïse, traduites sur les manuscrits de la Bibliothèque royale, par E. Oddoul, précédées d'un essai historique par M. et Mme Guizot, édition illustrée par J. Gigoux. *Paris, E. Houdaille*, 1839, 2 vol. gr. in-8, fig. sur chine, mar. r. ornements sur les plats, tr. dor.
419. Lettres complètes d'Abélard et d'Héloïse, texte latin soigneusement revu, traduction nouvelle précédée d'une étude philosophique et littéraire par M. Gréard. *Paris, Garnier*, s. d., in-12, demi-rel. v. f.
420. Lettres de madame de Sévigné, de sa famille et de ses amis. *Paris, J.-J. Blaise*, 1818, 12 vol. in-8, portr. demi-rel. v. viol.
421. De la Correspondance de Fléchier avec Mme Des Houlières et sa fille, par A. Fabre. *Paris, Didier*, 1871, in-8, demi-rel. v. bl. (*Envoi d'auteur.*)
422. Correspondance de Voltaire et du président de Brosses. *S. l. n. d.*, in-8, tiré in-4, demi-rel. mar.
   Non mis dans le commerce.
423. Lettres inédites de Jean-Jacques Rousseau à Marc-Michel Rey, publiées par J. Bosscha. *Amsterdam, F. Muller*, 1858, in-8, demi-rel. mar. r.
424. Lettres de mademoiselle de Lespinasse, écrites depuis l'année 1779. *Paris, Collin*, 1809, in-8, demi-rel. v. f.
425. Correspondance inédite de Mme Du Deffand. *Paris, Collin*, 1809, 2 vol. in-18, demi-rel. v. v. (*Mouillure au tome Ier.*)
426. Correspondance complètes de Mme Du Deffand avec la duchesse de Choiseul, l'abbé Barthélemy et M. Chaufurt, publiée avec une introduction par M. le marquis de Sainte-Aulaire. *Paris, M. Lévy*, 1866, 3 vol. in-8, v. viol.
427. Correspondance inédite de Mme Du Deffand, précédée d'une notice par le marquis de Sainte-Aulaire. *Paris, M. Lévy*, 1859, 2 vol. in-18, demi-rel. v. viol.

428. Lettres et pensées du maréchal prince de Ligne, publiées par Mme la baronne de Staël Holstein. *Paris, J.-J. Paschoud*, 1809, in-8, v. f.

429. Lettres et opuscules inédits du comte Joseph de Maistre, précédés d'une notice biographique par le comte Rodolphe de Maistre. *Paris, A. Vaton*, 1851, 2 vol. in-8, portr. demi-rel. v. ant.

430. Journal et Correspondance d'André-Marie Ampère. *Paris, impr. de J. Claye*, 1869, in-8, demi-rel. v. bl.

431. The Lady of Latham ; being the life and original letters of Charlotte de La Trémoille countess of Derby, by madame Guizot de Witt. *London, Smith*, 1869, in-8, portr. cart. toile n. rog.

432. Junius (Letters of), illustrated by M. Edw. Bocquet from original paintings. *London*, 1813, in-4, v. portraits.

433. The Authorship of the letters of Junius, elucidated by John Britton. *London, J.-R. Smith*, 1848, in-4, fig. cart. toile, n. rog.

434. Lettres de Junius, traduites de l'anglais avec des notes historiques et politiques, par J.-T. Parisot. *Paris, Béchet*, 1823, 2 vol. in-8, demi-rel. v. bl.

435. Lettres historiques, politiques, philosophiques et particulières de Henri Saint-John, lord vicomte Bolingbroke, depuis 1710 jusqu'en 1736. *Paris, Dentu*, 1808, 3 vol. in-8, avec portrait et fac-simile, demi-rel. v. f. dos orné.

436. Letters of Philip, second earl of Chesterfield, to several celebrated individuals. *London*, 1829, gr. in-8, cart. portrait. (*Feuillets déchirés.*)

437. The Letters of Ph. Stanhope, earl of Chesterfield, edited by lord Mahon. *London*, 1845, 4 vol. in-8, cart. (*Portrait.*)

438. Letters written by eminent persons, and lives by John Aubrey. *London*, 1813, 2 vol. in-8, rel.

439. The Letters and works of lady Montague. *London, J. Bohn*, 1861. 2 vol. in-8, cart. (*Portrait.*)

440. Letters of Rachel, lady Russell. *London, Longman*, 1853, 2 vol. pet. in-8, cart.

441. Les Dernières Lettres de Jacopo Ortis. *Paris, P.-F. Delestre*, 1819, in-8, demi-rel. v. ant.

442. Humboldt. Correspondance scientifique et littéraire, recueillie et publiée par M. de la Roquette. *Paris, E. Ducroq*, 1865, in-8, portr. demi-rel. v. viol.

MÉLANGES.

443. Latini sermonis vetustioris Reliquiæ selectæ, recueil publié par A.-E. Egger. *Paris, L. Hachette,* 1843, in-8, demi-rel. v. ant.

444. De la Vie et des ouvrages de Caius Cornélius Gallus. Thèse par Alexandre Nicolas. *Paris,* 1851. — Etude sur J. Sadolet, 1477-1547. Thèse par A. Joli. *Caen,* 1856. — Etude sur le gouvernement de Charles VII. Thèse par Hippolyte Dausin. *Strasbourg,* 1856, gr. in-8, demi-rel. v. f.

445. Variétés littéraires, ou Recueil de pièces, tant originales que traduites, concernant la philosophie, la littérature et les arts. *Paris, impr. de Xhrouet,* 1804, 4 vol. in-8, demi-rel. v. f.

446. Mélanges de littérature, publiés par J.-B.-A. Suard. *Paris, Dentu,* 1806, 5 vol. in-8, demi-rel. v. f.

447. Mélanges académiques, poétiques, littéraires, philologiques, critiques et historiques, par M. Gaillard. *Paris, H. Agasse,* 1806, 4 vol. in-8, demi-rel. v. v.

448. Mélanges de littérature et de philosophie, par F. Ancillon. *Paris, F. Schœll,* 1809, 2 vol. in-8, demi-rel. v. ant.

449. Bibliothèque académique, ou Choix fait par une société de gens de lettres de différents mémoires des Académies françaises et étrangères, mis en ordre par A. Sérieys. *Paris, Delacour,* 1810-1811, 12 vol. in-8, cart.

450. Mélanges inédits de littérature de J.-B. de la Harpe, recueillis par J.-B. Salgues. *Paris, Chaumerot,* 1810, in-8, demi-rel. v. ant.

451. Les Études littéraires et poétiques d'un vieillard, ou Recueil de divers écrits en vers et en prose, par le comte de Boissy-d'Anglas. *Paris, Érasme Klefer,* 1825, 6 vol. in-12, portrait, demi-rel. chagr. brun.

452. Villemain. — Discours et Mélanges littéraires. — Examen des ouvrages de Thompson, Young, Hume, Robertson, Gibbon, Ossian, etc. *Paris,* 1823-28, 2 vol. in-8, portrait, demi-rel. tr. jasp.

453. Nouveaux Mélanges historiques et littéraires, par M. Villemain. *Paris, Ladvocat,* 1827, in-8, portrait de l'Hospital, de Devéria, demi-rel. v. ant. tr. jasp. (*Envoi d'auteur.*)

454. Méditations en prose par une dame indienne (d'Eldir, sultane indienne). *Paris*, 1828, in-8, portraits ajoutés, v. viol. estamp. fil. tr. dor. rel. fatiguée.
455. Mélanges de littérature et de politiqne, par M. Benjamin Constant. *Paris, Pichon et Didier,* 1829, in-8, demi-rel. v. ant. tr. marb.
456. Montalembert, Mélanges (1830-1848), in-8, demi-rel. v. viol. tr. jasp.
457. Leçons et Modèles de littérature française ancienne et moderne, depuis Ville-Hardouin jusqu'à M. de Chateaubriand, par P.-F. Tissot. *Paris, J.-L. Henry,* 1835, 2 vol. in-4, vignettes, texte à deux col., demi-rel. maroq. brun tr. jasp.
458. Mélanges, par D. Nisard. *Paris, Delloye et Lecou,* 1838, 2 vol. in-8, demi-rel. v. f. (*Envoi d'auteur.*)
459. Mélanges de littérature ancienne et moderne, par M. Patin. *Paris, L. Hachette,* 1840, in-8, demi-rel. v. ant. tr jasp. (*Envoi d'auteur à M. Guizot.*)
460. Société littéraire de l'Université catholique de Louvain. Choix de Mémoires. *Louvain,* 1841, in-8, cart.
461. Causeries et méditations historiqnes et littéraires, par M. Ch. Magnin. *Paris, Benj. Duprat,* 1843, 2 vol. in-8, demi-rel. v. viol. tr. jasp.
462. Mélanges littéraires, par M. Maillet-Lacoste. *Paris, F. Didot,* 1847, in-8, demi-rel. mar. r. fil. tr.
463. Littérature, voyages et poésies, par J. Ampère. *Paris, Didier,* 1850, 2 vol. in-12, demi-rel. v. ant. tr. jasp. (*Envoi d'auteur.*)
464. Études morales et littéraires, par Albert de Broglie. *Paris, Mich. Lévy fr.,* 1853, in-12, demi-rel. v. ant. tr. jasp. (*Envoi d'auteur.*)
465. Études historiques et littéraires, par Cuvillier-Fleury. *Paris, M. Lévy,* 1852, 2 vol. in-12, demi-rel. mar. bl. (*Envoi d'auteur.*)
466. Mélanges et souvenirs d'histoire, de voyages et de littérature (par Michel de Yermoloff). *Paris,* 1858, in-8, demi-rel. v. f.
467. Variétés littéraires, morales et historiques, par M. S. de Sacy. *Paris, Didier,* 1858, 2 vol. in-8, demi-rel. v. ant. (*Envoi d'auteur.*)
468. Questions de religion et d'histoire, par Albert de Broglie. *Paris, Mich. Lévy fr.,* 1860, 2 vol. in-8, demi-rel. v. f. tr. jasp.

469. Memoirs, letters and remains of Alexis de Tocqueville translated. *Cambridge*, 1861, 2 vol. pet. in-8, cart. (*Envoi du traducteur*.)

470. Causeries d'un curieux, variétés d'histoire et d'art, tirées d'un cabinet d'autographes et de dessins, par F. Feuillet de Conches. *Paris, Henri Plon*, 1862-68, 4 vol. gr. in-8, demi-rel. v. f. tr. jasp.

471. Duc de Broglie, Écrits et discours. *Paris, Didier*, 1863, 3 vol. in-8, demi-rel. v. f.

472. Fragments de littérature morale et politique, par M. P. Faugère. *Paris, Hachette*, 1865, 2 vol. in-12, demi-rel. v. f. tr. jasp.

473. Fragments de littérature morale et politique, par M. P. Faugère. *Paris, L. Hachette*, 1865, 2 vol. in-12, demi-rel. v. f.

474. Nouvelles Études de littérature et de morale, par M. Albert de Broglie. *Paris, Didier*, 1869, in-8, demi-rel. mar. viol. tr. jasp.

475. Mélanges de littérature étrangère, = Balthazar Knopins, par Immerzel, etc., 10 part. en 2 vol. in-8, demi-rel.

476. Mélanges littéraires, — Missel de Juvénal des Ursins, — Analyse du Songe du Vergier, — La Bibliothèque impériale, par N. de Wailly, etc., 10 pièces en 1 vol. in-8, demi-rel.

477. Mélanges littéraires, Opuscules de grammaire et de littérature, par Raynouard, Creuzé de Lesser, Prompsault, etc., 80 pièces en 12 vol. in-8, demi-rel.

478. Mélanges littéraires (1792-1859), Pièces diverses, par Auger, Achille Jubinal, Ozanam, Gust. Dugut, etc., 40 pièces en 9 vol. in-8, demi-rel.

479. Académie de Paris, Thèses latines et françaises de la faculté des lettres, 1847 à 1849. Environ 40 Thèses en 8 vol. in-8, demi-rel.

480. Académie de Paris, Faculté des lettres, Thèses françaises et latines, par MM. Ch. Gouraud, G. Guibal, Damien, E. Blampignon, E. Fialon, B. Nicolas, etc. *Paris*, 1848-1868, 5 vol. in-8, demi-rel. v. ant.

481. Académie de Paris, — Thèses latines et françaises, 1836-1861, 70 pièces environ en 11 vol. in-8, demi-rel.

482. Thèses, par MM. L. Boucher, G. Feugère, A. Gratacap, J. Zeller. *Paris*, 1849-75, 4 vol. in-8, br.

William Cowper, sa correspondance et ses poésies, — Érasme. —Théorie de la mémoire. — Ulrich de Hutten, sa vie, ses mœurs, son temps.

BELLES-LETTRES.

483. Thèses, par MM. A. Couret et H.-P. Faugeron. *Grenoble et Rennes*, 1868-69, 2 vol. in-8, br. (*Envoi d'auteur.*)

La Palestine sous les empereurs grecs, 326-636. — Les Bénéfices et la vassalité au dix-neuvième siècle,

---

484. Reliquiæ antiquæ, scraps from ancient manuscripts illustrating chiefly early english literature, edited by Th. Whright and Haliwell. *London*, 1843, in-8, cartonné.
Tome II.

485. A Collection of several pieces of M. John Toland. *London*, 1726, 2 vol. in-8, v.

486. Tragedy, biography and oration, by George Jones, *London, Longman*, 1844, in-8, cart. (*Avec envoi d'auteur.*)

487. Essays and reviews (by Fred. Temple, Rowland Williams, Baden Powell, Henry Bristow Wilson, Goodwin, etc.). *London, John W. Parker*, 1860, gr. in-f., cart. en percal, non rog. (*Envoi.*)

488. Essays and Treatises on several subjects, by David Hume. *Basil*, 1793, 4 tomes en 2 vol. in-8, v.

489. Essais historiques et biographiques, par lord Macaulay, traduits par M. Guillaume Guizot. — Essais politiques et philosophiques, par le même, de la même traduction. *Paris, Mich. Lévy*, 1860-62; — ensemble 3 vol. in-8, le 1er demi-rel. chag. rouge, et les 2 autres, demi-rel. v. f.

490. Fragments from german prose writers translated by Sarah Austin. *London, J. Murray*, 1841, in-12, cart., n. rog.

491. L'Exilé, Journal de littérature italienne et moderne. *Paris, impr. de Pihan-Delaforest*, 1832-34, 4 vol. in-8, demi-rel. v. f.

492. Mélanges posthumes d'histoire et de littérature orientales, par M. Abel Rémusat. *Paris, Impr. royale*, 1843, in-8, demi-rel. v. ant.

POLYGRAPHES ET COLLECTIONS.

493. PLUTARCHI Chæronensis omnia quæ extant opera cum latina interpretatione Cruserii et Xylandri. *Lutetiæ*

Parisiorum. typis regiis, apud Societatem græcarum litterarum. 1624, 2 vol. in-fol. portr. v. f. fil. tr. dor.

Bel exemplaire, avec la signature de RACINE sur le titre des deux volumes.

494. Luciani Samosatensis Opera omnia græc. et lat., notasque suas adjecit Joannes Fredericus Reitzius. *Amstelodami, sumplibus Jacobi Wetstenii*, 1743-46, 4 vol. in-4, front. gravé, vél.

495. Œuvres complètes de Cicéron, traduites en français avec le texte en regard, par Jos.-Vict. Le Clerc. *Paris, Lefèvre*, 1825, 30 vol. in-8, portr., demi-rel. v. v.

---

496. Œuvres complètes du seigneur de Brantôme, accompagnées de remarques historiques et critiques (par M. Monmerqué). *Paris, Foucault*, 1822-23, 8 vol. in-8, demi-rel. v. ant.

497. Œuvres complètes de Pierre de Bourdeille, seigneur de Brantôme, publiées... avec variantes et fragments inédits... par Ludovic Lalanne. *Paris, Vᵉ J. Renouard*, 1864-69, 5 vol. gr. in-8, dont 4 sont en demi-rel. v. f. fil., et le 5ᵉ est broché. (*Tomes 1 à 5.*)

498. Œuvres de Louis XIV. *Paris, Treuttel et Würtz*, 1806, 6 vol. in-8, portr. et nombr. fac-simile, bas. marb.

499. Œuvres de L. Racine. *Paris, Lenormant*, 1808, 6 vol. in-8, portr. v. f. fil. (*Thouvenin.*)

500. Œuvres de Montesquieu. *Paris, A. Belin*, 1817, 2 vol. in-8, demi-rel. v. f.

501. Œuvres de Marmontel. *Paris, A. Belin*, 1819, 6 vol. in-8, demi-rel. v. ant.

502. ŒUVRES DE VOLTAIRE, avec préfaces, avertissements, notes, etc., par M. Beuchot. *Paris, Lefèvre*, 1834, 70 vol. in-8, demi-rel. v. f. (*Taches.*)

503. Œuvres de J.-J. Rousseau. *Paris, Lequien*, 1821-23, 21 vol. in-8, portr. et fig. demi-rel. v. f.

504. ŒUVRES de Diderot. *Paris, Brière*, 1821, 22 vol. in-8, portr. demi-rel. v. v.

505. Œuvres de Thomas. *Paris, A. Belin*, 1819, 2 vol. in-8, demi-rel. v. ant.

506. Œuvres complètes de Condorcet. *Paris, Fuchs, an IX-an XIII.* 21 vol. iu-8, demi-rel. v. f.

507. Œuvres complètes de Champfort, seconde édition, *Paris, Colnet*, 1808, 2 vol. in-8, demi-rel. bas.

508. Œuvres complètes de Duclos. *Paris, Colnet*, 1806, 10 vol. in-8, portr. demi-rel. v. ant.

509. Œuvres de M. de la Harpe. *Paris, Pissot*, 1778. 6 vol. in-8, v. marbr.

510. Œuvres de Moncrif. *Paris, Maradan*, 1791, 2 vol. in-8, portr. r. rac. dent.

511. Œuvres complètes de l'abbé Arnaud. *Paris, L. Collin*, 1808, demi-rel. v. ant.

512. Œuvres badines et morales, historiques et philosophiques de Jacques Cazotte. *Paris, J.-Fr. Bastien*, 1817, 4 vol. in-8, portr. et fig. avant la lettre, bas. rac.

513. Œuvres complètes de P.-A. Caron de Beaumarchais. *Paris, L. Collin*, 1809, 7 vol. in-8, demi-rel. v. ant.

514. Œuvres de Mirabeau, précédées d'une notice sur sa vie et ses ouvrages, par M. Mérilhou. *Paris, Lecointe et Pougin*, 1834, 8 vol. in-8, demi-rel. v. viol.

515. Mémoires biographiques, littéraires et politiques de Mirabeau. *Paris, A. Auffray*, 1834-35, 8 vol. in-8. portr. demi-rel. v. viol.

516. Œuvres de M. Turgot. *Paris, impr. de A. Belin*, 1811, 9 vol. in-8, portr. v. f. fil. (*Thouvenin.*)

517. Œuvres de M. Necker, publiées par M. le baron de Staël. *Paris, Treuttel et Wurtz*, 1820-21, 15 vol. in-8, demi-rel. v. ant. (*Le dos de la reliure du tome Ier est enlevé.*)

518. Œuvres de M. Ballanche. *Paris, J. Barbezat*, 1830, 4 vol. in-8, demi-rel. v. bl.

519. Œuvres diverses de M. le baron de Staël. *Paris, Treuttel et Wurtz*, 1829, 3 vol. in-8, demi-rel. v. ant.

520. Œuvres complètes de Mme la baronne de Staël. *Paris, Treuttel et Wurtz*, 1820-21, 17 vol. in-8, demi-rel. v. ant.

521. Œuvres de P.-E. Lemontey. *Paris, A. Sautelet*, 1829, 5 vol. in-8, demi-rel. v. ant. dos orné.

522. Œuvres du comte P.-L. Rœderer, publiées par son fils, le baron A.-M. Rœderer. *Paris, F. Didot*, 1853, 6 vol. très-gr.in-8 à 2 col. demi-rel. v. ant. fil. (*Envoi de M. A.-M. Rœderer.*)

523. Œuvres complètes de M. le vicomte de Chateaubriand. *Paris, Lefèvre*, 1830-31, 20 vol. in-8, portr. demi-rel. v. f. n. nog.

Exemplaire en grand papier vélin.

524. Œuvres de M. Guizot. *Paris*, 1823-1851, 16 vol. in-8, demi-rel. v. f. (*Exemplaire interfolié de papier blanc.*)

Civilisation en Europe. — Civilisation en France, 4 vol. — Essais sur l'histoire de France. — De la Démocratie en France. — Études sur les beaux-arts. — Origines du gouvernement représentatif en Europe, 2 vol. — Histoire de la révolution d'Angleterre, 3 vol. — Études biographiques sur la révolution d'Angleterre. — Monk. — Washington.

525. Traductions en diverses langues de plusieurs ouvrages de M. Guizot. 17 vol. in-8 et in-12, en demi-rel. et brochés.

526. Œuvres de Pierre Lebrun, de l'Académie française. *Paris, Perrotin*, 1814-1861, 5 vol. in-8, demi-rel. v. f.

527. Œuvres de M. Maillet-Lacoste. *Paris, A. Belin*, 1822, in-8, v. v. fil. tr. dor.

528. Œuvres politiques et littéraires d'Armand Carrel, mises en ordre, annotées et précédées d'une notice biographique sur l'auteur par M. Littré et M. Paulin. *Paris, F. Chamerot*, 1857-59, 5 vol. in-8, demi-rel. chagr. vert.

529. Œuvres de M. de Bonald. *Paris, Adrien Le Clère*, 1854, 7 vol. in-8, demi-rel. v. f. tr. jasp.

530. Œuvres complètes d'Alexis de Tocqueville, publiées par madame de Tocqueville. *Paris, M. Lévy*, 1864-67, 9 vol. in-8, demi-rel. v. ant.

531. Œuvres et correspondance inédites d'Alexis de Tocqueville, publiées et précédées d'une notice par Gustave de Beaumont. *Paris, Michel Lévy fr.*, 2861, 2 vol. in-8, demi-rel. v. f. tr. jasp.

532. Léon Pichot. Œuvres diverses. Vérités et principes, pensées, maximes, poésies, traductions, les Héroïdes d'Ovide, etc... *Paris, Tarride, et Châteauroux, A. Nuret*, 1871-72; 4 vol. gr. in-8, demi-rel. v. ant.

533. Œuvres de M. le comte de Montalembert. *Paris, J. Lecoffre.* 1860, 7 vol. in-8, demi-rel. v. f. tr. jasp.

Discours, 3 vol. — Œuvres polémiques et diverses, 3 vol. — Art et littérature.

534. Œuvres posthumes de Bordas-Demoulin, publiées avec une introduction et des notes par S. Huet. *Paris, Ladrange et Chamerot*, 1861, 2 vol. in-8. demi-rel. v. f.

535. Œuvres chosies de Charles Loyson, publiées par Émile Grimaud, avec une lettre du R. P. Hyacinthe et des notices biographiques et littéraires par MM. Patin et Sainte-Beuve. *Paris, J. Albanel*, 1869, in-8, demi-rel. chagr. noir, tr.

jasp. portrait. (*Envoi autographe du P. Hyacinthe à M. Guizot.*)

536. The Works of John Milton. *London, W. Pickering*, 1851, 8 vol. in-8, portr. v. jasp. dent. tr. peigne.
Bel exemplaire.

537. The Works of Henry Fielding, with the life of the author. *London, printed for W. Strahan*, etc..; 1771, 8 vol. in-8, portrait, v. f. fil. dos orné.

538. The Works of Dr Jonathan Swift. *Edinburgh*, 1758, 13 vol. in-12, r.

539. The Works of Laurence Sterne, containing the Life and opinions of Tristram Shandy, a Sentimental Journey... sermons, letters, etc..., with a life of the author written by himself. *London, H. G. Bohn*, 1857, gr. in-8, portrait gravé, cart. en perc. non rog.

540. The Works of Samuel Johnson... with an essay on his life and genius, by Arthur Murphy. *London, printed by Luke Hanfard*, 1806, 12 vol. in-8, portrait, demi-rel. v. f. fil. dos orné.

541. The Works of the late right honourable Henry St-John. lord viscount Bolingbroke, with the life of lord Bolingbroke, by Dr Goldsmith. *London, printed for J. Johnson*, 1809, 8 vol. in-8, portrait, v. f. dos orné.

542. The Works of sir William Temple. *London*, 1814, 4 vol. in-8, demi-rel.

543. The Works of the R. H. Edmund Burke. *London*, 1808, 12 vol. in-8, bas.

544. The Works of the Rev. Sydney Smith. *London, Longman*, 1840, 3 vol. in-8 portrait, rel. en chagr. noir, fil. à froid, tr. dor.

545. The Works of William Mason. *London*, 1811, 4 vol. in-8, demi-rel. mar.

546. The Works of the rev. George Crabbe. *London, John Murray*, 1823. 5 vol. in-8, demi-rel. dos et coins de mar. violet.

547. Remains, in verse and prose, of Arthur Henry Hallam. (*London*), *printed by W. Nicol*, 1834, pet. in-8, v. br. gaufré, fil. dos orné. (*Envoi d'auteur.*)

548. The Works of Thomas Moore. *Paris, Baudry*, 1841, 10 vol. in-8, demi-rel. mar. r.
Poetical works, 3 vol. — History of Ireland, 3 vol. — Memoirs of Sheri-

dan, 1 vol. — Miscellaneous works, 4 part. en 1 vol. — Life of lord Byron, 2 vol.

549. The Works of Thomas Chalmers. *Glasgow, W. Collins*, s. d. 25 vol. in-12, cart.

550. Daily Scripture readings, by the late Thomas Chalmers. *London, Hamilton*, 1852, 3 vol. in-8, cart. toile, n. rog

551. Institutes of theology, by the late Thomas Chalmers. *Edinburgh, Th. Constable*, 1852, 2 vol. in-8, cart. toile, n. rog.

552. Prelections on Butler's analogy, Paley's evidences of Christianity, and Hill's lectures in Divinity, by the late Thomas Chalmers. *Edinburgh, Th. Constable*, 1852, in-8, cart. toile, n. rog.

553. A Selection from the Correspondence of the late Thomas Chalmers. *Edinburgh, Th. Constable*, 1853, in-8, cart. toile, n. rog.

554. The Works of d'Israeli. *Paris, Baudry*, 1835-1840, 7 vol. in-8, demi-rel. mar. viol.

Curiosities of litterature, 3 vol. — Amenities of litterature. 2 vol. — Miscellanies of litterature. 2 vol.

555. The Miscellaneous Works and Remains of the Rev. Robert Hall. *London, G. Bohn*, 1846, in-12, portr. cart. toile, n. rog.

556. Œuvres de lord Macaulay, traduites par M. Guillaume Guizot. *Paris, M. Lévy*, 1860-64, 5 vol. in-8, demi-rel. v. f.

557. The Works of John Adams, second president of the United States, with illustrations by Ch. Fr. Adams. *Boston*, 1850. 9 vol. in-4, cart. n. rog.

558. The Works of Alexander Hamilton. *New-York*, 1851, 7 vol. in-8, cart.

559. The Works of John Calhoun. *Columbia*, 1851, 6 vol. in-8, cart.

Offert par le gouvernement de la Caroline du Sud.

---

560. Characteristics of Gœthe, from the german of Falk, von Müller; with notes, original and translated, illustrative of german litterature, by Sarah Austin. *London, published by Effingham Wilson*, 1833, 3 vol. in-8, port. cart. en percal. non rog.

561. Œuvres de Gœthe, traduction nouvelle par J. Porchat. *Paris, L. Hachette*, 1860, 10 vol. in-8, demi-rel. v. f.

562. Klopstock's Werke. *Leipzig*, 1798, 10 vol. in-8, rel.
563. Schiller's Werke. *Carlsruhe*, 1823. 18 tomes en 15 vol. in-12, rel.
564. Wieland's Werke. *Carlsruhe*, 1800, 35 vol. in-12, cart.
565. Herder's sämmtliche Werke. *Carlsruhe*, 1820, 44 vol. in-12, d.-rel.
566. J. von Muller's Werke. *Tubingen*, 1810, 15 vol. in-12, c.
567. Opere di Niccolò Machiavelli. *S. l.*, 1896, 8 vol. in-8, portr. demi-rel. v. ant.
568. Collection des Ecrits politiques, littéraires et dramatiques de Gustave III, roi de Suède, suivie de sa Correspondance. *Stockholm, Charles Deleu*, 1803, 5 tom. en 3 vol. in-8, portr. demi-rel. bas.

569. Bibliothèque latine-française, publiée par Panckoucke. *Paris*, 1834, 178 vol. in-8, demi-rel. v.
570. Bibliotheca classica latina. *Parisiis, Lemaire,* 1820-1830, 144 vol. in-8, demi-rel. v.
Bon exemplaire.

HISTOIRE.

GÉOGRAPHIE.

571. Traité de géographie de Claude Ptolémée, traduit pour la première fois du grec en français par M. l'abbé Halma. *Paris, Eberhart*, 1828, in-4, fig. demi-rel. chagr. la Vall.
572. Géographie de Strabon, traduite du grec en français (par de la Porte du Theil et Coray, avec notes par Gosselin). *Paris, Impr. imp.*, 1805-1819; 5 vol. in-fol. cart.
Exemplaire en *grand papier vélin*, non rogné.
573. Pomponius Mela, de Situ Orbis libri III, cum notis variorum, curante Gronovio. *Lugd. Bat.*, 1722, in-8, titre gravé, vélin.

HISTOIRE.

574. Notice sur les îles Tremiti, connues dans l'ancienne Grèce sous le nom de Diomedæ, et appelées par les Romains Trimerum, par le baron de Marguerite. *Paris, Breteau*, 1844, in-8, carte, cart. n. rog.

575. Dictionnaire géographique universel, contenant la description de tous les lieux du globe intéressants sous le rapport de la géographie physique et politique, de l'histoire, de la statistique, du commerce et de l'industrie, par une société de géographes. *Paris*, 1823-1833, 10 vol. in-8, dem.-rel. v.

576. Précis de la géographie universelle, ou Description de toutes les parties du monde, par Malte-Brun. *Paris, Aimé André*, 1831-37, 12 vol. in-8, demi-rel. v.

577. Atlas universel de géographie physique, politique, ancienne et moderne. Edition composée de 65 feuilles, par A. Brué, géographe du Roi. *Paris, s. d.*, in-fol. demi-rel. v. viol.

578. Atlas physique, politique et historique de l'Europe, par A. Denaix, *Paris*, 1829, 30 cartes gravées par Richard Wahl. — Denaix, Etudes générales sur le globe et sur l'Europe, cartes et tableaux. — Ens. 2 vol. in-fol. et 1 vol. in-4, dem.-rel. v.

579. Nouvel Atlas de l'Empire ottoman, avec le plan de Constantinople et ceux des batailles mémorables, par Hellert. *Paris*, 1844, in-fol. demi-rel.

580. Carte du cours du Rhin et de la limite des propriétés entre les communes des deux rives, depuis Huningue jusqu'à Lauterbourg, exécutée sous la direction du directeur général comte Guillemot, 1840, 17 planches, in-fol. cart.

581. Recherches historiques et statistiques sur la Corse, par M. F. Robiquet, *Paris et Rennes, Duchesne*, 1835, très-gr. in-8, demi-rel. v. vert, dos orné. (*Avec Atlas.*)

582. Carte des Iles Britanniques ou royaume uni de la Grande-Bretagne et d'Irlande, par P. Lapie, ingénieur-géographe. *Paris, chez Picquet, géographe de S. M. l'Empereur et Roi*, 1812, 6 feuilles dans un étui, cart. in-8.

583. Asie centrale. Recherches sur les chaînes de montagnes, etc., par A. de Humboldt. *Paris, Gide*, 1843, 2 vol. in-8, demi-rel, v. vert.

Manque le tome III.

584. Lands, classical and sacred, by lord Nugent. *London*, 1845, 2 vol. in-8, cart. (*Envoi d'auteur.*)

585. Notes sur le Japon, la Chine et l'Inde, par le baron Ch. de Chassiron. *Paris*, 1861, gr. in-8, fig. col. demi-rel. maroq. vert. (*Envoi d'auteur.*)

586. Relation de l'Egypte, par Abd-Allatif, médecin arabe de Bagdad, suivie de divers extraits d'écrivains orientaux et d'un état des provinces et des villages de l'Egypte dans le quatorzième siècle, le tout traduit et enrichi de notes historiques et critiques par M. Sylvestre de Sacy. *Paris*, de l'*Imprimerie impériale*, 1810, in-4, cart. n. rog.

587. Description de l'Afrique septentrionale, par El-Bekki, traduite par Mac-Guekin de Slane. *Paris, Imprimerie impériale*, 1859, in-8, demi-rel. maroq. viol.

588. Description nautique des côtes de l'Afrique occidentale comprises entre le Sénégal et l'Equateur, par M. le comte E. Bouët-Villaumez, capitaine de vaisseau, commencée en 1838 et terminée en 1845, par les ordres de M. le contre-amiral Montagniès de la Roque. *Paris, Impr. royale*, 1846, in-8, fig. maroq. rouge, fil. à comp. tr. dor.

589. Egypt, India and the colonies, by W. F. Vessey Fitzgerald. *London, H. Allen*, 1870, in-12, cart. toile, n, rog.

590. The Nile Tributaries of Abyssinia and the sword hunters of the Hamran Arabs, by sir Samuel W. Baker. *London*, 1867, gr. in-8, portrait, figure et carte col. cart. anglais.

591. Chronica do descobrimento e conquista de Guiné, pelo chronista Gomes Eannes de Azurara. *Pariz, J.-P. Aillaud*, 1841, in-4, vignettes, chagr. v. fil. tr. dor.

592. Carte d'Algérie. *Paris, Ficquet*, 5 feuilles sur toile dans un étui.

593. Carte d'Algérie. *Andriveau-Goujon*, 3 feuilles in-fol. sur toile dans un étui.

594. Carte des vents sur la côte est de l'Amérique du Sud, de l'Amazone à la Plata, par le contre-amiral vicomte de Chabannes. *Paris*, 1861, in-fol. cart.

595. Le Canada. Essai par J. Sheridan Hogan. *Montréal, J. Lowell*, 1855, in-8, carte, cart. n. rog.

596. Tahiti et les îles adjacentes, par Th. Arbousset. *Paris, Grassart*, 1867, in-12, demi-rel. v. v.

VOYAGES.

597. Voyages autour du monde et naufrages célèbres, par le capitaine G. Lafond. *Paris*, 1844, 5 vol. gr. in-8, cart. portrait, figures noires et col.

HISTOIRE.

598. Relation du voyage à la recherche de la Pérouse, fait par ordre de l'Assemblée constituante, pendant les années 1791-1792, par le citoyen Labillardière. *Paris, an VIII*, 2 vol. in-8, demi-rel. v. vert. tr. jasp.

599. Voyage en Chine, — Ténériffe, — Rio Janeiro, — le Cap, — île Bourbon, — Malacca, — Singapore, — Manille, — Macao, — Canton, — ports chinois, — Cochinchine, — Java, par M. C. Lavollée. *Paris*, 1852, in-8, demi-rel. chagr. viol. tr. jasp.

600. Fragments of voyages and travels, by captain Basil Hall. *London*, 1842. gr. in-8, cart.

601. Les Juifs d'Europe et de Palestine, voyage de MM. Keith, Black, Bonar et Mac Cheyne, envoyés par l'Eglise d'Ecosse, traduit de l'anglais... *Paris, Delay*, 1844, in-8, carte, rel. en v. ant. fil. tr. dor.

602. Marmier (X.). Lettres sur l'Amérique. 2 vol. — Lettres sur l'Adriatique et le Monténégro. 2 vol. — Les Voyages nouveaux... *Paris, Arthus Bertrand, s. d.*, 2 vol. Ensemble 6 vol. in-12, demi-rel. v. viol. (*Envois d'auteur.*)

603. Du Rhin au Nil. Tyrol. — Hongrie. — Provinces Danubiennes. — Syrie. — Palestine. — Egypte. Par X. Marmier. *Paris, Arthus Bertrand, s. d.*, 2 vol. in-12, pap. vél. mar. citr. fil. n. rog. (*Envoi d'auteur.*)

604. Voyages et Voyageurs, 1837-1854, par Cuvillier-Fleury. *Paris, M. Lévy*, 1854, in-12, demi-rel. v. f.

---

605. Diary of travels in France and Spain (en 1844), by Rev. Fr. Trench. *London*, 1845, 2 vol. in-8, cart.

606. Foreign Reminiscences, by Henry Richard, lord Holland. *London, Longman*, 1850, in-12, cart.

607. Voyage d'exploration sur le littoral de la France et de l'Italie. Rapport... sur les industries de Comacchio, du lac Fusaro, de Marennes et de l'anse de l'Aiguillon, par M. Coste. *Paris, Impr. impér.*, 1855, gr. in-4, pap. vél. fort, avec planches, demi-rel. v. f.

608. Voyage d'exploration sur le littoral de la France et de l'Italie, par M. Coste; deuxième édition, suivie de nouveaux documents sur les pêches fluviales et marines. *Paris, Impr. impér.*, 1861, in-4, chagr. vert foncé, dos orné.

609. Voyages agronomiques en France, par M. Frédéric Lullin de Châteauvieux; ouvrage posthume, précédé d'une notice

biographique sur l'auteur, publiée par M. Naville de Châteauvieux. *Paris*, 1843, 2 vol. in-8, demi-rel. v. f. tr. jasp.

610. Voyage en Corse de S. A. R. le duc d'Orléans, par E. Sorbier. *Paris, Joubert*, 1836, in-8, mar. bl. compart. tr. dor.

611. Voyage à l'île d'Elbe, suivi d'une notice sur les autres îles de la mer Tyrrhénienne, par Arsène Thiébaut de Berneaud. *Paris*, 1808, in-8, figures, mar. rouge, fil. dor.

612. Voyage historique, chorographique et philosophique dans les principales villes de l'Italie, en 1811 et 1812, par P. Petit-Radel. *Paris*, 1815, 3 vol. in-8, v. f. tr. jasp.

613. Voyage en Italie et en Sicile, par L. Simon. *Paris, A. Sautelet*, 1828, 2 vol. in-8, demi-rel. v. tr. marbr.

614. Voyage pittoresque en Italie, partie septentrionale et partie méridionale, par M. Paul de Musset. *Paris, Belin-Leprieur et Morizot*, 1855, 2 vol. gr. in-8, illustration de MM. Rouargue fr. demi-rel. mar. brun.

615. Fragments d'un voyage en Italie, en Grèce et en Asie, par Gauthier d'Arc. *Paris*, 1831, in-12, pap. de Holl. mar. v. fil. tr. dor.

Tiré à 100 exemplaires.

616. Journal of a tour in Italy, by Worsdworth. *London*, 1863, 2 vol. pet. in-8, cart. (*Envoi d'auteur.*)

617. Les Monastères bénédictins d'Italie. Souvenirs d'un voyage littéraire au-delà des Alpes, par Alphonse Dantier. *Paris, Didier*, 1866, 2 vol. in-8, demi-rel. v. f. tr. jasp. (*Envoi d'auteur.*)

618. Souvenirs du golfe de Naples, recueillis en 1808, 1818 et 1824, par le comte Turpin de Crissé. *Paris*, 1828, in-fol. mar. viol. fil. gravures sur chine.

619. Voyage en Italie, par H. Taine. Rome et Naples. *Paris, L. Hachette*, 1866, in-8, demi-rel. v. f.

620. Itinéraire de Turin à Rome, par M. le comte de Falloux. *Paris, Ch. Douniol*, 1865, in-12, demi-rel. v. f.

621. Tolède et les bords du Tage. Nouvelles études sur l'Espagne, par Antoine de Latour. *Paris, M. Lévy*, 1860, in-12, demi-rel. v. bl. (*Envoi d'auteur.*)

622. Voyage pittoresque de l'Oberland, ou Description de vues prises dans l'Oberland, district du canton de Berne, accompagné de notices historiques et topographiques, avec quinze planches coloriées et une carte itinéraire. *Paris, Treuttel et Wurtz*, 1812, in-4, cart. n. rog.

623. Voyage pittoresque de l'Oberland, ou Description de

HISTOIRE.

vues prises dans l'Oberland, district du canton de Berne, accompagnée de notices historiques et topographiques, avec quinze planches coloriées et une carte itinéraire. *Paris, chez Treuttel et Wurtz*, 1812, in-4, cart. n. rog.

624. Lettre sur la Suisse, adressées à madame de M*** par un voyageur français en 1781. *Genève*, 1788, 2 vol. in-8, cartes, v. ant. marbr.

625. Voyage en Suisse, fait dans les années 1817, 1818 et 1819 par L. Simond. *Paris, Treuttel et Wurtz*, 1822, 2 vol. in-8, demi-rel. v. vert.

626. Voyage en Autriche, ou Essai statistique et géographique sur cet empire, par M. Marcel de Serres. *Paris, Arthus Bertrand*, 1814, 4 vol. in-8, demi-rel. v. vert, tr. jasp.

627. Littérature et voyages, par J. Ampère. Allemagne et Scandinavie. *Paris, Paulin*, 1833, in-8, demi-rel. maroq. br. la Vall. tr. jasp.

628. La Grèce continentale et la Morée. Voyage, séjour et études historiques en 1840-41, par J.-A. Buchon. *Paris, Ch. Gosselin*, 1843, in-12, v. f. tr. jasp.

629. Voyage dans la Macédoine, contenant des recherches sur l'histoire, la géographie et les antiquités de ce pays, par M. E.-M. Cousinéry. *Paris, Imprimerie royale*, 1831, in-4, demi-rel. v. ant.

630. Une Année en Russie. Lettres à M. Saint-Marc-Girardin, par Prosper Mérimée. *Paris, Amyot*, 1847, in-12, demi-rel. v. f.

631. Les Steppes de la mer Caspienne, le Caucase, la Crimée et la Russie méridionale. Voyage pittoresque, historique et scientifique, par Xavier Hommaire de Hell. *Paris et Stasbourg*, 1843-44, 3 vol. gr. in-8, demi-rel. v. f. fil. noir, tr. jasp.

632. Voyage en Bulgarie, par M. Blanqui. *Paris*, 1848. — Londres il y cent ans, par Francis Wey. *Paris*, 1859. — Campagne de Chine, ou Six années avec l'expédition anglaise. *Paris*, 1841. — Une Réforme administrative en Afrique, par A. de Broglie. *Paris*, 1860. — L'Ambassade de Siam au xviie siècle, par Et. Gallai. *Paris*, 1862. — Souvenirs et impressions, ou Lettres à Lady..... *Paris*, 1855. — La Baie de Cadix, par Antoine de Latour. *Paris*, 1858. — Ens. 7 vol. in-12, demi-rel. chagr.

633. La Serbie. Kara-George et Milosch, par Saint-René Taillandier, *Paris, Didier*, 1872, in-8, demi-rel. v. viol. (*Envoi d'auteur.*)

634. Lettres sur l'Irlande, par X. Marmier. *Paris, Bonnaire*, 1837, in-8, demi-rel. v. tr. jasp.

635. A Summer and winter in Norway, by lady D. Beauclerck. *London, Murray*, 1868, in-8, cart. *figures*.

636. Lord Dufferin. Letters from high latitudes being some account of a voyage to Iceland and Spitzbergen, in 1856. *London, Murray,* 1857, in-8, cart, figures.

---

637. Lettres sur l'Orient, écrites pendant les années 1827 et 1828, par le baron Th. Renouard de Bussière. *Paris,* 1829, 2 vol. in-8, demi-rel. v.

638. Souvenirs, impressions, pensées et paysages, pendant un voyage en Orient (1832-1833), ou Notes d'un voyageur, par M. A. de Lamartine. *Paris, Ch. Gosselin*, 1835, 4 vol. in-8, cartes, demi-rel. v. v.

639. Correspondance et mémoires d'un voyageur en Orient, par Eug. Boré. *Paris*, 1840, 2 vol. in-8, demi-rel. veau, tr. jasp.

640. Exploration archéologique de la Galatie et de la Bithynie, exécutée en 1861 et publiée par Georges Perrot, Edmond Guillaume et Jules Delbert. *Paris, F. Didot*, 1862-65, in-fol. pl. en 24 livr. br. (*Envoi d'auteur.*)

641. Volney (C.-F.). Voyage en Syrie et en Égypte pendant les années 1783, 1784 et 1785. *Paris, Volland*, 1787, 2 vol. in-8, bas. — Les Ruines, ou Méditations sur les révolutions des empires. *Paris, Desenne*, 1792, in-8, fig. bas. — Tableau du climat et du sol des États-Unis d'Amérique. *Paris, Courcier*, 1803, demi-rel. v. viol. — Leçons d'histoire, prononcées à l'Ecole normale en l'an III. *Paris, Courcier*, 1810, in-8, demi-rel. v. v.

643. Voyage en Terre sainte, par de Saulcy. *Paris, Didier*, 1865, 2 vol. in-8, demi-rel. *figures.*

644. Voyage sur la côte orientale de la mer Rouge, et Second Voyage sur les deux rives de la mer Rouge, dans le pays des Adels et le royaume de Choa, par E. Rochet d'Héricourt. *Paris, Arthus Bertrand*, 1841-1846, 2 vol. in-8, carte, figures noires et col. mar. rouge, fil. tr. dor.

645. Second Voyage sur les deux rives de la mer Rouge, dans le pays des Adels et le royaume de Choa, par M. Rochet d'Héricourt. *Paris, Arthus Bertrand*, 1846, gr. in-8, figures, demi-rel. chagr. br.

HISTOIRE.

646. Early Travels in Palestine, by Thomas Wright. *London, G. Bohn*, 1848, in-12, plan, cart. toile n. rog.

647. De Montréal à Jérusalem, par Prarond, 1869. — La Grèce et les îles Ioniennes. — La Race prussienne, par Quatrefages. — L'Empire du Brésil, par da Silva. — L'Esprit moderne en Allemagne, 1869. — 8 vol. in-12, br.

648. Voyage militaire dans l'empire Othoman, ou Description de ses frontières et de ses principales défenses, soit naturelles, soit artificielles, avec cinq cartes géographiques, par le baron Félix de Beaujour. *Paris*, 1829, 2 vol. in-8, demi-rel. v. bleu.

649. Journey through Arabia Petrea, to mount Sinaï, by Leon de Laborde. *London, Murray*, 1836, in-8, cart. figures.

650. Letters from Egypt, 1863-65, by lady Duff Gordon. *London, Mac Millan*, 1865, in-8, cart. en percal. bleue, non rog.

651. Voyages du chevalier Chardin en Perse et autres lieux de l'Orient, enrichis d'un grand nombre de belles figures en taille-douce, représentant les antiquités et les choses remarquables du pays, nouvelle édition, par L. Langlée. *Paris, Lenormant*, 1811, 10 vol. in-8, et atlas v. f.

652. Histoire de la vie de Hiouen-Thsang et de ses voyages dans l'Inde, depuis l'an 629 jusqu'en 645, par Hoeï-li et Yen-Thsong, traduite du chinois par Stanislas Julien. *Paris, Impr. impériale*, 1853, gr. in-8, demi-rel. v. f.

653. Foè Kouè Ri, ou Relation des royaumes bouddhiques : Voyage dans la Tartarie, dans l'Afghanistan et dans l'Inde, exécuté à la fin du iv° siècle par Chy Fa Hian, traduit du chinois et commenté par M. Abel Rémusat. *Paris, Impr. royale*, 1836, in-4, demi-rel. v. ant.

654. Voyage à Calcutta, à Bombay et dans les provinces supérieures de l'Inde britannique pendant les années 1824 et 1825, suivi d'une notice sur Ceylan et d'un voyage à Madras et dans les provinces méridionales en 1826, par Réginald Héber, évêque de Calcutta, traduit de l'anglais par M. Prieur de la Comble. *Paris*, 1830, 2 vol. in-8, demi-rel. v. tr. jasp.

655. VICTOR JACQUEMONT. Voyage dans l'Inde. *Paris, Didot*, 1841, 6 vol. pet. in-fol. demi-rel. non rogné, dont 2 vol. d'atlas.

Publié sous les auspices de M. Guizot.

656. Correspondance de Victor Jacquemont avec sa famille, pendant son voyage dans l'Inde. *Paris*, 1833, 2 vol. in-8, demi-rel. v. ant.

657. Correspondance de Victor Jacquemont avec sa famille et plusieurs de ses amis pendant son voyage dans l'Inde (1828-1832). *Paris, H. Fournier,* 1835, 2 vol. in-8, portr. demi-rel. v. ant.

658. Correspondance de V. Jacquemont avec sa famille et plusieurs de ses amis, pendant son voyage dans l'Inde (1828-1832). *Paris,* 1841, 2 vol. in-12, maroq. brun fil. n. rog.

659. Correspondance inédite de Victor Jacquemont avec sa famille et ses amis (1824-1832). *Paris, Lévy,* 1867, 2 vol. in-8, demi-rel. v. ant.

660. Voyage dans l'archipel Indien, par V. Fontanier. *Paris, Ledoyen,* 1852, in-8, demi-rel. chagr. bl. tr. jasp.

661. A Winter in the West Indies, familiar letters, by J.-J. Gurney. *London, Murray,* 1841, in-8, cart. fig.

662. A Christmas in the West Indies by Charles Kingsley, with illustrations. *London,* 1871, 2 vol. pet. in-8, cart. anglais.

663. Voyage en Indo-Chine et dans l'empire chinois, par Louis de Carné. *Paris, E. Dentu,* 1872, in-12, demi-rel. v. viol.

664. Memoirs of the father Ripa (residence at the court of Peking), translated from the italian by Prandi. *London, Murray,* 1844. — The Marquesas islands, by Hermann Melville. *London, Murray,* 1846, 2 vol. in-12, cart.

665. Voyage en Chine, Cochinchine, Inde et Malaisie, par Aug. Haussmann, pendant les années 1844-45-46. *Paris,* 1847-48, 3 vol. in-8, v. f. fil. tr. dor.

666. L'Empire chinois, faisant suite à l'ouvrage intitulé Souvenirs d'un voyage dans la Tartarie et le Thibet, par M. Huc, ancien missionnaire en Chine. *Paris, Imprimerie impériale,* 1854, 2 vol. in-8, cart. demi-rel. v. vert fil.

667. Une Ambassade française en Chine, journal de voyage. *Paris, Amyot,* 1854, in-8, demi-rel. v. bleu, tr. jasp. (*Envoi d'auteur.*)

---

668. Narrative of discovery and adventure in Africa, collected by Hugh. Murray. *Edinburgh,* 1840, in-12 cartonné.

669. Lettres écrites d'Egypte et de Nubie en 1828 et 1829, par Champollion le jeune. *Paris, Didier,* 1868, gr. in-8, demi-rel. v. f. tr. jasp.

670. Voyage en Egypte et en Nubie, par J. Ampère. *Paris, Mich. Lévy fr.*, 1868, in-8, demi-rel, v. vert, dos orné, tr. jasp.

671. Voyage à Méroé, au fleuve Blanc, au-delà de Fazool, dans le midi du Royaume de Sennar, à Syouah, et dans cinq autres oasis, fait dans les années 1819, 1820, 1821 et 1822, par M. Frédéric Cailliaud de Nantes. *Paris, Impr. royale*, 1826-27, 4 vol. in-8, demi-rel. ant.

672. Voyage en Abyssinie, par M. Salt, traduit de l'anglais et extrait des Voyages de lord Valentia. *Paris*, 1812, 2 vol. in-8, demi-rel. v. tr. jasp.

673. Voyage archéologique dans la régence de Tunis, exécuté et publié sous les auspices et aux frais de M. H. d'Albert, duc de Luynes, par V. Guérin. *Paris, Plon*, 1862. gr. in-8, carte demi-rel. v. f.

674. Alger. Voyage pittoresque et descriptif dans le nord de l'Afrique, par Evariste Bavoux. *Paris*, 1841, 2 vol. in-8, demi-rel. v. vert, tr. jasp. (*Envoi d'auteur.*)

675. Algeria and Tunis in 1845, by captain J. Clark Kennedy. *London, H. Colburn*, 1846, 2 vol. in-8, cart. figures.

676. Voyage dans l'Afrique occidentale exécuté en 1843 et 1844, rédigé et mis en ordre par Anne Raffenel. *Paris, Arthus Bertrand*, in-8, demi-rel. chagr. noir.

677. Voyages d'Ali Bey El-Abbassi en Afrique et en Asie, pendant les années 1803 à 1807. *Paris*, 1814, 3 vol. in-8 et atlas in-4 obl. v. fil.

678. Journal d'une expédition entreprise dans le but d'explorer le cours de l'embouchure du Niger, par Richard et John Lander, traduit de l'anglais par madame Louise Sw.-Belloc. *Paris, Paulin*, 1832, 3 vol. in-8, demi-rel. v. tr. jasp. figures.

679. Journal d'un voyage à Tombouctou et à Jenné dans l'Afrique centrale, précédé d'observations faites chez les Maures, Braknas, les Nalous et d'autres peuples, pendant les années 1824 à 1828, par René Caillié. *Paris, Imprimerie royale*, 1830, 3 vol. in-8 et atlas in-4, portrait, demi-rel. v. tr. jasp.

680. Le Désert et le Soudan, par le comte d'Escayrac de Lauture. *Paris*, 1853, gr. in-8, demi-rel. mar.

681. Relation d'un voyage d'exploration au nord-est de la colonie du cap de Bonne-Espérance, entrepris dans les mois de mars, avril et mai 1836, par MM. T. Arbousset et F. Daumas, écrite par Thomas Arbousset. *Paris, Arthus Bertrand*, 1842, gr. in-8, figures, demi-rel. v. f. fil. noir.

682. Missionary travels and researches in south Africa by David Livingstone. *London, J. Murray*, 1857, in-8, fig. cart. toile, n. rog.

683. Les Bassoutos, ou vingt-trois années de séjour et d'observations au sud de l'Afrique, par E. Casalis. *Paris, Ch. Meyrueis*, 1859, in-8, fig. demi-rel. mar. br. (*Envoi d'auteur.*)

684. Voyage à Madagascar et aux îles Comores (1823 à 1830), par B.-F. Leguevel de Lacombe. *Paris, L. Delessart*, 1840, 2 vol. in-8, huit vues et 2 cartes géographiques dessinées par V. Adam, demi-rel. chagr. rouge, tr. jasp.

---

685. NARRATIVE OF THE UNITED STATES EXPLORING EXPEDITION during the years 1838, 1839, 1840, 1841, 1842, by Charles Wilkes. *Philadelphia*, Y. *Sherman and son*, 1844-1858, tom. 1 à 13-20, 14 tom. en 15 vol. in-4, portr. et fig. et 10 vol. in-fol. et in-4, d'atlas, mar. v. compart. tr. dor.

Narrative, 5 vol. et atlas. — Ethnography and philology, 1 vol. — Zoophytes, 1 vol. et atlas. — Mammalia and Ornithology, 1 tom. en 2 vol. et atlas. — The races of man, 1 vol. — Geology, 1 vol. et atlas. — Meteorology, 1. vol. — Mollusca and Shells, 1 vol. et atlas, — Crustacea, 1re part. et atlas. — Botany, atlas. — Botany, Cryptogamia, atlas. — Hydrography, atlas. — Herpetology. 1 vol. et atlas.
Bel exemplaire.

686. The Life of John Ledyard, the American traveller, by Jared Sparks. *Cambridge*, 1829, in-8, cart. n. rogn. (*Envoi autographe de l'auteur.*)

687. Souvenirs atlantiques, voyages aux Etats-Unis et au Canada, par Théodore Pavie. *Paris*, 1833, 2 vol. in-8, demi-rel. v. tr. marbr.

688. Three Years in north America, by James Stuart. *Edinburgh*, 1833, 2 vol. in-8, demi-rel.

689. Lettres sur l'Amérique du Nord, par Michel Chevalier. *Paris, Ch. Gosselin*, 1836, 2 vol. in-8, demi-rel. v. f.

690. A Visit to the United States in 1841, by Joseph Sturge. *London, Hamilton*, 1842, in-8, mar. r. tr. dor.

691. Exploration du territoire de l'Orégon, des Californies et de la mer Vermeille, exécutée pendant les années 1840, 1841 et 1842, par M. Duflot de Mofras. *Paris, Arthus Bertrand*, 1844, 2 vol. gr. in-8, figure, demi-rel. chagr. vert.

692. Promenade en Amérique, par J.-J. Ampère. *Paris, M. Lévy*, 1855, 2 vol. in-8, demi-rel. v. f.

694. Huit mois en Amérique. Lettres et notes de voyages, 1864-65, par Ern. Duvergier de Hauranne. *Paris*, 1866,

HISTOIRE. 59

2 vol. — Les Etats-Unis pendant la guerre (1861-1865), par Aug. Laugel. *Paris*, 1866, ens. 3 vol. in-12, demi-rel. v. viol.

695. Exploration du territoire de l'Orégon, des Californies et de la mer Vermeille, exécutée pendant les années 1840, 1841 et 1842, par M. Duflot de Mofras. *Paris, Arthus Bertrand*, 1844, 2 vol. gr. fig. s. acier, in-8, maroq. rouge, tr. dor.

696. Voyages du sieur de Champlain, ou Journal des découvertes de la Nouvelle-France. *Paris*, 1830, 2 vol. in-8, demi-rel. chagr. viol. tr. jasp.

697. Relation du voyage des dames religieuses Ursulines de Rouen à la Nouvelle-Orléans, avec une introduction et des notes par Gabr. Gravier. *Paris, Maisonneuve*, 1872, pet. in-4, br. pap. vergé n. rog.

698. Voyage au pays des Mormons, relation, géographie, histoire naturelle, histoire, théologie, mœurs et costumes, par Jules Remy. *Paris, Dentu*, 1860, 2 vol. gr. in-8, fig. demi-rel. v. f.

699. Voyages chez différentes nations sauvages de l'Amérique septentrionale, par J. Long, traduits de l'anglais avec des notes et additions intéressantes par J.-B. Billecoq. *Paris*, 1810, in-8, demi-rel. v. viol.

700. Travels in the West-Cuba, with notices of Porto Rico and the slave trade, by David Turnbull. *London, Longmann*, 1840, in-8, cart.

701. Voyages aux Antilles françaises, par A. Granier de Cassagnac. *Paris, Dauvin et Fontaine*, 1842, in-8, demi-rel. veau v.

702. Voyage à Buenos-Ayres et à Porto-Alegre (de 1830 à 1834), par Arsène Isabelle. *Havre*, 1835, in-8, demi-rel. v. vert, figure et carte.

703. Voyages aux îles de la mer du Sud en 1827 et 1828, et relation de la découverte du sort de la Pérouse, par le capitaine Peter Dillon, *Paris, Pillet aîné*, 1830, 2 vol. in-8, demi-rel. v. f. tr. jasp.

704. History and general views of the Sandwich islands' mission, by Rev. Sheldon Dibble. *New-York*, 1839, in-8, cart.

HISTOIRE UNIVERSELLE.

705. L'ART DE VÉRIFIER LES DATES des faits historiques, des chartes, des chroniques et autres anciens monumens, de-

puis la naissance de Notre-Seigneur....., etc. *Paris, Alex. Jombert,* 1783-87, 3 vol. in-fol., demi-rel. veau m.

706. Tablettes chronologiques de l'histoire universelle, sacrée et profane... depuis la création du monde jusqu'à l'année 1808... par Jean Picot. *Genève, Manget et Cherbuliez,* 1808, 3 vol. in-8, demi-rel. bas.

707. Principi di scienza nuova di Giambattista Vico. *In Napoli,* 1744, 2 tomes en 1 vol. in-8, vél.

708. La Science nouvelle de Vico, traduite par l'auteur de l'Essai sur la formation du dogme catholique. *Paris, Jules Renouard,* 1844, in-12, demi-rel. v. ant. tr. jasp.

709. Œuvres choisies de Vico, contenant ses Mémoires, écrits par lui-même, la Science nouvelle, les Opuscules, Lettres, etc., précédées d'une introduction sur sa vie et ses ouvrages par M. Michelet. *Paris, Hachette,* 1835, 2 vol. in-8, figure, demi-rel. v. viol. dos orné, fil. tr. jasp.

710. Le Peuple primitif, sa religion, son histoire et sa civilisation, par Frédéric de Rougemont. *Genève et Paris,* 1855, 2 vol. in-12, demi-rel. chagr. vert, tr. jasp.

711. Tableau historique des nations, ou rapprochement des principaux événements arrivés à la même époque sur la surface de la terre.... par M. E. Joudot. *Paris, J.-G. Dentu,* 1829-30, 4 vol. in-8, demi-rel. v. vert.

712. Recherches sur les fonctions providentielles des dates et des noms dans les annales de tous les peuples. *Paris, Dumoulin,* 1852, in-8, demi-rel. v. ant.

713. Éphémérides universelles, ou Tableau religieux, politique, littéraire, scientifique et anecdotique, par MM. Aubert de Vitry, Boisseau, Bory de Saint-Vincent, etc. *Paris, Corby,* 1828-33, 12 vol. in-8, demi-rel. v. f.

714. Soulier. Résumé d'histoire universelle, in-fol., in-plano, collé sur toile dans un étui.

715. Revue de l'histoire universelle, par Prévost-Paradol. *Paris, L. Hachette,* 1854, gr. in-8, demi-rel. mar. viol.

716. Histoire de la filiation et des migrations des peuples, par F. de Brotonne. *Paris, Desessart,* 1837, 2 vol. in-8, demi-rel. mar. bl.

717. La Politique de l'histoire, par Ernest Charrière. *Paris, Ch. Gosselin,* 1841, 2 vol. in-8, demi-rel. v. ant.

718. The Fondations of history, a series of first things, by Samuel Scheeffelin. *New-York,* 1865, pet. in-8, cart (*Envoi d'auteur.*)

HISTOIRE. 61

719. Cours élémentaire d'histoire et de géographie à l'usage de la jeunesse, par MM. Riquier et l'abbé Combes. *Paris, Delagrave*, 1864-72, 5 vol. in-18, demi-rel. mar. n. (*Envois d'auteurs signés.*)

Histoire ancienne. — Histoire grecque. — Histoire sainte. — Mythologie. — Histoire romaine.

720. Rotteck. Allgemeine Geschichte. *Freiburg im Breisgau*, 1836, 3 vol. in-8, demi-rel.

721. Storia universale, scritta da Cesare Cantù. *Torino*, 1839-46, 23 vol. in-8, cart. et livr.

Histoire. 18 vol. (moins les tomes IV et V). — Notes, 6 vol. (moins le tome II). — Documents, 7 vol. et livraisons (moins le tome I de la littérature).

722. Revue des Questions historiques. *Paris, Victor Palmé*, 1866-1868, 5 vol. gr. in-8, demi-rel. chagr. vert tr. jasp.

Les deux premières années et la moitié de la 3ᵉ, plus le dernier semestre de 1873, formant 2 vol. in-8, br.

HISTOIRE ANCIENNE.

723. Ideen über die Politik und den Handel der Volker der alten Welt, von Heeren. *Göttingen*, 1824, 6 vol. in-8, demi-rel.

724. De la Politique et du commerce des peuples de l'antiquité, par A.-H.-L. Heeren, traduit de l'allemand par W. Suckau. *Paris, F. Didot*, 1830-44, 7 vol. in-8, demi-rel. v. f.

725. La Storia antica restituita a verità e raffrontata alla moderna, dal commendatore Negri Cristoforo. *Torino*, 1865, gr. in-8, demi-gr. in-8, demi-rel. v. vert.

726. Manuel de l'histoire de l'art chez les anciens, Description des musées de sculpture antique et moderne du Louvre, par le comte de Clarac. *Paris, Jules Renouard*, 1847-49, 3 vol. in-12, demi-rel. chagr. vert.

727. Histoire de l'art chez les anciens, par Winkelmann, traduite de l'allemand, avec des notes historiques et critiques de différents auteurs. *Paris*, 1802, 2 vol. in-4, v. ant. marb., portrait et frontispice gr.

728. Mélanges historiques, — Histoire ancienne, — Orient, Egypte, — Thèses diverses, — environ 30 pièces en 5 vol. in-8, demi-rel.

729. Statistique des peuples de l'antiquité : les Égyptiens. les Hébreux, les Grecs, les Romains et les Gaulois, par

HISTOIRE.

Alex. Moreau de Jonnès. *Paris, Guillaumin*, 1851, in-8, demi-rel. v. f. tr. jasp.
Tome I seul.

730. Analyse de l'histoire asiatique et de l'histoire grecque, par E.-G. Arbanère. *Paris, Impr. royale*, 1835, 2 vol. in-8, demi-rel. v. ant. (*Envoi d'auteur.*)

731. Manuel d'histoire ancienne de l'Orient jusqu'aux guerres médiques, par Fr. Lenormant. *Paris, Lévy*, 1869, 2 vol. in-12, demi-rel. v. vert.

732. Flavii Josephi Opera omnia, gr. et lat., c. not. Havercampi curavit Oberthur. *Lipsiæ*, 1782, 3 vol. in-8, vélin.

733. Œuvres complètes de Flavius Josèphe, avec notice biographique par J.-A.-C. Buchon. *Paris, A. Desrez*, 1836, gr. in-8 à 2 col., demi-rel. chagr. vert, dos orné.

734. Histoire des Juifs, escrite par Flavius Josèphe, traduite par M. Arnault d'Andilly. *Bruxelles, Eug.-Henry Fricx*, 1701-1702, 5 vol. pet. in-8, v. gr.

735. Siége de Jotapata, épisode de la révolte des Juifs, par A. Parent. — Le Peuple d'Israël et ses espérances relatives à son avenir, par M. Vernes. — Les Hébreux dans l'isthme de Suez, par le docteur Constantin James. *Paris*, 1866-72, 3 br. in-8. (*Envois d'auteurs.*)

736. The History of the Jews, by H.-H. Milman. *London, John Murray*, 1863, 3 vol. in-8, cart.

737. Heinrich Ewald, Geschichte des Volkes Israel, bis Christus. *Göttingen*, 1854, 8 vol. in-8, demi-rel. v. f.

738. Heroes of hebrew history, by Samuel Wilberforce. *London*, 1870, in-8, cart. anglais. (*Envoi d'auteur.*)

739. Histoire sainte d'après la Bible, par Duruy. *Paris, Hachette*, 1863. — La Terre sainte, Voyage des quarante pèlerins de 1853, par Louis Énault. *Paris*, 1854, ens. 2 vol. in-12, cart. et demi-rel. v. f.

740. La Palestine sous les empereurs grecs, 326-636, par Alphonse Couret. *Grenoble, impr. de F. Allier*, 1869, gr. in-8, demi-rel. v. ant. (*Envoi d'auteur.*) — L'Empereur Héraclius et l'empire byzantin au VIIe siècle, par L. Drapeyron. *Paris, E. Thorin*, 1869, in-8, demi-rel. v. bleu.

741. L'Égypte sous les Pharaons, ou Recherches sur la géographie, la religion, la langue, les écritures et l'histoire de l'Egypte, avant l'invasion de Cambyse, par M. Champollion le jeune. *Paris, de Bure*, 1814, 2 vol. gr. in-8, demi-rel. v. bl. dos orné.

742. Mémoires géographiques et historiques sur l'Égypte et sur quelques contrées voisines, recueillis et extraits.... par Et. Quatremère. *Paris, F. Schœll,* 1811, 2 vol. in-8, demi-rel. v. ant. dos orné.

743. Mémoires sur la chronologie et l'iconographie des rois parthes arsacides, par Adrien de Longpérier. *Paris, F. Didot,* 1853, in-4, fig. demi-rel. chagr. r.

744. La Cité antique, étude sur le culte, le droit, les institutions de la Grèce et de Rome, par Fustel de Coulanges. *Paris, Hachette,* 1874, in-12, demi-rel. v. ant. dos orné.

745. La Cité antique, étude sur le culte, le droit, les institutions de la Grèce et de Rome, par Fustel de Coulanges. *Paris, Durand,* 1864, in-8, demi-rel. v. f.

746. Œuvres complètes de Rollin, nouvelle édition, accompagnée de notes sur les principales époques de l'histoire ancienne et de l'histoire romaine, par M. F. Guizot. *Paris, A. Lequien,* 1821-26, 30 vol. in-8, demi-rel. maroq. br. la Vall. tr. jasp.

---

747. Gerardi Vossii duo tractatus aurei, unus de historicis latinis, alter de historicis græcis..... *Francofurti ad Mœnum, sumpt. et typis Wendelini Mœvalti,* 1667, 2 part. en 1 vol. in-4, portrait, rel. en vél.

748. Choix des historiens grecs, avec notices historiques par J.-A.-C. Buchon : Hérodote, Ctésias, Arrien. *Paris, A. Desrez,* 1837, gr. in-8 à 2 col. demi-rel. chagr. vert, dos orné.

749. Œuvres complètes de Thucydide et de Xénophon, avec notices biographiques par J.-A.-C. Buchon. *Paris, A. Desrez,* 1836, gr. in-8 à 2 col. demi-rel. chagr. vert, dos orné.

750. Thucydidis, Olori filii, de bello Peloponnesiaco libri octo. Iidem latine, ex interpretatione Laurentii Vallæ ab Henrico Stephano recognita. *Excudebat Henricus Stephanus,* 1564, in-fol. v. gr.

751. Histoire de la guerre du Péloponnèse, par Thucydide ; traduction française par Ambr.-Firmin Didot, avec des observations par M. de Brussy et A.-F. Didot. *Paris, F. Didot,* 1833, 4 vol. gr. in-8, pap. vél. demi-rel. v. ant.

752. The History of the Peloponnesian war by Thucydides, with notes, Thomas Arnold. *Oxford, J. Parker, s. d.,* 3 vol. in-8, v. ant. et cart. n. rog.

753. Tucidide della Guerra del Peloponneso, libri VIII, volgarizzati ed illustrati con note ed appendici da Amedeo Peyron. *Torino*, 1861, 2 vol. gr. in-8, demi-rel. v. bleu.

754. Lexicon Xenophonteum. *Lipsiæ, in libraria Gleditschia*, 1801-1804, 4 vol. in-8, demi-rel. v. f.

755. Das griechische Volk, von Maurer. *Heidelberg*, 1835, 2 vol. in-8, cart.

756. Histoire de l'ancienne Grèce, de ses colonies et de ses conquêtes, traduite de l'anglais de J. Gillies, par M. Carra. *Paris, Buisson*, 1787, 3 vol. in-8, demi-rel. bas.

757. Etudes de l'histoire ancienne et de celle de la Grèce, par Pierre-Charles Lévesque. *Paris, Fournier*, 1811, 5 vol. in-8, demi-rel. v. v.

758. Histoire de la Grèce ancienne, par V. Duruy. *Paris, L. Hachette*, 1862, 2 vol. in-8, demi-rel. mar. bl. (*Envoi d'auteur.*)

759. Economie politique des Athéniens, traduit de l'allemand de M. Auguste Boeck par A. Laligaut. *Paris, A. Sautelet*, 1838, 2 vol. in-8, demi-rel. v. bl.

760. Histoire d'Alcibiade et de la république athénienne, depuis la mort de Périclès jusqu'à l'avénement des trente tyrans, par Henry Houssaye. *Paris, Didier*, 1873, 2 vol. in-8, portrait, demi-rel. v. vert. (*Envoi d'auteur.*)

761. Le Sentiment religieux en Grèce, d'Homère à Eschyle, par Jules Girard. *Paris, Hachette*, 1869. — Les Associations religieuses chez les Grecs, par Foucart. *Paris*, 1873. — De l'Action Paulienne. *Caen*, 1868. — Tableau de l'Empire romain, par Amédée Thierry. 4 vol. in-8, br.

762. Le Mont Olympe et l'Acarnanie, par L. Heuzey. *Paris, Firmin Didot*, 1860, gr. in-8, demi-rel. v. f. planches. (*Envoi d'auteur.*)

763. Histoire de la démocratie athénienne, par A. Filon. *Paris, Aug. Durand*, 1854, in-8, demi-rel. v. f. tr. jasp.

764. Voyage du jeune Anacharsis en Grèce vers le milieu du quatrième siècle, par J.-J. Barthélemy. *Paris, Rolland*, 1830, 7 vol. in-8, et atlas in-4, demi-rel. v. f.

765. Recherches sur les établissements des Grecs en Sicile jusqu'à la réduction de cette île en province romaine, par Wladimir Brunet de Presle. *Paris, Impr. royale*, 1845, in-8, demi-rel. v. f.

766. Histoire critique de l'établissement des colonies grecques, par M. Raoul-Rochette. *Paris, Treuttel et Wurtz*, 1815, 4 vol. in-8, demi-rel. v. gris.

767. Joannis Zonaræ monachi magni antea vigilium præfecti et primi a secretis Annales. Carolus du Fresne, dom. du Cange... latinam versionem recensuit, annales notis illustravit. *Parisiis, e Typographia regia,* 1686-87, 2 vol. in-fol. demi-rel. v. gran.

768. Nicephori Gregoræ byzantina Historia. *Parisiis, e Typographia regia,* 1702, 2 vol. in-fol. demi-rel. grand papier.

769. Historiæ byzantinæ scriptores post Theophanem... nova versione adornati... cura et studio R. P. Franc. Combefisii. *Parisiis, in Typogr. regia,* 1685, in-fol. demi-rel. v. gran.

Exemplaire en grand papier.

770. L'Empire grec au dixième siècle. Constantin Porphyrogénète, par Alfred Rambaud. *Paris, A. Franck,* 1870, in-8, demi-rel. v. f. tr. jasp.

771. De la Conqueste de Constantinople, par Joffroi de Villehardouin et Henri de Valenciennes; édition accompagnée de notes et commentaires par M. Paulin Paris. *Paris, J. Renouard,* 1838, gr. in-8, demi-rel. v. f. dos orné.

772. La Conquête de Constantinople, par Geoffroy de Villehardouin, avec la continuation de Henri de Valenciennes, texte original, accompagné d'une traduction et d'un éclaircissement par M. Natalis de Wailly. *Paris, Firmin Didot fr.,* 1872, in-8, demi-rel. dos et coins de maroq. brun du Levant, jans., tête dor. n. rog. avec envoi autographe signé de l'auteur à M. Guizot.

Bel exemplaire; avec la brochure intitulé : *Éclaircissements.*

773. Relation de l'état présent de la ville d'Athènes, ancienne capitale de la Grèce, bâtie depuis 3,400 ans, avec un abrégé de son histoire et de ses antiquités. *Lyon, Louis Pascal,* 1674, petit in-12, pap. de Hollande, figure, demi-rel. v. f. dos orné. (*Envoi de M. de Laborde.*)

Réimpression publiée par M. de Laborde.

774. Paparrigopoulos. Histoire des races grecques. *Athènes,* 1865. 2 vol. gr. in-8, demi-rel. v. f. n. rog. et le troisième broché.

En grec moderne.

775. Insurrection et régénération de la Grèce, par G.-G. Gervinus, trad. française par J.-F. Minssen et Léonidas Sgonta. *Paris, A. Durand,* 1863, 2 vol. in-8, demi-rel. v. f.

776. De la Grèce moderne et de ses rapports avec l'antiquité, par Edgar Quinet. *Paris, G. Levrault,* 1830, in-8, demi-rel. v. f. tr. marbr.

HISTOIRE.

777. Storia degli antichi popoli italiani di Giuseppe Micali. *Firenze, 1832*, 3 vol. in-8, demi-rel. v. v. et atlas en feuilles dans un carton.

778. Monumenti inediti a illustrazione della Storia degli antichi popoli italiani dichiarati da Giuseppe Micali. *Firenze, 1844*, in-8, demi-rel. dos et coins de chagr. n. tr. dor.

779. Histoire des grands chemins de l'Empire romain, contenant l'origine, progrès et étendue quasi incroyable des chemins militaires, pavez depuis la ville de Rome jusques aux extrémitez de son empire, par Nicolas Bergier. *Bruxelles, chez Jean Léonard, 1736*, 2 vol. in-4, figures et portraits, v. ant. marbr.

780. Eutropii Breviarium historiæ romanæ, ed. Tschucke. *Lipsiæ, 1796*, in-8, demi-rel.

781. Florus, Rerum romanarum epitome c. notis, ad usum Delphini. *Parisiis, 1674*, in-4, v.

782. Cornelius Nepos, Excellentium imperatorum vitæ, notas addidit Fischerus. *Lipsiæ, 1806*, in-8, demi-rel.

783. Valerius Maximus cum selectis variorum notis et Thysii. *Lugd. Bat., 1670*, in-8, vélin.

Exemplaire donné en prix à Guill.-Pierre de Wite, en 1695. Il porte la signature de Masvicius.

784. Appiani Alexandrini romanarum historiarum quæ supersunt, edidit Johannes Schweighæuser. *Lipsiæ, apud Weidmanni hæredes, 1785*, 3 tomes en 6 vol. in-8, frontisp. gr. demi-rel. v. f.

785. Histoire romaine de Dion Cassius, trad. en français par Gros. *Paris, Firmin Didot, 1845*, 4 vol. in-8, demi-rel. (Tomes 1 à 4.)

786. Dionysii Halicarnassensis operum... græce et latine; cum annotationibus diversorum, curavit Jo.-Jac. Reiske. *Lipsiæ, in libraria Weidmannia, 1774-77*, 6 vol. in-8, demi-rel. v. f.

787. Économie politique des Romains, par M. Dureau de la Malle. *Paris, Hachette, 1840*, 2 vol. in-8, demi-rel. v. viol. tr. jasp. (*Envoi d'auteur.*)

788. Études sur la société romaine. Histoire de la préture, par Edmond Labatut. *Leipzig, 1868*, in-8, demi-rel. v. f.

789. Les Romains, tableau des institutions politiques, sociales et religieuses de la république romaine, par M. G. Ozaneaux, deuxième édition. *Paris, A. Guyot, 1845*, in-12, demi-rel. mar., v.

790. Histoire des chevaliers romains considérée dans ses rapports avec les différentes constitutions de Rome depuis le temps des rois jusqu'au temps des Gracques, par Em. Belot. *Paris, Durand*, 1866, gr. in-8, demi-rel. v. f. tr. jasp.

791. Histoire des chevaliers romains considérée dans ses rapports avec celle des différentes constitutions de Rome, par Em. Belot. *Paris, A. Durand et Pedone-Lauriel*, 1872, gr. in-8, demi-rel. v. bleu, tr. jasp.

792. Essai historique sur la société civile dans le monde romain et sur sa transformation par le christianisme, par C. Schmidt. *Strasbourg*, 1853, in-8, demi-rel. v. f. tr. jasp. (*Envoi d'auteur.*)

793. Histoire romaine de M. B.-G. Niebuhr, traduit de l'allemand par M. P.-A. de Golbéry. *Paris, F.-G. Levrault*, 1830-40, 7 vol. in-8, demi-rel. v. ant.

794. Th. Mommsen, Römische Geschichte. *Leipzig*, 1854, 3 vol. in-8, demi-rel.

795. Précis d'histoire romaine, par Ph. Le Bas. *Paris, Didot*, 1842, in-12, demi-rel. v. f. — Précis d'histoire du moyen âge, par le même. *Paris, F. Didot*, 1839, in-12, d.-rel. v. f.

796. Histoire romaine : République, par Michelet. *Paris, L. Hachette*, 1831, 2 vol. in-8, demi-rel. v. viol. dos orné, fil. tr. jasp.

797. Histoire romaine, par Michelet, République. *Paris, Hachette*, 1833, 2 vol. in-8, demi-rel. v. tr. marbr.

798. Études sur l'histoire romaine, par Prosper Mérimée; Guerre sociale. *Paris, Victor Magen*, 1844, in-8, demi-rel. v. tr. jasp.

799. Histoire romaine depuis la fondation de Rome jusqu'à l'établissement de l'empire, par Aug. Poirson. *Paris, L. Colas*, 1825, 2 vol. in-8, demi-rel. v. bl.

800. Tableau de l'Empire romain, depuis la fondation de Rome jusqu'à la fin du gouvernement impérial en Occident, par M. Amédée Thierry. *Paris, Didier*, 1862, in-8, demi-rel. v. f.

801. Abrégé de l'Histoire romaine. *Paris, Moutardier*, 1805, gr. in-4, demi-rel. 49 planches de Gravelot, Eisen et Saint-Aubin.

802. History of Rome, by Thomas Arnold. *London, B. Fellowes*, 1840, 2 vol. gr. in-8, cart. en percal. non rog.

803. Cicéron et ses amis, étude sur la société romaine du temps de César, par Gaston Boissier. *Paris, L. Hachette*,

1865, in-8, demi-rel. v. f. tr. jasp. Envoi aut. de l'auteur à M. Guizot.

804. Cicéron et ses amis, étude sur la société romaine du temps de César, par Gaston Boissier. *Paris, L. Hachette*, 1865, in-8, demi-rel. v. f. (*Envoi d'auteur.*)

805. Conjuration de Catilina, par Prosper Mérimée. *Paris, V. Magen*, 1844, in-8, demi-rel. v. ant.

806. Histoire des deux Triumvirats, depuis la mort de Catilina jusqu'à celle d'Antoine ; édition augmentée de l'histoire d'Auguste, par Larrey. *A Trévoux, par la Compagnie*, 1741, 4 vol. in-12, v. f. ant. aux armes de Montmorency, ex-libris C.-J.-L. de Meulan.

807. Les Commentaires de César, traduction nouvelle, le texte en regard, avec des notes critiques et littéraires, un index géographique et six cartes de la Gaule, par M. le Deist de Botidoux. *Paris*, 1809, 5 vol. in-8, demi-rel. v. vert, tr. jasp.

808. César, scènes historiques, par J. Ampère. *Paris, Michel Lévy frères*, 1859, in-8, demi-rel. v. f. tr. jasp.

809. Nicolas de Damas. Vie de César, fragment récemment découvert et publié pour la première fois en 1849 ; nouvelle édition par M. Piccolos, avec une traduction française par M. A. D. *Paris, F. Didot*, 1850, in-8, demi-rel. v. bleu.

810. The History of the progress and termination of the roman republic, by Adam Fergusson. *Edinburgh*, 1828, 3 vol. in-8, demi-rel. mar.

811. Examen critique des historiens anciens de la vie et du règne d'Auguste, par A.-E. Egger. *Paris, Dezobry*, 1844, in-8, demi-rel. v. f.

812. Suetonii Opera, edidit Wolfius. *Lipsiæ*, 1802, 4 vol. in-8, demi-rel.

813. Histoire des douze Césars, traduite du latin de Suétone, sans aucun retranchement... par M. Maurice Lévesque. *Paris*, 1808, 2 vol. in-8, demi-rel. v. f. dos orné.

814. Les Douze Césars, traduits du latin de Suétone, avec des notes et des réflexions, par M. de la Harpe. *Paris*, 1770, 2 vol. in-8, v. ant.

815. Histoire des Empereurs, par le Nain de Tillemont. *Bruxelles, Friex*, 1732, 3 vol. in-fol. à 2 col. demi-rel.

816. L'Histoire romaine à Rome, par J. Ampère. *Paris, Michel Lévy frères*, 1862-64, 4 vol. in-8, demi-rel. v. f.

817. L'Empire romain à Rome, par J. Ampère. *Paris, Michel Lévy frères*, 1867, 2 vol. in-8, demi-rel. v. f. tr. jasp.

818. Études sur l'Empire romain. Les Césars du IIIe siècle, par le comte de Champagny. *Paris, Bray et Retaux*, 1870, 3 vol. in-8, demi-rel. v. f. (*Envoi d'auteur*.)

819. Les Césars, par le comte Franz de Champagny. *Paris*, 1853, 2 vol. in-8, demi-rel. v. f.

820. Les Antonins, par le comte de Champagny. *Paris, Bray*, 1865, 3 vol. in-8, demi-rel.

821. Le Sang de Germanicus, par M. Beulé. *Paris, Michel Lévy frères*, 1869, in-8, demi-rel. v. bleu, tr. jasp.

822. Titus et sa dynastie, par M. Beulé. *Paris, Michel Lévy*, 1870, in-8, demi-rel. v. f. tr. jasp.

823. Rome et la Judée au temps de la chute de Néron, par le comte Franz de Champagny. *Paris, Lecoffre*, 1858, in-8, demi-rel. v. f.

824. Histoire de la domination romaine en Judée et de la ruine de Jérusalem, par J. Salvador. *Paris, A. Guyot*, 1847, 2 vol. in-8, demi-rel. v. ant.

825. Œuvres complètes de Tacite, traduction nouvelle, avec le texte en regard, des variantes et des notes, par J.-L. Burnouf. *Paris, L. Hachette*, 1833, 6 vol. in-8, demi-rel. v. f. tr. marbr. (*Envoi d'auteur.*)

826. Ammianus Marcellinus, Rerum gestarum libri, ed. Valesius. *Parisiis, Camusat*, 1636, in-4, demi-rel.

827. Ammiani Marcellini quæ supersunt, cum notis variorum, suas adjecit Wagner. *Lipsiæ*, 1808, 3 vol. in-8, demi-rel.

828. Ouvrages historiques de Polybe, Hérodien et Zosime, avec notices biographiques par J.-A.-C. Buchon. *Paris, A. Desrez*, 1836, gr. in-8 à 2 col. demi-rel. chag. vert, dos orné.

829. Herodiani histor. lib. VIII (græce et latine) cum Angeli Politiani interpretatione, et hujus partim supplemento, partim examine Henrici Stephani... *S. l., excud. Henricus Stephanus*, 1581, pet. in-4, demi-rel. dos et coins de v. vert, dos orné.

830. Jules Zeller. Entretiens sur l'histoire. Antiquité et moyen âge. Chute de l'empire romain. Invasions barbares. Le Christianisme. Origines de l'Europe moderne. *Paris, Didier*, 1871, in-12. — Moyen Age. L'Europe chrétienne et le mahométisme. *Paris, Didier*, 1873, in-12. — Abrégé de l'histoire d'Italie. *Paris, Hachette*, 1865, in-12. — Italie et Renaissance. *Paris, Didier*, 1869, in-12. — Les Tribuns et les révolutions en Italie. *Paris, Didier*, 1874,

in-12. — Les Empereurs romains. *Paris, Didier,* 1869, in-12. — Ensemble 6 vol. demi-rel. v. bleu.

831. Essai sur la condition des barbares établis dans l'empire romain au iv⁰ siècle... par E. Léotard. *Paris, A. Franck,* 1873, in-8, demi-rel. v. f.

832. Récits de l'histoire romaine au v⁰ siècle, derniers temps de l'empire d'Occident, par Amédée Thierry. *Paris, Didier,* 1860, in-8, demi-rel. maroq. bleu, tr. jasp. avec envoi autographe signé de l'auteur à M. Guizot.

833. L'Église et l'Empire romain, par M. Albert de Broglie. *Paris, Didier,* 1856-66, 6 vol. in-8, demi-rel. chagr. bleu, tr. jasp.

834. The Fall of Rome, and the rise of the new nationalities, by John G. Sheppard. *London, Routledge,* 1861, in-8, cart. toile, n. rogn. (*Envoi d'auteur.*)

835. Gibbon. Geschichte des Verfalls und Untergangs des römischen Reichs. *Leipzig,* 1779, 19 t. en 9 vol. in-8, demi-rel.

836. Edw. Gibbon. The History of the decline and fall of the roman empire, with notes by Milman. *London, Murray,* 1838, 12 vol. in-8, cart. n. rog.
Envoi autogr. de l'éditeur.

837. Histoire de la décadence et de la chute de l'empire romain, traduite de l'anglais de M. Gibbon par M. Leclerc de Septchênes. *Paris, de Bure,* 1777, 3 vol. in-8, v. marbr.

838. Histoire de la décadence et de la chute de l'empire romain, par Gibbon, traduite de l'anglais par P.-C. Briand. *Paris, F. Buisson,* 1805, 3 vol. in-8, demi-rel. v. ant.

839. Histoire de la décadence et de la chute de l'empire romain, traduite de l'anglais d'Edouard Gibbon, par M. F. Guizot. *Paris, Maradan,* 1812, 13 vol. in-8, dont 3 vol. rel. en bas. et 10 vol. demi-rel. v. f. dos orné.

HISTOIRE MODERNE.

A. Histoire générale.

841. Cours d'histoire moderne, par M. Guizot. Histoire générale de la civilisation en Europe. *Paris, Pichon,* 1828, in-8, portr. v. f. compart. tr. dor.

842. General History of civilization in Europe, from the fall of the roman empire to the french revolution, translated

from the french of M. Guizot. *Oxford, D. A. Talboys,* 1837, gr. in-8, cart. en percal. n. rog.

843. The History of civilization, from the fall of the roman empire to the french revolution, by F. Guizot. *London, David Bogue,* 1846, 3 vol. pet. in-8, portr. cart. en percal. n. rog.

844. Historia general de la civilizacion en Europa, ó curso de historia moderna desde la caida del imperio romano hasta la revolucion de Francia, por M. Guizot; traducida del francés al castellano. *Barcelona, J. Oliveres y Gavarró,* 1839, in-8, portr. gravé, rel. en chagr. rouge, compart. doublé de moire blanche, tr. dor.

<small>Avec envoi à Mme de Meulan, signé : FERD. DE LESSEPS.</small>

845. Historia general de la civilizacion europea, ó curso de historia moderna... por M. Guizot, traducida al español por F. C. N. *Barcelona, imprenta de J. Verdaguer,* 1839, in-8, demi-rel. mar. r. dos orné.

846. La Civilisation au Ve siècle, introduction à une histoire de la civilisation aux temps barbares, suivie d'un essai sur les écoles en Italie du Ve au XIIIe siècle, par A.-F. Ozanam. *Paris, Jacques Lecoffre,* 1855, 2 vol. in-8, portr. demi-rel. v. ant.

847. Recueil des historiens des Croisades. Historiens orientaux. *Paris, Impr. royale,* 1872, in-fol. demi-rel. (t. Ier).
— Historiens arméniens. *Paris,* 1869 (t. Ier), in-fol. broché.

848. Recueil des historiens des Croisades, publié par les soins de l'Académie royale des inscriptions et belles-lettres. Historiens occidentaux. *Paris, Impr. royale,* 1844-1866, 3 vol. in-fol. le 1er rel. en bas. et les 2 autres en demi-rel. chag. violet.

849. Recueil des historiens des Croisades. Historiens occidentaux, t. III. *Paris, Impr. impériale,* 1866, in-fol. br.

850. Histoire des Croisades, par M. Michaud. *Paris, Michaud frères,* 1812, 7 vol. in-8, demi-rel. v. bl.

851. Chronique d'Ernoul et de Bernard le Trésorier, publiée par M. L. de Mas-Latrie. *Paris, veuve J. Renouard,* 1871, in-8, br.

852. Chronique d'Ernoul et de Bernard le Trésorier, publiée pour la première fois... par M. L. de Mas-Latrie. *Paris, veuve J. Renouard,* 1871, gr. in-8, demi-rel. v. f. fil.

<small>(*Hommage de l'auteur à M. Guizot, imprimé sur le premier feuillet, avant le titre, avec signature autographe de l'auteur.*)</small>

853. Essai sur l'influence des croisades..., par A.-H.-L. Heeren, traduit de l'allemand par Ch. Villers. *Paris, Treuttel et Wurtz*, 1808, in-8, demi-rel. v. ant. dos orné.

854. The last Crusader, Life and times of cardinal Julian. *London*, 1861, in-8, cartonné.

855. Histoire du commerce entre le Levant et l'Europe depuis les croisades jusqu'à la fondation des colonies d'Amérique, par J.-B. Depping. *Paris, Impr. royale*, 1830, 2 vol. in-8, demi-rel. v. v.

856. Atlas historique des États européens, composé d'une suite de cartes géographiques et de tableaux chronologiques et généalogiques... par Chr. et Fr. Kruse, traduit de l'allemand, revu et continué par Ph. Lebas et F. Ansart. *Paris, L. Hachette*, 1836, in-fol. demi-rel. v. f.

857. Manuel de l'histoire du moyen âge, par A. Delavigne. *Paris, Crochard*, 1837, in-8, v. viol. compart. tr. dor.

858. Tableau des révolutions de l'Europe depuis le bouleversement de l'empire romain en Occident jusqu'à nos jours, par M. Koch. *Paris, F. Schœll*, 1807-1813, 4 vol. in-8, avec cartes, demi-rel. v. f.

859. View of the state of Europe during the middle ages, by Henry Hallam. *London, Murray*, 1819, 3 vol. in-8, demi-rel.

860. View of the state of Europe during the middle ages, by Henry Hallam. *London, J. Murray*, 1846, 2 vol. — Supplémental notes. *London*, 1848, ensemble 3 vol. in-8, demi-rel. dos et coins de mar. r. tr. peigne.

861. Histoire d'Attila et de ses successeurs jusqu'à l'établissement des Hongrois en Europe, suivie des légendes et traditions, par M. Amédée Thierry. *Paris, Didier*, 1856, 2 vol. gr. in-8, demi-rel. v. f. fil.

862. Hullmann. Städtewesen des Mittelalters. *Bonn*, 1826, 4 vol. in-8, demi-rel.

863. Histoire de la royauté considérée dans ses origines, jusqu'à la formation des principales monarchies de l'Europe, par le comte Alexis de Saint-Priest. *Paris, H.-L. Delloye*, 1842, 2 vol. in-8, demi-rel. v. viol. dos orné.

864. Histoire de la monarchie en Europe, depuis son origine jusqu'à nos jours, par M. Francis Lacombe. *Paris, Amiot*, 1853-55, 4 vol. in-8, demi-rel. chagr. viol. (*Envoi d'auteur.*)

865. Manuel historique du système politique des États de l'Europe et de leurs colonies, depuis la découverte des deux

HISTOIRE.

Indes, par M. Heeren, traduit de l'allemand. *Paris, Barrois*, 1821, 2 vol. in-8, demi-rel. v. vert.

866. Fr. von Raumer, Geschichte Europas. *Leipzig*. 1832, 4 vol. in-8, demi-rel. v.

867. Œuvres complètes de W. Robertson, précédées d'une notice par J.-A.-C. Buchon. *Paris, A. Desrez*, 1836, 2 vol. gr. in-8 à 2 col. demi-rel. v. f. dos orné.

868. Œuvres choisies de Vertot. *Paris, Didier*, 1844, 2 vol. in-12, demi-rel. v. f.

869. Abrégé de l'histoire générale des temps modernes, depuis 1453 jusqu'à 1715, par F. Ragon. *Paris, Louis Colas*, 1835, 2 vol. in-8, demi-rel. dos de toile.

870. Essays on the political history of the fifteenth, sixteenth and seventeenth centuries, by Jules van Praet, edited by sir Edmund Head. *London, Richard Bentley*, 1868, gr. in-8, cart. en percal. non rog. (*Envoi d'auteur.*)

871. Fursten und Volker von Sud-Europa (xvie et xviie siècles), von Leop. Ranke. *Berlin*, 1837, in-8, demi-rel. v. f.

872. Geschichte der drey letzten Jahrhunderte, von J.-G. Eichhorn. *Gottingen*, 1806, 6 vol. in-8, demi-rel.

873. Essais sur l'histoire politique des derniers siècles, par Jules van Praet. *Bruxelles*, 1874, in-8, br. (*Envoi d'auteur.*)

874. Histoire de France, par MM. Hubault et Marguerin. *Paris, Dezobry*, s. d., in-12, demi-rel. v. f. — Etudes sur l'Espagne, par Antoine de Latour. *Paris, M. Lévy*, 1855, 2 vol. in-12, demi-rel. v. ant. (*Envoi d'auteur.*) — Histoire du Portugal et de ses colonies, par Aug. Bouchot. *Paris, Hachette*, 1854, in-12, demi-rel. mar. br. — Dix Années de la cour de George II, 1727-1737, par le vicomte de Ludre Frolois. *Paris, Librairie nouvelle*, 1860, in-12, demi-rel. mar. br.

875. Tableau historique et politique de l'Europe, depuis 1786 jusqu'en 1796, contenant l'histoire des principaux événements du règne de Frédéric-Guillaume II, roi de Prusse, par L.-P. Ségur l'aîné. *Paris, Arthus-Bertrand*, 1810, 3 vol. in-8, portrait, demi-rel. v. ant. dos orné.

876. History of Europe from the commencement of the french revolution in 1789, to the restoration of the Bourbons, by Archibald Alison. *Paris, Baudry*, 1841-42, 10 vol. in-8, demi-rel. mar. bl.

877. Histoire des révolutions politiques et littéraires de l'Europe au xviiie siècle, par F.-C. Schlosser, traduit de l'alle-

mand par W. Suckau. *Paris, Brière*, 1825, 2 vol. in-8, demi-rel. v. viol.

878. Tableau de l'histoire générale de l'Europe, depuis 1814 jusqu'en 1830. *Paris, Ch. Vimont*, 1834, 3 vol. in-8, demi-rel. v. ant. dos orné.

879. History of Europe from the fall of Napoleon in 1815 to the accession of Louis-Napoléon in 1852, by sir Archibald Alison. *London, W. Blackwood*, 1854-59, 8 vol. et 1 vol. d'index in-8, cart. n. rog.

880. L'Europe depuis l'avénement du roi Louis-Philippe, par M. Capefigue. *Paris*, 1845-46, 10 vol. in-8, demi-rel. v. f.

881. Mélanges historiques, par M. Guizot, 1812-1862. *Paris*, 1812-62, in-12, demi-rel. mar. v.

Discours prononcé pour l'ouverture du cours d'histoire moderne, le 11 décembre 1812. — Washington. Etude historique. — L'Amour dans le mariage. — Un projet de mariage royal, etc.

882. Mémoire sur la situation politique et militaire de l'Europe à l'occasion des traités de 1831, 1833 et 1841 sur le droit de visite, par le général comte de Girardin. *Paris, Amyot*, 1844, in-8, demi-rel. mar. v. fil. (*Envoi d'auteur.*)

883. Histoire des Paysans, par Eugène Bonnemère. *Paris, Sandoz*, 1874, 2 vol. in-12, br. (*Envoi d'auteur.*)

884. Notices et Mémoires historiques, par M. Mignet. *Paris, Paulin*, 1843, 2 vol. in-8, demi-rel. v. f. (*Envoi autographe de l'auteur.*)

885. Histoire générale de la diplomatie européenne. Histoire de la formation de l'équilibre européen par les traités de Westphalie et des Pyrénées, par François Combes. *Paris, E. Dentu*, 1854, in-8, demi-rel. v. f.

886. Recueil de traités d'alliance, de paix, etc., des puissances et Etats de l'Europe depuis 1761 jusqu'à 1803, par G.-Fr. de Martens. *Gottingue*, 1817-31, 7 vol. — Supplément, 1701 à 1830. *Gottingue*, 1802-31, 13 vol.; ensemble 20 vol. in-8, demi-rel. v. ant.

887. Histoire générale des traités de paix entre toutes les puissances de l'Europe, par M. le comte de Garden. *Paris, Amyot*, s. d., 12 vol. in-8, demi-rel. v. gris.

888. Mélanges historiques. Mendoza et Navareta, notices biographiques. L'Ordre du collége de Genève. Les Monuments de la diplomatie vénitienne. Alise. Léon Ménard, etc. Environ 10 pièces en 1 vol. in-4, demi-rel.

889. Histoire des luttes et rivalités politiques entre les puissances maritimes et la France durant la seconde moitié du

xvii° siècle, par le baron Sirtema de Grovestins. *Paris, Amyot*, 1852-53, 8 vol. in-8, demi-rel. mar. br.

890. Mémoires de ce qui s'est passé dans la chrétienté depuis le commencement de la guerre en 1672 jusqu'à la paix conclue en 1679, par M. le chevalier Temple, traduit de l'anglois. *A la Haye, chez Adrien Moetjens*, 1692, in-12, cart. — Nouveaux Mémoires du chevalier Guillaume Temple, ambassadeur et plénipotentiaire de la Grande-Bretagne en diverses cours de l'Europe, publiez avec une préface, par le docteur Jonathan Swift; on y a joint la vie et le caractère du chevalier G. Temple par un de ses amis particuliers, traduit de l'anglois. *La Haye*, 1729, in-12, v. ant. — Lettres de M. le chevalier Temple, écrites durant son ambassade à la Haye par D. Jones, traduites de l'anglois. *La Haye*, 1700, pet. in-12, cart.

891. Mélanges historiques, 1839-59. Environ 60 pièces en 8 vol. in-8, demi-rel.

892. Mélanges historiques. Histoire de France, 1844-1864. Histoire d'Italie, 1849-1863. Environ 80 pièces en 8 vol. in-8, demi-rel. v.

893. Mélanges historiques. Environ 200 pièces en 22 vol. in-8, demi-rel.

894. ANNUAIRE historique universel, par C.-L. Lesur. *Paris*, 1818-50, 33 vol. in-8, demi-rel. v. ant.

895. Annuaire des deux mondes. Années 1850 à 1858. *Paris*, 1850-58, 8 vol. in-8, demi-rel. v. f.

B. Histoire de France.

a. *Géographie de la France.*

896. Hadriani Valesii historiographi regii Notitia Galliarum ordine litterarum digesta... *Parisiis, apud Fred. Leonard*, 1675, in-fol. v. brun.

897. Études sur la géographie historique de la Gaule, et spécialement sur les divisions territoriales du Limousin au moyen âge, par M. Maximin Deloche. *Paris, Imprimerie impériale*, 1861, in-4, demi-rel. v. f. tr. jasp.

898. Études sur la géographie historique de la Gaule, et spécialement sur les divisions territoriales du Limousin, au moyen âge, par M. Maximin Deloche. *Paris, Impr. impér.*, 1861, in-4, avec cartes, demi-rel. chagr. r. dos orné.

899. Description géométrique de la France, par M. Cassini de Thury. *Paris, J.-Ch. Desaint*, 1783, in-4, cart. demi-rel. bas.

900. CARTE DE LA FRANCE, PAR CASSINI. *Paris*, 1736 et ann. suiv., 193 part. collées sur toile et pliées, en 10 étuis, dos de chag. rouge orné.

Bel exemplaire.

901. CARTE DE LA FRANCE ET DE LA BELGIQUE, par Capitaine. 24 numéros ou part. collés sur toile ; dans un étui dos de mar. bleu orné.

902. EXPLICATION DE LA CARTE GÉOLOGIQUE DE LA FRANCE, rédigée sous la direction de M. Brochant de Villiers, par MM. Dufrénoy et Elie de Beaumont. *Paris, Impr. royale*, 1841, in-4, v. ant. fil. tr. dor.

Avec la grande carte collée sur toile.

903. Nouvel Atlas communal de la France en 90 feuilles, contenant une carte générale comparative, celle de l'Algérie et une carte particulière pour chaque département, dressé par Charles, géographe, exécuté sous la direction de M. Letronne. *Paris*, 1838, 22 livr. in-4 dans un carton.

904. Atlas historique du département actuel de l'Ain, par Georges Derombourg. *Lyon, impr. de L. Perrin*, 1859, 2 part. gr. in-4, obl. br. (*Envoi d'auteur.*)

905. Atlas historique du département actuel du Rhône, publié par Georges Derombourg. *Lyon, imprimerie de L. Perrin*, 1862, in-fol. en ff. (*Envoi d'auteur.*)

906. Dictionnaire topographique de la France. *Paris, Impr. nationale*, 1861-72, 10 vol. in-4, br.

Départements de l'Ain. — Meuse. — Meurthe. — Eure-et-Loir. — Morbihan. — Seine-Inférieure. — Yonne. — Oise.

907. Description géologique du département de la Seine-Inférieure, par M. Antoine Passy. *Rouen*, 1832, in-4, figure et carte col. demi-rel. v. ant. tr. marbr.

908. Histoire de la navigation intérieure de la France, avec une exposition des canaux à entreprendre pour en compléter le système, par Joseph Dutens. *Paris*, 1829, 2 vol. in-4, demi-rel. v. f.

909. Dictionnaire des postes aux lettres..., suivi d'une statistique de la division territoriale de la France... *Paris, Impr. royale*, 3 vol. in-4, v. écaille, dent. dos orné.

HISTOIRE.

b. Histoire générale.

910. RECUEIL DES HISTORIENS DES GAULES et de la France, par dom Martin Bouquet. *Paris*, 1738-1855, 22 vol. in-fol. bas. rac.

Le tome XXII broché.

911. COLLECTION DES MÉMOIRES RELATIFS A L'HISTOIRE DE FRANCE..... jusqu'au XIII° siècle ; avec notices et notes, par M. Guizot. *Paris, Brière*, 1823-26, 31 vol. gr. in-8, demi-rel. v. bl. dos orné, non rog.

Exemplaire en grand papier vélin. Les tomes XXX et XXXI sont en feuilles.

912. COLLECTION des chroniques nationales françaises, écrites en langue vulgaire du treizième au seizième siècle, avec notes et éclaircissements, par J.-A. Buchon. *Paris, Verdière*, 1826-28, 47 tom. en 48 vol. in-8, demi-rel. v. f.

913. COLLECTION COMPLÈTE DES MÉMOIRES RELATIFS A L'HISTOIRE DE FRANCE, depuis le règne de Philippe-Auguste jusqu'au commencement du dix-septième siècle, avec des notices..., par M. Petitot. *Paris, Foucault,* 1824-29, 2 séries formant 131 vol. in-8, demi-rel. v. ant. dos orné.

914. ARCHIVES CURIEUSES de l'histoire de France, par MM. L. Cimber et F. Danjou. *Paris, Beauvais*, 1834-37, 27 vol. in-8, demi-rel, v. v.

915. Choix de Chroniques et Mémoires sur l'histoire de France, avec notices biographiques, par J.-A.-C. Buchon. *Paris, A. Desrez*, 1836, 7 vol. gr. in-8, à 2 col. demi-rel. mar. v. et v. f.

916. Hadriani Valesii Rerum Francicarum libri VIII. *Lutetiæ Parisiorum, Cramoisy*, 1646, in-fol. v.

917. Dictionnaire historique de la France, par M. Ludovic Lalanne. *Paris, Hachette*, 1872, gr. in-8, cart.

918. Histoire de France, depuis l'établissement de la monarchie françoise dans les Gaules, par le Père G. Daniel... *Paris*, 1755-57, 17 vol. in-4, frontisp. gravé, figures, cartes et plans, v. gr.

919. Histoire des Français, par J.-C.-L. Simonde de Sismondi. *Paris, Treuttel et Würtz*, 1821-1844, 31 vol. in-8, cart.

920. Observations sur l'histoire de France, par l'abbé de Mably, nouvelle édition, revue par M. Guizot. *Paris, J.-L.-J. Brière*, 1823, 3 vol. in-8, demi-rel. v. f. dos orné.

921. Histoire de la nation française, depuis Clovis jusqu'en 1815, précédée d'une introduction sur les Gaulois, par Alphonse Rastoul. *Avignon, veuve Guichard,* 1830, 2 vol. in-8, demi-rel. v. ant. dos orné.

922. Précis de l'histoire de France jusqu'à la Révolution française, par M. Michelet. *Paris, L. Hachette,* 1833, in-8, demi-rel. mar. br.

923. Histoire de France, par M. Michelet. *Paris, L. Hachette,* 1833-1857, 11 vol. in-8, demi-rel. v. viol. fil. dos orné.

924. Histoire de France, depuis Clovis jusqu'à la mort de Louis IX.... par F.-A. Serpette de Marincourt. *Paris, imp. de P. Baudouin,* 1841, 3 vol. in-8, demi-rel. v. f. fil. (*Le titre du tome Ier manque.*)

925. Analyse raisonnée de l'histoire de France sur le plan des manuels allemands, par M. Petit de Baroncourt. *Paris, Chamerot,* 1841, in-8, demi-rel. v. rouge, dos orné.

926. Cadres d'histoire de France, par MM. Marguerin et Hnbault. *Paris, Dezobry,* 1850, in-8, demi-rel. v. v.

927. Récits de l'histoire de France, par J.-A. Courgeon. *Paris, L. Hachette,* 1853, 2 vol. in-12, demi-rel. mar. v.

928. Histoire de France, depuis les temps les plus reculés jusqu'en 1789, par Henri Martin. *Paris, Furne,* 1855-65, 14 vol. et 1 vol. de table, portrait, demi-rel. v. ant.

929. Französische Geschichte, von Leopold Ranke. *Stuttgart,* 1876, 5 vol. in-8, demi-rel. v. rose.

930. Histoire des Français en abrégé, depuis les temps les plus reculés jusqu'à nos jours (traité de Paris, 1856); par E.-J. Choussy. *Paris, A. Pringuet,* 1857, 2 vol. gr. in-8, demi-rel. v. v. dos orné.

931. Histoire de France, par Émile Keller. *Paris, Ch. Douniol,* 1859, 2 vol. in-12, demi-rel. v. v.

932. Histoire de France, par M. Auguste Trognon. *Paris, L. Hachette,* 1863-65, 5 vol. in-8, demi-rel. v. f. tr. jasp.

933. Histoire de France, depuis les origines jusqu'à nos jours, par M. C. Dareste. *Paris, H. Plon,* 1865-73, 7 vol. in-8, demi-rel. v. f. tr. jasp.

934. Histoire populaire de la France. *Paris, Ch. Lahure,* s. d., 4 vol. gr. in-8, fig. cart. toile.

935. Histoire populaire contemporaine de la France. *Paris, L. Hachette,* 1864-65, 4 vol. gr. in-8, fig. cart. toile.

936. Histoire de France, par MM. H. Bordier et Édouard Charton. *Paris, Magasin pittoresque,* 1864, 2 vol. g . in-8, à 2 col. fig. cart.

937. Essais sur l'histoire de France, par M. Guizot. *Paris, Didier*, 1857, in-8, demi-rel. v. f.

938. L'HISTOIRE DE FRANCE, depuis les temps les plus reculés jusqu'en 1789, racontée à mes petits-enfants, par M. Guizot. *Paris, Hachette*, 1872-74, 5 vol. gr. in-8, figures d'Alph. de Neuville, riche cart. en percal. tr. dor.
<small>Le cinquième volume, qui doit paraître prochainement, sera donné à l'acquéreur.</small>

939. The History of France related for the rising generation by M. Guizot, translated by Robert Black. *London, Sampson Low*, 1872-74, 3 vol. gr. in-8, fig. cart. toile, tête dor. n. rog.

c. *Matériaux pour l'histoire de France.*

940. Bibliothèque historique de la France, par Jacques Lelong. *Paris, J.-Th. Hérissant*, 1768-70, 5 vol. in-fol. v. marbr.

941. Capitularia regum Francorum. Stephanus Baluzius notis illustravit. *Parisiis, Muguet*, 1677, 2 vol. in-fol. v.

942. Théorie des loix politiques de la monarchie faançoise (par mademoiselle de Lézardière). *Paris, Nyon*, 1792, 8 vol. in-8. demi-rel. v. vert, dos orné, non rog.
<small>Exemplaire en papier vélin.</small>

943. Théorie des lois politiques de la monarchie française, par mademoiselle de Lézardière, édition augmentée et publiée par le vicomte de Lézardière. *Paris, comptoir des imprimeurs*, 1844, 4 vol. in-8, demi-rel. v. viol. dos orné.

944. ORDONNANCES des Roys de France de la troisième race, recueillies par ordre chronologique... avec observations et tables. *Paris, Impr. royale*, 1723-1847, 21 vol. et 2 vol. de tables; ensemble 23 vol. in-fol. v. m. (*Aux armes de France.*)
<small>Mouillures à quelques volumes.</small>

945. Collection des constitutions, chartes et lois fondamentales, par MM. Dufau, Duvergier et Guadet. *Paris, Béchet*, 1823, 6 vol. in-8, demi-rel. v. ant.

946. Collection des lois, décrets, ordonnances, règlements du conseil d'Etat, par J.-B. Duvergier. *Paris, A. Guyot*, 1824-30, 29 vol. in-8, demi-rel. v. ant.

947. Diplomata, chartæ, epistolæ, leges, aliaque instrumenta ad res Gallo-Francicas spectantia, edidit Pardessus. *Lutetiæ Par.* 1849, in-fol. br. (Tome 2e.)

948. Table chronologique des diplômes, chartes, titres et actes imprimés concernant l'histoire de France, par Bréquigny, continuée par Pardessus. *Paris, Impr. nat.*, 1836-50, 2 vol. in-fol. br.

Tomes IV et VI.

949. Table chronologique des diplômes, chartes, titres et actes imprimés concernant l'histoire de France, par M. de Bréquigny, continuée par MM. Pardessus et Laboulaye. *Paris, Impr. impériale,* 1863, tom. VII, in-fol. br.

2 exemplaires.

950. Les Archives de la France, leurs vicissitudes pendant la Révolution, leur régénération sous l'Empire, par le marquis de Laborde. *Paris, veuve Renouard,* 1867, in-12, demi-rel. dos et coins de veau rouge, dos orné.

951. Mémoires de la Société nationale des antiquaires de France. *Paris, Dumoulin,* 1873, in-8, br. neuf, n. coupé.

Tome XXXIV.

952. Annuaire historique publié par la Société de l'histoire de France ; années 1837 à 1844, 1848 à 1852, et 1854 à 1860. *Paris, Renouard.* Ens. 20 vol. pet. in-12, demi-rel. v. f.

953. Lettres sur l'histoire de France, pour servir d'introduction à l'étude de cette histoire, par Augustin Thierry. *Paris, Sautelet,* 1829, in-8, demi-rel. v. ant. (*Envoi d'auteur.*)

954. Traité de matériaux manuscrits de divers genres d'histoire, par Amans-Alexis Monteil. *Paris, impr. de E. Duverger,* 1835, 2 vol. in-8, chagr. tr. dor.

955. Lectures tirées des chroniques et des mémoires, avec un précis de l'histoire de France depuis les Gaulois jusqu'à nos jours, par Mme Amable Tastu. *Paris, Lavigne,* 1837, 2 vol. in-8, demi-rel. v. tr. jasp. (*Envoi d'auteur.*)

956. Thommerel. Recherches sur la fusion du franco-normand et de l'anglo-saxon. *Paris,* 1841. in-8, demi-rel. (*Mouillures.*)

957. Rouleaux des morts du IXe au XVe siècle, recueillis et publiés... par Léopold Delisle. *Paris, Ve J. Renouard,* 1866, gr. in-8, demi-rel. v. f. fil.

958. La Noblesse de France aux croisades, publié par P. Roger. *Paris, Derache,* 1845, in-4, avec figures sur papier de Chine, demi-rel. chagr. vert, dos orné.

959. Collection de documents inédits sur l'histoire de France...; rapports au Roi et pièces. *Paris, Impr. royale,* 1835-39. 2 vol. in-4, v. ant. fil. non rog. (*Grand papier vélin.*)

HISTOIRE.

960. Documents historiques inédits, tirés des collections manuscrites de la Bibliothèque royale et des archives ou des bibliothèques des départements, publiés par M. Champollion-Figeac. *Paris, F. Didot*, 1841-48, 4 vol. in-4, dont 3 rel. en v. ant. fil. et 1 br.

Exemplaire en grand papier vélin. Le tome I est tiré sur papier plus grand que les autres.

961. Recherche des monuments inédits de l'histoire de France... faite aux archives de la préfecture du Jura, par Désiré Monnier. *S. l.*, 1835, in-4, demi-rel. mar. r. dos orné.

Copie manuscrite, comprenant environ 290 pages ; avec plusieurs dessins à la plume, et calqués, en noir et en couleur.

962. Portraits historiques, par M. Pierre Clément. — Suger, Sully, le président de Novion, le comte de Grignan, le garde des sceaux d'Argenson, Jean Law, Machault d'Arnouville, les frères Paris, l'abbé Terray, le duc de Gaëte, le comte Mollien. *Paris, Didier*, 1854, gr. in-8, demi-rel. v. f.

963. Histoire générale et raisonnée de la diplomatie française, par M. de Flassau. *Paris, Treuttel et Würtz*, 1811, 7 vol. in-8, demi-rel. dos et coins de v. v.

964. Priviléges accordés à la couronne de France par le Saint-Siége, publiés d'après les originaux conservés aux archives et à la Bibliothèque impériale. *Paris, Impr. impér.*, 1855, in-4, cart. non rog.

Exemplaire en papier vélin.

965. Du Pouvoir spirituel dans ses rapports avec l'État, depuis l'origine de la monarchie française jusqu'à la révolution de 1830, par M. Filon. *Paris, Hachette*, 1844, in-8, demi-rel. chagr. brun.

966. Négociations diplomatiques de la France avec la Toscane, documents recueillis par Giuseppe Canestrini, et publiés par Abel Desjardins. *Paris, Impr. imp.*, 1859, 2 vol. in-4, cart. n. rog.

Exemplaire en grand papier vélin.

967. Capitulations et traités entre la France et la Porte-Ottomane. *Paris, Impr. royale*, 1841, in-4, demi-rel. v. f. dos orné.

968. Mémoires sur les relations politiques des princes chrétiens, et particulièrement des rois de France, avec les empereurs mongols, par Abel Rémusat. 1822, planches et autres pièces in-4, demi-rel.

969. La France féodale, par le comte de Ladevèze. *Paris, Garnier fr.*, 1866, in-8, demi-rel. v. f. tr. jasp.

970. Libéraux et démagogues au moyen âge. La monarchie parlementaire de 1357, la commune de Paris de 1413 ; essai sur les tendances démocratiques des populations urbaines pendant la seconde moitié du xiv° et les premières années du xv° siècle, par Gabr. de Bacq. *Paris, F. Didot,* 1872, in-12, demi-rel. v. bleu.

971. La Démocratie en France au moyen âge. Histoire des tendances democratiques dans les populations urbaines au xive et au xvi^d siècles, par F.-T. Perrens. *Paris, Didier,* 1873, 2 vol. in-8, demi-rel. v. f.

972. Les Parlements de France. Essai historique sur leurs usages, leur organisation et leur autorité, par le vicomte de Bastard-d'Estang. *Paris, Didier,* 1857, 2 vol. in-8, blas. demi-rel. v. bl.

973. Études biographiques pour servir à l'histoire de l'ancienne magistrature française, par C.-A. Sapey. *Paris, Amyot,* 1858, in-8, demi-rel. mar. r. (*Envoi d'auteur.*)

974. Le Parlement de Paris, sa compétence. *Paris, H. Plon,* 1863. — Les Archives de la France pendant la révolution, introduction à l'inventaire du fonds d'archives dit les Monuments historiques. *Paris, Claye,* 1866. — Inventaire des archives départementales. Calvados, intendance de Caen. *S. l.,* 1868. — Ens. 3 vol. in-4, br.

975. États généraux (1355-1614), leur influence sur le gouvernement et la législation du pays, par Arthur Desjardins. *Paris, A. Durand et Pedone-Lauriel,* 1871, gr. in-8, demi-rel. v. viol. dos orné. (*Envoi d'auteur.*)

976. États généraux (1355-1614), leur influence sur le gouvernement et la législation du pays, par Arthur Desjardins. *Paris, A. Durand,* 1871, in-8. demi-rel. v. bl. (*Envoi d'auteur.*)

977. Histoire des états généraux de 1355 à 1614, par Georges Picot. *Paris, Hachette,* 1872, 4 vol. in-8, demi-rel. v. viol. (*Envoi d'auteur.*)

978. Les Institutions civiles de la France considérées dans leurs principes, leur histoire, leurs analogies, par le baron de Beauverger. *Paris, Leiber,* 1864, in-8, demi-rel. chagr. vert, tr. jasp.

979. Histoire de l'administration monarchique en France, depuis l'avénement de Philippe-Auguste jusqu'à la mort de Louis XIV, par A. Chéruel. *Paris, Dezobry, s. d.,* 2 vol. in-8, demi-rel. v. v. (*Envoi d'auteur.*)

980. Histoire de l'administration en France, de l'agriculture, des arts utiles, du commerce, des manufactures, etc., par

Cl.-Anthelme Costaz. *Paris, Mme Huzard*, 1832, 2 vol. in-8, demi-rel. v. f. dos orné.

981. Histoire de l'administration en France et des progrès du pouvoir royal, depuis le règne de Philippe-Auguste jusqu'à la mort de Louis XIV... par M. C. Dareste de la Chavanne. *Paris, Guillaumin*, 1848, 2 vol. in-8, demi-rel. v. bleu.

982. Histoire du droit municipal en France sous la domination romaine et sous les trois dynasties, par M. Raynouard. *Paris, A. Sautelet*, 1829, 2 vol. in-8, demi-rel. v. v. dos orné.

983. Leroy-Beaulieu. L'Administration locale en France et en Angleterre. *Paris, Guillaumin, s. d.*, in-8, demi-rel. v. f.

984. Histoire de la civilisation en France, par M. Guizot. *Paris, Didier*, 1829-32, 5 vol. in-8, demi-rel. v. f.

985. Les Grandes Écoles de France, par Mortimer d'Ocagne. *Paris, J. Hetzel, s. d.*, in-12, demi-rel. v. bleu.

986. Histoire de la vie privée des Français, depuis l'origine de la nation jusqu'à nos jours, par Le Grand d'Aussy; nouvelle édition avec des notes, corrections et additions par J.-B.-B. de Roquefort. *Paris, Laurent-Beaupré*, 1815, 3 vol. in-8, cart. non rog.

987. Les Familles françaises considérées sous le rapport de leurs prérogatives honorifiques héréditaires, ou Recherches historiques sur l'origine de la noblesse... par A.-L. de Laigue. *Paris, de l'Impr. royale, et chez Petit*, 1815, gr. in-8, cart. non rog.

Exemplaire en grand papier vélin.

988. Histoire de l'organisation de la famille en France, depuis les temps les plus reculés jusqu'à nos jours, par L.-J. Kœnigswarter. *Paris, Aug. Durand*, 1851, in-8, demi-rel. chagr. bleu, tr. jasp.

989. Les Familles et la Société en France avant la Révolution, d'après des documents originaux, par Charles de Ribbe. *Paris, Joseph Albanel*, 1873, in-12, demi-rel. v. bleu. (*Envoi d'auteur.*)

990. Histoire des corporations religieuses en France, par M. E. Dutilleul. *Paris, Amyot*, 1846, in-8, demi-rel. v. ant. (*Envoi d'auteur.*)

991. Recueil des monuments inédits de l'histoire du tiers-état. Première série : région du nord; par Augustin Thierry. *Paris, F. Didot*, 1850-56, 3 vol. in-4, cart. non rognés.

Exemplaire en grand papier vélin.

992. Essai sur l'histoire de la formation et des progrès du tiers-état, par Augustin Thierry. *Paris, Furne,* 1853, in-8, demi-rel. v. f. (*Envoi d'auteur.*)

993. Histoire des classes ouvrières en France, depuis la conquête de Jules César jusqu'à la Révolution... par E. Levasseur. *Paris, Guillaumin,* 1859, 2 vol. in-8, demi-rel. v. f. dos orné.

994. Histoire des classes ouvrières en France, depuis 1789 jusqu'à nos jours, par E. Levasseur. *Paris, L. Hachette,* 1867, 2 vol. in-8, demi-rel. chagr. viol. tr. jasp. (*Envoi autogr. de l'auteur à M. Guizot.*)

995. Histoire des classes laborieuses en France, depuis la conquête des Gaules par Jules César jusqu'à nos jours, par M. F. du Cellier. *Paris, Didier,* 1860, in-8, chagr. bleu.

996. Histoire des classes agricoles en France, depuis saint Louis jusqu'à Louis XVI, par C. Dareste de la Chavanne. *Paris, Guillaumin,* 1854, in-8. — Histoire des classes rurales en France et de leurs progrès dans l'égalité civile et la propriété, par M. Henry Doniol. *Paris, Guillaumin,* 1857, in-8. Ensemble 2 vol. demi-rel. chagr. brun, dos orné.

997. Histoire des classes agricoles en France, par C. Dareste de la Chavanne. *Paris, Guillaumin,* 1858, in-8, demi-rel. v. viol. fil.

998. Histoire des classes rurales en France et leurs progrès dans l'égalité civile et la propriété, par Henry Doniol. *Paris, Guillaumin,* 1867, in-8, br.

999. Histoire des races maudites de la France et de l'Espagne, par Francisque Michel. *Paris, A. Franck,* 1847, 2 tomes en 1 vol. in-8, demi-rel. v. ant. dos orné.

1000. Les Fondateurs de l'unité française, études historiques par M. le comte Louis de Carné. *Paris, Didier,* 1856, 2 vol. in-8, demi-rel. v. v.

1001. De la France, de son génie et de ses destinées, par Henri Martin. *Paris, Furne,* 1847, in-12, demi-rel. chagr. noir.

1002. Considérations sur l'esprit de la Gaule, par M. Jean Reynaud. *Paris, L. Martinet,* 1847, in-8, demi-rel. v. f. fil. (*Avec envoi d'auteur à M. Arago.*)

1003. Le Gouvernement représentatif en France et en Angleterre, par M. de Carné. *Paris, Olivier-Fulgence,* 1841, in-8, demi-rel. v. v.

1004. La Démocratie française, ses rapports avec la monarchie et le catholicisme, son organisation, par M. P. Pradié. *Paris*, 1860, in-8, demi-rel. chag. brun tr. jasp.

1005. Du Système parlementaire en France et d'une réforme capitale, par Louis Couture. *Paris, Leriche*, 1844, in-8, demi-rel. chagr. brun tr. jasp.

1006. Des Vicissitudes politiques de la France, études historiques, par R. de Larcy. *Paris, Amyot*, 1860, in-8, demi-rel. chagr. la Vall.

1007. Philosophie politique de l'histoire de France, par A. Bertauld. *Paris, Didier*, 1861, in-8, demi-rel. v. viol.

1008. Histoire des réfugiés protestants de France, depuis la révocation de l'édit de Nantes jusqu'à nos jours, par M. Ch. Weiss. *Paris, Charpentier*, 1853, 2 vol. in-12, demi-rel. v. ant. tr. jasp.

1009. History of the French protestant refugees from the revocation of the edict of Nantes, by Ch. Weiss, translated by Frederick Hardman. *Edinburgh*, 1854, in-8, cart.

1010. The Protestant reformation in France, or history of the Hugonots. *London, Bentley*, 1847, 2 vol. in-8, cart. n. rogn.

1011. De l'État civil des réformés de France, par Louis Anquez. *Paris, Grassart et Ch. Meyrueis*, 1868, in-8, demi-rel. mar. bleu de ciel, dos orné tr. jasp.

1012. De l'État du paupérisme en France et des moyens d'y remédier, par F. Béchard. *Paris, Ch. Douniol*, 1852, demi-rel. v. ant. tr. jasp.

1013. Lavergne (L. de). Économie rurale de la France depuis 1789. *Paris*, 1860. — L'Agriculture et la population en 1855 et 1856. *Paris*, 1857. Ens. 2 vol. in-12, br. et demi-rel. v.

1014. Essai sur la statistique de la population française, considérée sous les rapports physiques et moraux, par le comte d'Angeville. *Bourg*, 1836, in-4, demi-rel.

1015. Recherches sur le commerce, la fabrication et l'usage des étoffes de soie, d'or et d'argent, et autres tissus précieux en Occident, principalement en France pendant le moyen âge, par Francisque Michel. *Paris, impr. de Crapelet*, 1852, 2 vol. pet. in-4, demi-rel. mar. br.

1016. Correspondance des contrôleurs généraux des finances avec les intendants des provinces, par A.-M. de Boislisle. *Paris, Impr. nationale*, 1874, t. Ier, in-4, br.

1017. Correspondance des contrôleurs généraux des finances avec les intendants des provinces, publiée par A.-M. de Boislisle. *Paris, Impr. nationale*, 1874, tom. Ier, in-4, br.

1018. Histoire financière de la France, depuis l'origine de la monarchie jusqu'à la fin de 1765.... par M.-A. Bailly. *Paris, Moutardier*, 1830, 2 vol. in-8, demi-rel. v. viol. dos orné.

1019. Le Budget, par le marquis d'Audiffret. *Paris*, 1841. — Dictionnaire du budget, par M. Roch. *Paris*, 1830, 2 vol. Ens. 3 vol. in-8, demi-rel. v. tr. jasp.

1020. Les Institutions militaires de la France (Louvois, Carnot, Saint-Cyr). *Paris, Mich. Lévy fr.*, 1867, in-8. demi-rel. v. f.

1021. Précis historique de la marine française, son organisation et ses lois, par F. Chassériau. *Paris, Impr. royale*, 1845, 2 vol, gr. in-8, demi-rel. chag. violet. (*Envoi d'auteur à Mme la comtesse de Meulan.*)

1022. Feudal Castles of France, illustrated from the author's sketches. *London*, 1869, in-8, cartonné figures.

1023. Souvenirs historiques des résidences royales de France, par J. Vatout : Palais-Royal, palais de Saint-Cloud, palais de Versailles, château de Compiègne, château d'Eu et château d'Amboise. *Paris, Firmin-Didot fr.*, 6 vol. in-8, demi-rel. v. f.

d. Histoire particulière de France, jusqu'à Henri III.

1024. Ethnogénie gauloise. Preuves intellectuelles (le génie gaulois, caractère national, druidisme, institutions, industrie), par Roget, baron de Belloguet. *Paris*, 1868, in-8, demi-rel. v. bl.

1025. Les Druides, par J.-B. Bouché, de Cluny. *Paris, Martinon*, 1844, in-8, demi-rel. v. viol. dos orné.

1026. Histoire des Gaulois, depuis leur origine jusqu'à leur mélange avec les Francs.... par Jean Picot, de Genève. *A Genève, chez J.-J. Paschoud*, an XII-1804, 3 vol. in-8, demi-rel. bas.

1027. Histoire des Gaulois, depuis les temps les plus reculés jusqu'à l'entière soumission de la Gaule à la domination romaine, par Amédée Thierry. *Paris, A. Sautelet*, 1828, 3 vol. in-8, demi-rel. v. f. dos orné. (*Envoi autographe de l'auteur.*)

1028. Précis historique de la Gaule sous la domination romaine, par Th. Berlier. *Paris, Ed. Legrand*, 1835, in-8, demi-rel. mar. viol.

1029. Histoire de la Gaule sous l'administration romaine, par Amédée Thierry. *Paris, Just. Tessier*, 1840-42, *et Perrotin*, 1847, 3 vol. in-8, demi-rel. v. f. dos orné.

1030. Histoire des Francs d'Austrasie, par P.-A.-F. Gérard. *Bruxelles, J. Rozez, et Paris, A. Durand*, 1864, 2 vol. gr. in-8, demi-rel. v. ant.

1031. Histoire de la Gaule méridionale sous la domination des conquérants germains, par M. Fauriel. *Paris, Paulin*, 1836, 4 vol. in-8, demi-rel. v. f. dos orné.

1032. Récits des temps mérovingiens, précédés de considérations sur l'histoire de France, par Aug. Thierry. *Paris, Just. Teissier*, 1840, 2 vol. in-8, demi-rel. v. vert, tr. jasp.

1033. Études sur l'histoire, les lois et les institutions de l'époque mérovingienne, par M. J. de Pétigny. *Paris, Brockaus et Avenarius*, 1843, 3 vol. in-8, demi-rel. v. f. dos orné.

1034. Le Tombeau de Childéric 1er, roi des Francs, restitué, à l'aide de l'archéologie et des découvertes récentes.... par M. l'abbé Cochet. *Paris, Derache*, 1859, gr. in-8, figures, demi-rel. v. f. dos orné.

1035. Histoire admirable du Franc Harderad et de la vierge Aurélia, légende du VIIe siècle, publiée par Auguste Trognon. *Paris, Brière*,1825, in-8, demi-rel. v. ant. dos orné. (*Envoi d'auteur.*)

1036. Histoire ecclésiastique des Francs, par Georges-Florent Grégoire, évêque de Tours, en dix livres, collationnée et traduite par MM. J. Guadet et Taranne. *Paris, J. Renouard*, 1836-38, 4 vol. gr. in-8 demi-rel. v. f. fil.
Bonne édition, avec le texte latin et la traduction française en regard.

1037. Les Livres des miracles et autres opuscules de Georges-Florent Grégoire, évêque de Tours, revus et collationnés... et traduits par H.-L. Bordier. *Paris, J. Renouard*, 1857-1864, 4 vol. gr. in-8, demi-rel. v. f. fil.

1038. L'Histoire françoise de Saint-Grégoire de Tours, contenue en dix livres..... ensemble les victoires des martyrs sur les infidèles et de l'Eglise sur les hérétiques... trad. de latin en françois, par G. B. D. (Claude Bonnet, Dauphinois). *Paris, Claude de la Tour*, 1610, in-8 parch. (*Piqûre de vers dans la marge.*)

1039. Histoire critique de l'établissement de la monarchie françoise dans les Gaules, par M. l'abbé Dubos. *Paris*,

Pierre-Fr. Griffart, 1742, 2 vol. in-4, demi-rel. v. f. dos orné.

1040. De la Monarchie française depuis son établissement jusqu'à nos jours, ou Recherches sur les anciennes institutions françaises.... avec un supplément sur le gouvernement de Buonaparte et sur le retour de la maison de Bourbon, par M. le comte de Montlosier. *Paris, H. Nicolle*, 1814, 5 vol. in-8. — De la Monarchie française au 1er mars 1822, par le même. *Paris, Gide*, 1 vol. — ensemble 6 vol. in-8, demi-rel. v. ant. fil.

1041. La Trustis et l'antrustion royal sous les deux premières races, par Maximin Deloche. *Paris, Impr. nationale*, 1873, gr. in-8, demi-rel. chagr. rouge.

1042. Histoire des Carlovingiens, par L.-A. Warnkœnig et P.-A.-F. Gérard. *Bruxelles, Durand*, 1862, 2 vol. gr. in-8, demi-rel. v. f.

1043. Histoire de l'empereur Charlemagne, traduction libre de l'allemand du professeur Hegewisch. *Paris, Henrichs*, an XIII, 1805, in-8, demi-rel. bas.

1044. Charlemagne, par M. Capefigue. *Paris, Langlois et Leclerc*, 1842, 2 vol. in-8, demi-rel. v. f. dos orné.

1045. The History of Charlemagne, by James. *London, Longman*, 1832, in-8 cart.

1046. Histoire de France. Les règnes mérovingiens et l'empire d'Occident sous Charlemagne, par le comte de Ladevèze. *Paris, Garnier*, 1859, 2 vol. gr. in-8, demi-rel. chag. brun.

1047. L'Église et l'État en France au IXe siècle. Saint-Agobard, archevêque de Lyon, sa vie et ses écrits, par M. l'abbé P. Chevallard. *Lyon, P.-N. Josserand*, 1869, in-8, demi-rel. v. bleu.

1048. Œuvres complètes d'Éginhard, réunies pour la première fois et traduites en français, avec notes et variantes, par A. Teulet (Texte latin et traduction française). *Paris, J. Renouard*, 1840, gr. in-8, demi-rel. v. f. fil.

1049. Examen d'un diplôme attribué à Louis le Bègue, roi de France, suivi d'un traité sur saint Denis, premier évêque de Paris, par M. le marquis de Fortia d'Urban. *Paris, H. Fournier*, 1833, 2 vol. in-12, demi-rel. v. vert, dos orné.

1050. Les Comtes de Paris, histoire de l'avènement de la troisième race, par Ernest Mourin. *Paris, Didier, s. d.*, in-8, demi-rel. v. f. (*Envoi d'auteur.*)

1051. Essai sur les invasions maritimes des Normands dans les Gaules, suivi d'un aperçu des effets que les hommes du Nord ont eus sur la langue, les mœurs, etc., par B. Capefigue. *Paris, Impr. royale*, demi-rel. v. ant. dos orné.

1052. Chronique latine de Guillaume de Nangis, de 1113 à 1300, avec les continuations de cette chronique de 1300 à 1368, édition revue, annotée et publiée par H. Géraud. *Paris, J. Renouard*, 1843, 2 vol. gr. in-8, demi-rel. v. f. fil.

1053. Richer, histoire de son temps, texte reproduit d'après l'édition originale donnée par G.-H. Pertz, avec traduction française, notice et commentaire, par J. Guadet. *Paris, J. Renouard*, 1845, 2 vol. gr. in-8, demi-rel. v. f. fil.

1054. Orderici Vitalis... Historiæ ecclesiasticæ libri tredecim; ex veteris codicis uticensis collatione emendavit, et suas animadversiones adjecit Augustus le Prevost. *Parisiis, apud J. Renouard*, 1838-1855, 5 vol. gr. in-8, demi-rel. v. f. fil.

1055. Lettres de rois, reines et autres personnages des cours de France et d'Angleterre, depuis Louis VII jusqu'à Henri IV, tirées des archives de Londres par Bréquigny, et publiées par M. Champollion-Figeac. *Paris, Impr. royale*, 1839-1846, 2 vol. in-4, le 1er rel. en v. ant. fil. n. rog. et le 2e cart. n. rog.

Exemplaire en grand papier vélin.

1056. L'Abbé Suger, histoire de son ministère et de sa régence, par M. Fr. Combes. *Paris*, 1853, in-8, portr. demi-rel. v. f. tr. jasp.

1057. Œuvres complètes de Suger, recueillies, annotées et publiées... par A. Lecoy de la Marche. *Paris, veuve J. Renouard*, 1867, gr. in-8, demi-rel. v. f. fil.

1058. Histoire de Philippe-Auguste, par M. Capefigue. *Paris, Dufey*, 1829, 4 vol. in-8, demi-rel. v. f.

1059. Catalogue des actes de Philippe-Auguste, avec une introduction sur les sources, les caractères et l'importance historique de ces documents, par Léopold Delisle. *Paris, Aug. Durand*, 1856, in-8, demi-rel. v. f. dos orné.

1060. Histoire de la Croisade contre les hérétiques albigeois, écrite en vers provençaux par un poëte contemporain, traduite et publiée par M. C. Fauriel. *Paris, Impr. royale*, 1837, in-4, avec un fac-simile sur chine, v. ant. fil. dos orné, n. rog.

Exemplaire en grand papier vélin.

1061. Mary Lafon. La Croisade contre les Albigeois, épopée nationale, traduite. *Paris, Lacroix,* 1868, in-8, demi-rel. v. f.

Dans le même volume : Cénac-Moncault, Lettre sur l'auteur de la *Chanson albigeoise.*

1062. Essai sur les institutions de saint Louis, par Arthur Beugnot fils. *Paris, F.-G. Levrault,* 1821, in-8, demi-rel. v. ant. dos orné.

1063. Préface pour servir à la vie de saint Louis, roi de France, d'Antoine Aubery (par le comte de Boulainvilliers). *S. l. n. d.,* pet. in-8, demi-rel. dos et coins de mar. rouge.

Manuscrit autographe du comte de Boulainvilliers.

1064. Histoire de S. Louys, IX du nom, roy de France, écrite par Jean sire de Joinville... avec les Établissemens de S. Louys... par Charles du Fresne, sieur du Cange. *Paris, Séb. Mabre-Cramoisy,* 1668, in-fol. portr. v. brun. (*Armes.*)

1065. Vie de saint Louis, roi de France, par Le Nain de Tillemont, publiée pour la première fois d'après le manuscrit, et accompagnée de notes, par J. de Gaulle. *Paris, J. Renouard,* 1847-1851, 6 vol. gr. in-8, demi-rel. v. f. fil.

1066. Histoire de saint Louis, roi de France, par M. le marquis de Villeneuve-Trans. *Paris, Paulin,* 1839, 3 vol. in-8, demi-rel. v. ant. dos orné.

1067. Histoire de saint Louis, par J.-A.-Félix Faure. *Paris, L. Hachette,* 1866, 2 vol. in-8, demi-rel. v. f.

1068. Saint Louis et Alfonse de Poitiers, étude sur la réunion des provinces du midi et de l'ouest à la couronne et sur les origines de la centralisation administrative, par Edg. Boutaric. *Paris, H. Plon,* 1870, in-8, demi-rel. v. f.

1069. Joinville et les Enseignements de saint Louis à son fils, par M. Natalis de Wailly. *Paris, veuve J. Renouard,* 1872, in-8, br.

1070. Les Aventures du petit roi saint Louis devant Bellesme, par Ph. de Chennevières. *Paris, J. Hetzel, s. d.,* in-12, texte enc. de filets rouges, demi-rel. v. f. tr. jasp.

1071. Great christians of France. Saint Louis and Calvin, by M. Guizot. (*London*), *Macmillan and C°, s. d.,* in-8, fig. cart. en percal. bleue, n. rog.

1072. Histoire de saint Louis, par Joinville, revue par M. Natalis de Wailly. *Paris, L. Hachette,* 1865, in-12, demi-rel. v. f.

1073. Œuvres de Jean sire de Joinville, comprenant l'Histoire de saint Louis, le Credo et la Lettre à Louis X, par

HISTOIRE.

M. Natalis de Wailly. *Paris, A. Le Clere,* 1867, gr. in-8, fig. demi-rel. v. f. n. rog.

1074. Histoire de saint Louis, par Jean sire de Joinville, suivie du Credo et de la Lettre à Louis X, texte ramené à l'orthographe des chartes... et publié par M. Natalis de Wailly. *Paris, veuve J. Renouard,* 1868, gr. in-8, demi-rel. v. f. fil.

1075. Jean sire de Joinville, Histoire de saint Louis, Credo et Lettre à Louis X, texte original, accompagné d'une traduction par M. Natalis de Wailly. *Paris, F. Didot,* 1874, in-4, demi-rel. dos et coins de mar. rouge, tête dor. n. r.

Exemplaire en grand papier vélin.

1076. La France sous Philippe le Bel. Étude sur les institutions politiques et administratives du moyen âge, par Edgar Boutaric. *Paris, H. Plon,* 1861, gr. in-8, demi-rel. v. viol.

1077. ŒUVRES DE FROISSART. Chroniques, publiées avec les variantes des divers manuscrits, par M. le baron Kervyn de Lettenhove. *Bruxelles, V. Devaux,* 1870-1874, 19 vol. avec portr. — Poésies, publiées par M. Aug. Scheler. *Bruxelles, V. Devaux,* 1870-72, 3 vol. — Ensemble 22 vol. gr. in-8, demi-rel. v. f. dos orné, sauf 3 vol. br.

1078. Procès des Templiers, publié par M. Michelet. *Paris, Impr. royale,* 1841-1851, 2 vol. in-4, cart. n. rog.

Exemplaire en grand papier vélin.

1079. Étienne Marcel et le Gouvernement de la bourgeoisie au xiv° siècle (1356-1358), par F.-T. Perrens. *Paris, L. Hachette,* 1860, gr. in-8, demi-rel. chagr. brun.

1080. Étienne Marcel et le Gouvernement de la bourgeoisie au xiv° siècle (1356-1358), par F.-T.-Perrens. *Paris, L. Hachette,* 1860, in-8, demi-rel. v. f.

1081. La Grande Guerre. Fragments d'une histoire de France aux xiv° et xv° siècles, par René de Belleval. *Paris, Aug. Durand,* 1862, in-8, demi-rel. v. f.

1082. Comptes de l'argenterie des rois de France au xiv° siècle, publiés... par L. Douët-d'Arcq. *Paris, J. Renouard,* 1851, gr. in-8, demi-rel. v. f. fil. dos orné.

Volume devenu rare.

1083. Nouveau Recueil de comptes de l'argenterie des rois de France, publié par L. Douët-d'Arcq. *Paris, Renouard,* 1874, in-8, br.

1084. Comptes de l'hôtel des rois de France aux xiv° et xv° siècles, publiés... par M. L. Douët-d'Arcq. *Paris, veuve J. Renouard,* 1865, gr. in-8, demi-rel. v. f. fil.

1085. Chronique des quatre premiers Valois (1327-1393), publiée pour la première fois... par M. Siméon Luce. *Paris, veuve J. Renouard*, 1862, gr. in-8, demi-rel. v. f. fil.

1086. Notes et documents relatifs à Jean, roi de France, et à sa captivité en Angleterre (publié par le duc d'Aumale). *S. l. n. d. (Londres)*, pet. in-4, demi-rel. v. f. fil. dos orné, n. rog.

Tiré à petit nombre.

1087. La Jacquerie, scènes féodales, suivies de la Famille de Carvajal, drame (par Prosper Mérimée). *Paris, Brissot-Thivars et impr. de H. Balzac*, 1828, in-8, demi-rel. v. ant. dos orné.

Première édition.

1088. Chronique de Bertrand du Guesclin, par Cuvelier, trouvère du XIVe siècle, publiée pour la première fois par E. Charrière. *Paris, F. Didot*, 1839, 2 vol. in-4, v. ant. fil. dos orné, n. rog.

Exemplaire en grand papier vélin.

1089. Chronique du religieux de Saint-Denys, contenant le règne de Charles VI, de 1380 à 1422, publiée en latin pour la première fois et traduite par M. L. Bellaguet, précédée d'une introduction par M. de Barante. *Paris, de l'impr. de Crapelet*, 1839-1852, 6 vol. in-4, dont 5 vol. rel. en v. ant. fil. n. rog. et 1 vol. cart. n. rog.

Exemplaire en grand papier vélin. Les tomes IV, V et VI sont tirés sur papier un peu moins grand.

1090. Choix de pièces inédites relatives au règne de Charles VI, publiées par L. Douët-d'Arcq. *Paris, veuve J. Renouard*, 1863-64, 2 vol. gr. in-8, demi-rel. v. f. fil.

1091. Les Demandes faites par le roi Charles VI, touchant son Etat et le gouvernement de sa personne, avec les réponses de Pierre Salmon, son secrétaire et familier, publiées avec des notes historiques d'après les manuscrits de la Bibliothèque du Roi, par G.-A. Crapelet. *Paris, impr. de Crapelet*, 1833, gr. in-8, pap. vél. cart. n. rog.

Exemplaire avec les planches en double, peintes en or et en couleur sur peau vélin.

1092. Mémoires de Pierre de Fenin, comprenant le récit des événements qui se sont passés en France et en Bourgogne sous les règnes de Charles VI et Charles VII (1407-1427), nouvelle édition publiée avec annotations par Mlle Dupont. *Paris, J. Renouard*, 1837, gr. in-8, demi-rel. v. f. fil.

1093. Monuments inédits de l'histoire de France, 1400-1600. Mémoires originaux, par Adhelm Bernier. *Paris, Joubert*, 1835, in-8, v. ant. compart. tr. dor.

1094. La Chronique d'Enguerran de Monstrelet en deux livres, avec pièces justificatives, 1400-1444, publiée par L. Douët-d'Arcq. *Paris, veuve J. Renouard*, 1857-1862, 6 vol. gr. in-8, demi-rel. v. f. fil.

1095. Jacques Cœur et Charles VII, ou la France au XVe siècle, par Pierre Clément. *Paris, Guillaumin*, 1853, 2 vol. in-8, demi-rel. v. f.

1096. Histoire de Charles VII, roi de France, et de son époque, par Vallet. *Paris, Renouard*, 1862, 3 vol. in-8, demi-rel. v. f.

1097. Histoire des règnes de Charles VII et de Louis XI, par Thomas Basin, évêque de Lisieux, jusqu'ici attribuée à Amelgard, rendue à son véritable auteur et publiée... par J. Quicherat. *Paris, J. Renouard*, 1855, 4 vol. gr. in-8, demi-rel. v. f. fil.

1098. Vie de Jeanne d'Arc, par Abel Desjardins. *Paris, F. Didot*, 1854, in-12, demi-rel. mar. br. (*Envoi d'auteur.*)

1099. Jeanne d'Arc, par H. Wallon. *Paris, L. Hachette,* 1860, 2 tomes en 1 vol. gr. in-8, demi-rel. v. f.

1100. Étude historique. Jeanne d'Arc au château de Rouen, par F. Bouquet. *Rouen, impr. de Cagniard*, 1866, gr. in-8, fig. br. (*Envoi d'auteur.*)
Extrait de la *Revue de Normandie*.

1101. Aperçus nouveaux sur l'histoire de Jeanne d'Arc, par J. Quicherat. *Paris, J. Renouard*, 1850, in-8, demi-rel. v. viol.

1102. Le Mistère (*sic*) du siége d'Orléans, publié par MM. F. Guessard et de Certain. *Paris, Impr. imp.* 1862, in-4, cart. n. rogn.
Exemplaire en grand papier vélin.

1103. Procès de condamnation et de réhabilitation de Jeanne d'Arc, dite la Pucelle, publiés pour la première fois... par Jules Quicherat. *Paris, J. Renouard*, 1841-49, 5 vol. gr. in-8, demi-rel. v. f. fil.

1104. Chronique de Mathieu d'Escouchy, nouvelle édition revue sur les manuscrits et publiée avec notes, par G. du Fresne de Beaucourt. *Paris, Vo J. Renouard*, 1863-64, 3 vol. gr. in-8, demi-rel. v. f. fil.

1105. Mémoires de Philippe de Commynes, nouvelle édition, revue et publiée avec annotations par Mlle Dupont. *Paris, J. Renouard*, 1840-47, 3 vol. gr. in-8, demi-rel. v. f. fil.

1106. Lettres et négociations de Philippe de Commines, publiées, avec un commentaire historique et biographique, par M. le baron Hervyn de Lettenhove. *Bruxelles, Victor Devaux*,1867, gr. in-8, demi-rel. dos et coins de maroq. vert foncé, jans.

1107. Notice sur Philippe de Commynes, par Mlle Dupont. — Mémoire sur les Institutions de Charles VII, 1872. — François Ier et ses actions de guerre, 1871. — Les Etats généraux de France, 1873. — Les Etats généraux avant 1789. — Etats de Languedoc. — Vie et Chronique de Mathieu d'Escouchy, 1863. — 12 br. in-8.

1108. Œuvres historiques inédites de sire George Chastellain, avec notes biographiques, par J.-A.-C. Buchon. *Paris, A. Desrez*, 1837, gr. in-8 à 2 col. demi-rel. v. bl.

1109. Chroniques de Jean d'Auton, publiées pour la première fois en entier, avec notice et notes par Paul L. Jacob, bibliophile. *Paris, Silvestre*, 1834-35, 4 vol. in-8, demi-rel. v. f. dos orné.

1110. Histoire de Charles VIII, roy de France, par Guillaume de Jaligny, André de la Vigne et autres... enrichie de plusieurs mémoires, observations, le tout recueilli par feu M. Godefroy. *Paris, Impr. royale, et Sébast. Mabre-Cramoisy*, 1684, in-fol. demi-rel. bas.

1111. Histoire de Charles VIII, roi de France, d'après des documents diplomatiques inédits ou nouvellement publiés, par C. de Chevrier. *Paris, Didier*, 1868, 2 vol. in-8, demi-rel. v. f. tr. jasp.

1112. Journal des états généraux de France tenus à Tours en 1484, sous le règne de Charles VIII, rédigé en latin par Jehan Masselin,... publié et traduit pour la première fois par A. Bernier. *Paris, Impr. royale*, 1835, in-4, v. ant. fil. dos orné, non rog.

1113. Procès-verbaux des séances du conseil de régence du roi Charles VIII, pendant les mois d'août 1484 à janvier 1485, publiés par A. Bernier. *Paris, Impr. royale*, 1836, in-4, v. ant. fil. dos orné, non rog.

Exemplaire en grand papier vélin.

1114. Histoire des ducs de Guise, par René de Bouillé. *Paris, Amyot*, 1849-50, 4 vol. in-8, demi-rel. v. f.

1115. Histoire du seizième siècle en France, par Paul L. Jacob. *Paris, Mame*, 1834-35, 4 vol. in-8, demi-rel. veau viol. fil.

1116. Histoire des Français des divers états aux cinq derniers siècles, par Amans-Alexis Monteil. *Paris, Janet et Cotelle*, 1828-1830, 4 vol. in-8, demi-rel. v. bl. dos orné. (*Tomes 1 à 4 seulement.*)

1117. Louis XII et François Ier, ou Mémoires pour servir à une nouvelle histoire de leur règne, par H.-L. Rœderer. *Paris, Bossange fr.*, 1825, 2 vol. in-8, demi-rel. v. bleu, tr. jasp.

1118. François Ier et la Renaissance (1515-1547), par M. Capefigue. *Paris, Amyot*, 1845, 4 vol. in-8, demi-rel. veau, f. fil.

1119. Captivité du roi François Ier, par Aimé Champollion-Figeac. *Paris, Impr. roy.*, 1847, in-4, veau f. n. rog.

Exemplaire en grand papier vélin.

1120. Lettres de Marguerite d'Angoulême, sœur de François Ier, reine de Navarre, publiée par F. Génin. *Paris, J. Renouard*, 1841, in-8. — Nouvelles Lettres de la reine de Navarre adressées au roi François Ier, son frère, publiées par F. Génin. *Paris, J. Renouard*, 1842, in-8. Ens. 2 vol. gr. in-8, demi-rel. v. f. fil.

1121. Mémoires et Lettres de Marguerite de Valois, nouvelle édition revue sur les manuscrits.... et publiée par M. F. Guessard. *Paris, J. Renouard*, 1842, gr. in-8, demi-rel. v. f. fil.

1122. Marguerite d'Angoulême (sœur de François Ier), son livre de dépenses (1540-1549). Etude sur ses dernières années, par le comte H. de la Ferrière-Percy. *Paris, A. Aubry*, 1862, in-12, portr. demi-rel. v. f. (*Envoi d'auteur.*)

1123. Marguerite de Valois, reine de Navarre, par l'auteur de Robert Emmet. *Paris, Mich. Lévy*, 1870, in-12, demi-rel. v. vert.

1124. Vie d'Antoine du Prat, chancelier de France, par le marquis du Prat. *Paris, Techener*, 1857, in-8, portrait, demi-rel. v. bl. tr. jasp.

1125. Papiers d'État du cardinal de Granvelle, publiés sous la direction de M. Ch. Weiss. *Paris, Impr. royale*, 1841-46, 9 vol. in-4, dont 6 vol. rel. en v. ant. fil. dos orné, et 3 vol. cart. non rognés.

Exemplaire en grand papier vélin.

1126. Recueil des dépêches, rapports, instructions et mémoires des ambassadeurs de France en Angleterre et en Ecosse pendant le xvi° siècle, conservés aux archives du royaume.... et publiés pour la première fois sous la direction de M. Charles Purton Cooper. *Paris et Londres*, 1838-40 ; 7 vol. gr. in-8, demi-rel. v. v. dos orné.

1127. Relations politiques de la France et de l'Espagne avec l'Ecosse au xvi° siècle, papiers d'Etat, pièces et documents inédits ou peu connus tirés des bibliothèques et des archives de France, publiés par Alexandre Teulet. *Paris, veuve Jules Renouard*, 1862, 5 vol. in-8, demi-rel. v. f. tr. jasp. (*Envoi d'auteur.*)

1128. Relations des ambassadeurs vénitiens sur les affaires de France au xvi° siècle, recueillies et traduites par M. N. Tommaseo. *Paris, Impr. royale*, 1838, 2 vol. in-4, v. ant. fil. dos orné, n. rog.

Exemplaire en grand papier vélin.

1129. Négociations de la France dans le Levant, ou Correspondances, mémoires et actes diplomatiques (1515-1589), publiés pour la première fois par E. Charrière. *Paris, Impr. nationale*, 1848-1860, 4 vol. in-4, cart. non rog.

Exemplaire en grand papier vélin.

1130. Commentaires et Lettres de Blaise de Monluc (1552-1564), édition revue et publiée avec les variantes, par M. Alphonse de Ruble. *Paris, V° J. Renouard*, 1864-1870, 4 vol. gr. in-8, demi-rel. v. f. fil.

1131. Mémoires de Claude Haton, contenant le récit des événements accomplis de 1553 à 1582, publiés par Félix Bourquelot. *Paris, Imp. impér.*, 1857, 2 vol. in-4, cart.

Exemplaire en grand papier vélin.

1133. Étude sur le xvi° siècle. Hubert Languet, par Henri Chevreul. *Paris, L. Potier*, 1852, in-8, portr. gravé, demi-rel. v. vert, fil.

1134. Trois Magistrats français du xvi° siècle (études historiques sur Ant. du Prat, du Faur de Pibrac et Jacques Faye), par Edouard Faye de Brys. *Paris, impr. de Guiraudet et Jouaust*, 1844, in-8.

1135. Nouvelles Recherches historiques sur la vie et les ouvrages du chancelier de l'Hospital, par A.-H. Taillandier. *Paris, F. Didot*, 1861, gr. in-8, port. gr. à l'eau-forte, par L. Flameng, demi-rel. chag. in viol. (*Tiré à 300 exemplaires.*)

HISTOIRE. 97

1136. Histoire universelle de Jacques-Auguste de Thou, depuis 1543 jusqu'en 1607. *Londres*, 1734, 16 vol. in-4, portr. v. f.

1137. Histoire des guerres civiles de France, trad. de Davila. *Amsterdam*, 1757, 3 vol. in-4. rel.

1138. Marie Stuart et Catherine de Médicis, par A. Chéruel. *Paris, L. Hachette*, 1858, in-8, demi-rel. mar. r.

1139. Histoire de François II (1559-1560), par Ed. de la Barre-Duparcq. *Paris, Ch. Tanera*, 1867, in-8, portr. sur chine, demi-rel. v. f. tr. jasp.

1140. Négociations, lettres et pièces diverses relatives au règne de François II, tirées du portefeuille de Sébastien de l'Aubespine, évêque de Limoges, par Louis Paris. *Paris, Impr. royale*, 1841, in-4, v. ant. fil. dos orné, non rog.
Exemplaire en grand papier vélin.

1141. Information contre Isabelle de Limenil (mai-août 1564), pet. in-8, demi-rel. dos et coins de maroq. rouge, tête dor. non rog.

1142. Mémoires du marquis de Beauvais-Nangis et journal du procès de la Boulaye (1569-1650), publiés pour la première fois par MM. Monmerqué et A.-H. Taillandier. *Paris, veuve J. Renouard*, 1862, gr. in-8, demi-rel. v. f. fil.

1143. Duplessis-Mornay, ou Études historiques sur la situation de la France de 1549 à 1623, par Joachim Ambert. *Paris*, 1848, in-8, portr. demi-rel. v. f.

1144. Mémoires et Correspondances de Duplessis-Mornay, pour servir à l'histoire de la Réformation et des guerres civiles et religieuses en France... depuis 1571 jusqu'en 1623; précédés des Mémoires de Mme de Mornay. *Paris, Treuttel et Würtz*, 1824-25, 12 vol. in-8, demi-rel. v. ant. dos orné.

1145. Mémoires de Mme de Mornay, publiés par Mme de Witt, née Guizot. *Paris, Ve J. Renouard*, 1868-69, 2 vol. in-8, br. et en ff.

1146. Mémoires authentiques de Jacques Nompar de Caumont, duc de la Force, et de ses deux fils, les marquis de Montpouillan et de Castelnau.... recueillis et mis en ordre par le marquis de la Grange. *Paris, Charpentier*, 1843, 4 vol. in-8, demi-rel. v. ant.

1147. The Massacre of St. Bartholomew, preceded by a history of the religion's wars in the reign of Charles IX, by Henry White. *London, John Murray*, 1868, in-8, fig. cart. anglais.

G.

1148. Histoire de la Ligue, sous les règnes de Henri III et de Henri IV, ou Quinze années de l'histoire de France, par Victor de Chalambert. *Paris, Ch. Douniol*, 1854, 2 vol. in-8, demi-rel. v. f.

1149. Mémoires de la Ligue. Nouvelle édition, revue, corrigée et augmentée de notes critiques et historiques. *Amsterdam, Arkstée et Merkus*, 1758, 6 vol. in-4, veau marbr.

1150. Les Prédicateurs de la Ligue. Thèse, par Charles Labitte. *Paris, Fournier*, 1841, demi-rel. v. bl.

1151. Essai sur les diplomates du temps de la Ligue d'après les documents nouveaux et inédits, par Ed. Frémy. *Paris, E. Dentu*, 1873, in-12, demi-rel. v. v.

1152. Henri de Valois et la Pologne en 1572, par M. le marquis de Noailles. *Paris, Mich. Lévy fr.*, 1867, 3 vol. in-8, figure et carte col. demi-rel. v. f. tr. jasp.

1153. Les Guise, les Valois et Philippe II, par M. Joseph de Croze. *Paris, Amyot*, 1866, in-8, demi-rel. chagr. brun, tr. jasp.

1154. Les derniers Valois, les Guise et Henri IV, par M. le marquis de Sainte-Aulaire. *Paris, M. Lévy*, 1854, in-12, demi-rel. mar. v.

e. *Histoire particulière de France, depuis Henri IV jusqu'à Napoléon.*

1155. Histoire de la maison de Bourbon, par M. Desormeaux. *Paris, Impr. royale*, 1772-76, 2 vol. in-4, frontisp. gr. et tableau généalog. v. éc. fil. dos orné, tr. dor. (*Rel. anc.*)

1156. Histoire de Jeanne d'Albret, reine de Navarre, par Mlle Vauvilliers. *Paris, Leblanc*, 1823, 2 vol. in-8, demi-rel. v. bl.

1157. M. de Lescure. Henri IV, 1553-1610, avec dix gravures sur acier, d'après les maîtres, par Léopold Flameng. *Paris, Paul Ducroq*, 1874, in-4, portrait et figures, demi-rel. dos et coins de mar. vert, tr. supér. dor. non rog.

1158. Histoire du règne d'Henri IV, par M. A. Poirson. *Paris, L. Colas*, 1856, 2 tomes en 3 vol. in-8, demi-rel. v. viol. fil.

1159. Histoire du règne d'Henri IV, par M. Auguste Poirson. *Paris, Didier*, 1862, 4 vol. in-8, demi-rel. v. f. et atlas broché.

1160. Procès-verbaux des états généraux de 1593, recueillis et publiés par M. Auguste Bernard (de Montbrison). *Paris, Impr. royale*, 1842, in-4, v. ant. fil. n. rog.

1161. Les Mariages espagnols sous le règne d'Henri IV et la régence de Marie de Médicis (1602-1615), par Perrens. *Paris, Didier, s. d.*, in-8, demi-rel. v. f.

1162. Henri IV considéré comme écrivain. Thèse par Eugène Jung. *Paris, Treuttel et Würtz*, 1855, in-8, demi-rel. v. f.

1163. Recueil des lettres missives de Henry IV, publiée par M. Berger de Xivrey. *Paris, Impr. royale*, 1843-1858, 6 vol. in-4, rel. et cart.

Exemplaire en grand papier vélin. Les deux premiers volumes sont reliés en veau ant., et le troisième volume est en maroquin rouge, à compartiments, et porte sur les plats le chiffre du roi LOUIS-PHILIPPE.

1164. Lettres inédites de Henri IV, recueillies par le prince Augustin Galitzin. *Paris, J. Techener*, 1860, in-8, demi-rel. v. f.

1165. Henri IV et sa politique, par Charles Mercier de Lacombe. *Paris, Didier, s. d.*, in-8, demi-rel. v. gris. (*Envoi d'auteur.*)

1166. Lettres et négociations de Paul Choart, seigneur de Buzanval, ambassadeur ordinaire d'Henri IV en Hollande, et de François d'Aerssen, agent des provinces unies des Pays-Bas, publiées par G.-G. Vreede. *Leide*, 1846, in-8, demi-rel. v. f. fil. tr. jasp.

1167. Mémoires de Sully, principal ministre de Henri le Grand. *Paris, Amable Costes*, 1814, 6 vol. in-8, portrait et plusieurs fac-simile, demi-rel. v. f.

1168. Sully, par E. Legouvé. *Paris, Didier*, 1873. in-12, demi-rel. v. f. (*Envoi autogr. de l'auteur.*)

1169. Histoire de France pendant le dix-huitième siècle, par M. Lacretelle le jeune. *Paris, F. Buisson*, 1808-1812, 6 vol. in-8, cart. (*Envoi d'auteur.*)

1170. Histoire de France sous Louis XIII, par M. A. Bazin. *Paris, Chamerot*, 1838, 4 vol. in-8, demi-rel. v. violet, dos orné.

1171. Le Roi chez la Reine, ou Histoire secrète du mariage de Louis XIII et d'Anne d'Autriche, par Armand Baschet. *Paris*, 1864, in-8 demi-rel. v. f.

1172. Memoirs of the Embassy of the Marshal de Bassompierre to the court of England in 1627, translated with notes. *London, Murray*, 1819, in-8, cart.

1173. Mémoires inédits du comte de Tillières, ambassadeur en Angleterre, sur la cour de Charles Ier et son mariage avec Henriette de France, recueillis et mis en ordre par M. C. Hippeau. *Paris, Poulet-Malassis*, 1862, in-12, demi-rel. v. f. (*Envoi d'auteur.*)

1174. L'Administration en France sous le ministère du Cardinal de Richelieu, par J. Caillet. *Paris, Didier*, 1860, 2 vol. in-12, demi-rel. maroq. brun tr. jasp. (*Envoi autographe de l'auteur à M. Guizot.*)

1175. Mémoires pour l'histoire du cardinal duc de Richelieu, recueillis par le sieur Aubery. *Cologne, Pierre Marteau*, 1667, 5 vol. pet. in-12, vél.

1176. Lettres, instructions diplomatiques et papiers d'État du cardinal de Richelieu, recueillis et publiés par M. Avenel. *Paris, Impr. impériale*, 1853-1874, 7 vol. in-4, cart. non rog.

Exemplaire en grand papier vélin, sauf pour le tome VII, qui est en papier ordinaire.

1177. Correspondance d'Henri d'Escoubleau de Sourdis, archevêque de Bordeaux, augmentée des ordres, instructions et lettres de Louis XIII et du cardinal de Richelieu à M. de Sourdis, concernant les opérations des flottes françaises de 1536 à 1642, et accompagnée d'un texte historique, de notes et d'une introduction..., par M. Eugène Sue. *Paris, Impr. de Crapelet*, 1839, 3 vol. in-4, v. ant. fil. dos orné, non rog.

Exemplaire en grand papier vélin.

1178. La Jeunesse de Mazarin, par M. Victor Cousin. *Paris, Didier*, 1865. (*Envoi d'auteur.*)

1179. Lettres du cardinal Mazarin à la Reine, à la princesse Palatine, etc., écrites pendant sa retraite hors de France en 1651 et 1652, avec notes et explications, par M. Ravenel. *Paris, J. Renouard*, 1836, gr. in-8, demi-rel. v. f. fil.

1180. Amédée Renée. Les Nièces de Mazarin. *Paris, Didot*, 1856, in-8, demi-rel. mar.

1181. Histoire de la Fronde, par M. le comte de Sainte-Aulaire. *Paris, Baudouin*, 1827, 3 vol. in-8, demi-rel. v. ant. dos orné.

1182. Le Parlement et la Fronde. La Vie de Mathieu Molé, par le baron de Barante. *Paris, Didier*, 1859, in-8, demi-rel. v. f.

1183. Mémoires de Mathieu Molé, premier président au Parlement de Paris, publiés sous les auspices de M. le comte Molé, par Aimé Champollion-Figeac (1614-1649). *Paris, J. Renouard*, 1855-57, 4 vol. gr. in-8, demi-rel. v. f. fil.

HISTOIRE. 101

1184. Cousin (V.). La Jeunesse de madame de Longueville.
— Madame de Longueville pendant la Fronde, 1651-1653.
— Madame de Sablé. — Madame de Hautefort et madame
de Chevreuse. — Madame de Chevreuse, nouvelles études.
— Jacqueline Pascal. *Paris, Didier*, 1855-62, 7 vol. in-8
portr. demi-rel. v. viol.

1185. Mémoires du Cardinal de Retz, publiés d'après le manuscrit autographe avec leur complément jusqu'en 1679, par MM. Champollion-Figeac et Aimé Champollion. *Paris*, 1837, gr. in-8, à 2 col. demi-rel. v. v. n. rog.

1186. La Misère au temps de la Fronde et saint Vincent de Paul, ou un Chapitre de l'histoire du paupérisme en France, par Alph. Feuillet. *Paris, Didier*, 1863, in-8, demi-rel. maroq. rouge.

1187. Choix de Mazarinades, publié... par C. Moreau. *Paris, J. Renouard*, 1853, 2 vol. gr. in-8, demi-rel. v. f. fil.

1188. L'Europe et les Bourbons sous Louis XIV, par Marius Topin. *Paris, Didier*, 1867, in-8, demi-rel. chagr. bleu, tr. jasp.

1189. L'Europe et les Bourbons sous Louis XIV. Affaires de Rome. Une élection en Pologne. — Conférences de Gertruydenberg. Paix d'Utrecht; par Marius Topin. *Paris, Didier*, 1868, in-8, demi-rel. v. f. (*Envoi d'auteur.*)

1190. Mémoires du comte de Coligny-Saligny, publiés pour la Société de l'histoire de France par M. Monmerqué. *Paris, J. Renouard, de l'impr. de Crapelet*, 1841, in-8, demi-rel. v. f. tr. (asp. (*Envoi de l'auteur.*)

1191. Mémoires du comte de Coligny-Saligny (1617-1682), publiés par M. Monmerqué. *Paris, J. Renouard*, 1841. — Mémoires du marquis de Villette, publiés par M. Monmerqué. *Paris, J. Renouard*, 1844; — en 1 vol. gr. in-8, demi-rel. v. f. fil.

1192. Les Mémoires de messire Roger de Rabutin, comte de Bussy (1618-1666). *Paris, Jean Anisson*, 1696, 2 vol. in-4, v. m.

1193. Mémoires de Daniel de Cosnac, archevêque d'Aix, conseiller du Roi (1630-1708)..., publiés par le comte Jules de Cosnac. *Paris, J. Renouard*, 1852, 2 vol. gr. in-8, demi-rel. v. f. fil.

1194. Mémoires de Villeroy et de Saucy, publiés par M. Aug. Poirson. *Paris, Didier*, 1868, gr. in-8, demi-rel. v. f.

1195. Mémoires de Nicolas-Joseph Foucault (1650-1719), publiés et annotés par F. Baudry. *Paris, Impr. impériale*, 1862, in-4, cart. non rog.
Exemplaire en grand papier vélin.

1196. Mémoires sur la vie privée et publique de Fouquet, par Chéruel. *Paris, Charpentier*, 1862, 2 vol. in-8, demi-rel. v. f.

1197. Lettres, instructions et mémoires de Colbert, publiés par Pierre Clément. *Paris, Imprimerie impériale,* 1861-1868, 3 tomes en 5 vol. plus le tome V, gr. in-8, demi-rel. v. f.

1198. Histoire de la vie et de l'administration de Colbert, contrôleur général des finances, précédée d'une étude historique sur Nicolas Fouquet, par M. P. Clément. *Paris, Guillaumin,* 1846, in-8, maroq. vert foncé, fil. à comp. dent. int. tr. dor. (*Envoi autographe de l'auteur à M. Guizot.*)

1199. Éloge de Jean-Baptiste Colbert, discours qui a remporté le prix de l'Académie française en 1773. *Paris, Demonville,* 1781. — Introduction à l'ouvrage intitulé : de l'Administration des finances de la France, par M. Necker. *S. l.,* 1785; — en 1 vol. gr. in-8, v. m.

1200. De l'Administration de Louis XIV (1661-1672), d'après les Mémoires inédits d'Olivier d'Ormesson, par A. Chéruel. *Paris, Joubert,* 1850, in-8, demi-rel. v. vert. (*Envoi d'auteur.*)

1201. Journal d'Olivier Lefèvre d'Ormesson et extraits des Mémoires d'André Lefèvre d'Ormesson (1643-1672), publiés par M. Chéruel. *Paris, Impr. impériale,* 1860-61, 2 vol. in-4, cart. non rog.

Exemplaire en grand papier vélin.

1202. Correspondance administrative sous le règne de Louis XIV, entre le cabinet du roi, les secrétaires d'Etat, le chancelier de France et les intendants de provinces, etc., recueillie et mise en ordre par G.-B. Depping. *Paris, Impr. nationale,* 1850-1855; 4 vol. in-4, cart. non rog.

Exemplaire en grand papier vélin.

1203. Correspondance administrative sous le règne de Louis XIV, recueillie et mise en ordre par G.-B. Depping. *Paris, Impr. nationale,* 1851-55, tom. II et IV, in-4, cart. n. rog.

Exemplaire en grand papier vélin.

1204. Camille Rousset. Histoire de Louvois. *Paris, Didier,* 1861, 4 vol. in-8, demi-rel. v. f. (*Envoi d'auteur.*)

1205. Négociations relatives à la succession d'Espagne sous Louis XIV..... accompagnées d'un texte historique et précédées d'une introduction par M. Mignet. *Paris, Impr.*

royale, 1835-42, 4 vol. in-4, rel. en v. ant. fil. dos orné, non rog.

Exemplaire en grand papier vélin.

1206. Mémoires militaires relatifs à la succession d'Espagne sous Louis XIV, extraits de la correspondance de la cour et des généraux, par le lieutenant général de Vault, revus et publiés avec introduction par le lieutenant général Pelet. *Paris, Impr. royale*, 1835-1862, 11 vol. in-4, dont 6 vol. rel. en v. ant. fil. dos orné, non rog. et 5 vol. cart. non rog. et atlas en feuilles.

Exemplaire en grand papier vélin.

1207. Lettres inédites de Duché de Vanci, contenant la relation historique du voyage de Philippe d'Anjou appelé au trône d'Espagne, par Colin et Raynaud. *Paris*, 1830, in-8, demi-rel. v. bleu, tr. marbr.

1208. La Princesse des Ursins, essai sur sa vie, par François Combes. *Paris, Didier*, 1858, in-8, demi-rel. v. f.

1209. Essai sur la vie du grand Condé, par le vicomte de Mahon. *Londres, impr. A. Spottiswoode*, 1842, gr. in-8, cart. en percal. non rog.

Tiré à CENT exemplaires et non mis dans le commerce.

1210. The Life of Louis, prince of Condé, surnamed the Great, by lord Mahon. *London, Murray*, 1846, petit in-8, demi-rel.

1211. Abraham Duquesne et la marine de son temps, par A. Jal. *Paris, H. Plon*, 1873, 2 vol. in-8, demi-rel. v. viol. tr. jasp. portrait.

1212. La France et l'Autriche au XVIIe siècle, par A. Filon. *Paris*, 1859, 6 livr. en 1 vol. in-8, demi-rel. dos et coins de mar. r. tr. peigne. (*Envoi d'auteur*.)

Extrait du *Magasin de librairie*, publié par Charpentier.

1213. Guillaume III et Louis XIV. Histoire des luttes et rivalités politiques entre les puissances maritimes de la France, par le baron Sirtema de Grovestins. *Paris, impr. de L. Toinon*, 1868, 8 vol. in-8, br.

1214. Histoire de Mme de Maintenon, par M. Lafont d'Aussonne. *Paris, Demonville*, 1814, 2 vol. in-8, avec portr. demi-rel. v. r. dos orné.

1215. Histoire de Mme de Maintenon et des principaux événements du règne de Louis XIV, par M. le duc de Noailles. *Paris, Comptoir des impr. réunis*, 1848-1858, 4 vol. gr. in-8, portrait, demi-rel. v. f.

Exemplaire en grand papier, avec envoi d'auteur.

1216. Correspondance générale de Mme de Maintenon, publiée pour la première fois sur les autographes, avec notes et commentaires par Théophile Lavallée. *Paris, Charpentier*, 1865-66, 4 vol. in-12, demi-rel. v. bleu.

1217. Mémoires de Garasse (François), de la compagnie de Jésus, publiés avec une notice et des notes, par Ch. Nisard. *Paris, Amyot*, 1860, in-12, demi-rel. chagr. rouge, tr. jasp.

1218. Mémoires secrets et inédits de la cour de France sur la fin du règne de Louis XIV, par le marquis de Sourches, publiés pour la première fois,... avec une introduction et des notes, par Adhelm Bernier. *Paris, Beauvais aîné*, 1836, 2 vol. in-8, demi-rel. v. ant. dos orné.

1219. Quinze Ans du règne de Louis XIV (1700-1715), par Ernest Moret. *Paris, Didier*, 1859, 3 vol. in-8, demi-rel. mar. v.

1220. Les Historiettes de Tallemant des Réaux; mémoires pour servir à l'histoire du xviie siècle, publiés par MM. Monmerqué, de Châteaugiron et Taschereau. *Paris, Levavasseur*, 1834-35, 6 vol. in-8, demi-rel. v. ant. dos orné.

1221. JOURNAL DU MARQUIS DE DANGEAU (1684-1716), publié en entier pour la première fois, par MM. Soulié, Dussieux, de Chennevières, Mantz, de Montaiglon; avec les additions inédites du duc de Saint-Simon, publiées par M. Feuillet de Conches. *Paris, F. Didot*, 1854-59, 16 vol. gr. in-8, demi-rel. v. ant.

1222. MÉMOIRES complets et authentiques du duc de Saint-Simon sur le siècle de Louis XIV et la régence, publiés.... par M. le marquis de Saint-Simon. *Paris, A. Sautelet*, 1829-30; 21 vol. in-8, demi-rel. v. f. dos orné.

1223. Saint-Simon considéré comme historien de Louis XIV, par Chéruel. *Paris, Hachette*, 1865, in-8, demi-reliure, veau f.

1224. Mémoires de Louis XIV pour l'instruction du Dauphin... avec une étude sur leur composition, des notes et des éclaircissements, par Charles Dreyss. *Paris, Didier*, 1860, 2 vol. in-8, demi-rel. v. f.

1225. Projets de gouvernement du duc de Bourgogne, dauphin. Mémoire attribué au duc de Saint-Simon, publié par M. P. Mesnard. *Paris, L. Hachette*, 1860, in-8, demi-rel. v. f.

1226. L'Homme au masque de fer, par Marius Topin. *Paris, E. Dentu*, 1870, in-8, demi-rel. v. f.

1227. La Monarchie française au xviiiᵉ siècle, études historiques sur les règnes de Louis XIV et de Louis XV, par le comte Louis de Carné. *Paris, Didier,* 1859, in-8, demi-rel. v. viol.

1228. La France sous Louis XV (1715-1774), par M. Alphonse Jobez. *Paris, Didier,* 1864-69, 5 vol. in-8, demi-rel. v. f.

1229. Louis XV et la société du xviiiᵉ siècle, par M. Capefigue. *Paris, Langlois et Leclercq,* 1842, 4 vol. in-8, d.-rel. v. f. dos orné.

1230. L'Esprit public au xviiiᵉ siècle, étude sur les mémoires et les correspondances politiques des contemporains (1715 à 1789), par Ch. Aubertin. *Paris, Didier,* 1873, in-8, demi-rel. v. bl. tr. jasp.

1231. Le Duc d'Orléans et le chancelier d'Aguesseau, études morales et politiques, par Oscar de Vallée, *Paris, M. Lévy,* 1860, in-8, demi-rel. mar. br.

1232. Le Chancelier d'Aguesseau, sa conduite et ses idées politiques.... avec des documents nouveaux et plusieurs ouvrages inédits du chancelier, par M. Francis Monnier. *Paris, Didier,* 1860, gr. in-8, demi-rel. mar. r.

1233. Mémoires secrets et correspondance inédite du cardinal Dubois, recueillis par M. L. de Sevelinges, *Paris, Pillet,* 1815, 2 vol. in-8, portr. demi-rel. v. ant.

1234. Mémoires secrets et correspondance inédite du cardinal Dubois, premier ministre du duc d'Orléans, recueillis, mis en ordre et augmentés... par M. L. de Sevelinges. *Paris, Pillet,* 1815, 2 vol. in-8, portrait, demi-rel. v. ant. dos orné. (*Duplanil.*)

1235. Recherches historiques sur le système de Law, par E. Levasseur. *Paris, Guillaumin,* 1854, in-8, demi-rel. v. fauve, tr. jasp.

1236. Recherches historiques sur le système de Law, par E. Levasseur. *Paris, Guillaumin,* 1854, in-8, demi-rel. veau f.

1237. The Reign of Law, by the duke of Argyll. *London,* 1858, pet. in-8, cart.

1238. The Reign of Law, by the duke of Argyll. *London, Strahan,* 1868, pet. in-8, cart. en percal. bleue, non rog. (*Envoi d'auteur.*)

1239. Le Comte de Gisors (1732-1758), étude historique, par Camille Rousset. *Paris, Didier,* 1868, in-8, demi-rel. mar. bl.

1240. Mémoires du duc de Luynes sur la cour de Louis XV (1735-1758), publiés par MM. L. Dussieux et Eud. Soulié. *Paris, F. Didot*, 1860-1863; 13 vol. gr. in-8, demi-rel. v. f. (*Tomes* I à XIII.)

1241. Mémoires du marquis d'Argenson, ministre sous Louis XV, avec une notice sur la vie et les ouvrages de l'auteur, publiés par René d'Argenson. *Paris, Baudouin*, 1825, in-8, cart.

1242. Journal et mémoires du marquis d'Argenson, publiés pour la première fois, pour la Société de l'histoire de France, par E.-J.-B. Rathery. *Paris, Ve J. Renouard*, 1859-1867, 9 vol. gr. in-8, demi-rel. v. f. fil.

1243. La Comtesse de Rochefort et ses amis, études sur les mœurs en France au XVIIIe siècle, avec des documents inédits, par Louis de Loménie. *Paris, Mich. Lévy fr.*, 1870, in-8, demi-rel. v. f. tr. jasp.

1244. Maurice de Saxe. Étude historique, d'après les documents des archives de Dresde, par Saint-René Taillandier. *Paris, Michel Lévy fr.*, 1865, in-8, demi-rel. v. f. (*Envoi d'auteur.*)

1245. Correspondance de Louis XV et du maréchal de Noailles.... avec une introduction, par Camille Rousset. *Paris, Paul Dupont*, 1865, 2 vol. in-8, demi-rel. v. f.

1246. Louis XVI, Marie-Antoinette et Mme Élisabeth. Lettres et documents inédits publiés par E. Feuillet de Conches. *Paris, Henri Plon*, 1864-1869, 5 vol. gr. in-8, portr. gr. demi-rel. v. fr. tr. jasp.

1247. Les Français en Amérique pendant la guerre de l'indépendance des Etats-Unis, 1777-1783, par Thomas Balch. *Paris, A. Sauton*, 1872, in-8, br. (*Envoi d'auteur.*)

1248. Histoire de Marie-Antoinette, par Edmond et Jules de Goncourt. *Paris, Firmin Didot*, 1858, in-8, demi-rel. v. f. fil. noirs, tr. jasp. Envoi autogr. des auteurs à M. Guizot.

1249. Marie-Antoinette, reine de France, par James de Chambrier. *Paris, Didier*, 1871, 2 vol. in-12, demi-rel. v. viol.

1250. Mémoires sur la vie privée de Marie-Antoinette,... suivis de souvenirs et anecdotes historiques sur les règnes de Louis XIV, de Louis XV et de Louis XVI, par Mme Campan. *Paris, P. Mongie*, 1823, 3 vol. in-8, portr. demi-rel. v. f. dos orné.

1251. Lettres de la reine Marie-Antoinette à la landgrave Louise de Hesse-Darmstadt. *Paris, Plon*, 1865, in-8, cart.

HISTOIRE.

1252. Correspondance de madame Élisabeth de France, sœur de Louis XVI, publiée par J. Feuillet de Conches sur les originaux autographes. *Paris, H. Plon*, 1868, in-8, portrait, demi-rel. v. f. tr. jasp.

1253. Mémoires de Malouët, publiés par son petit-fils le baron Malouët. *Paris, Didier,* 1868, 2 vol. in-8, portrait, demi-rel. v. bleu, tr. jasp.

1254. Mémoires de Malouët, publiés par son petit-fils le baron Malouët. *Paris, E. Plon,* 1874, 2 vol. in-8, br.

1255. Mémoires historiques sur la vie de M. Suard, sur ses écrits et sur le xviiie siècle, par Dominique-Joseph Garot. *Paris, A. Belin,* 1820, 2 vol. in-8, demi-rel. v. ant. dos orné.

1256. Mémoires inédits de madame la comtesse de Genlis sur le dix-huitième siècle et la Révolution française, depuis 1756 jusqu'à nos jours. *Paris, Ladvocat,* 1825, 10 vol. in-8, demi-rel. v. f. dos orné.

1257. Réflexions sur mes entretiens avec M. le duc de la Vauguyon, par Louis-Auguste, dauphin (Louis XVI) ; précédées d'une introduction par M. de Falloux. *Paris, J.-P. Aillaud,* 1851, gr. in-8, avec fac-simile, demi-rel. v. f.

Exemplaire tiré sur grand papier, avec envoi autographe de l'auteur à M. Guizot.

1258. Dernières Années du règne et de la vie de Louis XVI, par François Hue. *Paris, Impr. royale,* 1814, in-8, portrait, demi-rel. v. ant. dos orné.

1259. Histoire du règne de Louis XVI, pendant les années où l'on pouvait prévenir ou diriger la révolution française, par Joseph Droz. *Paris, Jules Renouard,* 1839-1842, 3 vol. in-8, demi-rel. v. ant. dos orné. (*Envoi d'auteur.*)

1260. Collection complète des Mémoires relatifs au procès de M. le cardinal de Rohan, arrangés dans l'ordre où ils ont paru. *Paris,* 1786, in-4, portr. et fig. v. marbr.

1261. Malesherbes (par de l'Isle de Sales). *Paris, L. Duprat-Letellier,* 1803, in-8. — Vie ou éloge historique de M. de Malesherbes... et de Lamoignon, par M. Gaillard. *Paris, Xhrouet,* 1805 ; en 1 vol. in-8, demi-rel. bas.

1262. Essai sur la vie, les écrits et les opinions de M. de Malesherbes, adressé à mes enfants, par le comte de Boissy d'Anglas. *Paris, Treuttel et Würtz,* 1819, 2 vol. in-8, demi-rel. v. f. (*Ex libris de Broglie.*)

1263. Essai sur la vie, les écrits et les opinions de M. de Malesherbes..., par le comte de Boissy d'Anglas. *Paris, Treuttel et Würtz*, 1819, 2 vol. in-8, demi-rel. chag. vert.

1264. Essai sur la vie du marquis de Bouillé (François-Claude-Amour), par son petit-fils René de Bouillé. *Paris, Amyot*, 1853, gr. in-8, demi-rel. v. ant. fil.

1265. La France avant la Révolution, son état politique et social en 1787, à l'ouverture de l'assemblée des notables, et son histoire depuis cette époque jusqu'aux Etats généraux, par M. Raudot. *Paris, Amyot, s. d.*, in-8, demi-rel. v. viol. dos orné. (*Envoi d'auteur.*)

1266. Du Gouvernement, des mœurs et des conditions en France avant la Révolution..., par M. Sénac de Meilhan. *Paris, Baradan*, 1814, in-8, demi-rel. v. f. dos orné.

1267. La Société française et la Société anglaise au XVIIIe siècle, études historiques, par Cornélis de Witt, *Paris, Mich. Lévy*, 1864, in-12, demi-rel. v. bleu, tr. jasp.

1268. L'Ancien Régime et la révolution, par Alexis de Tocqueville. *Paris, Mich. Lévy fr.*, 1856, in-8, demi-rel. v. f. ant. tr. jasp. (*Envoi autogr. de l'auteur à M. Guizot.*)

1269. Mélanges sur l'histoire de France avant 1789. — Environ 80 pièces en 9 vol. in-8, demi-rel.

Recueil excellent.

1270. Revue chronologique de l'histoire de France, depuis la première convocation des notables jusqu'au départ des troupes étrangères, 1787-1818. *Paris, F. Didot*, 1820, in-8, demi-rel. v. f.

1271. Études sur l'histoire du gouvernement représentatif en France de 1789 à 1848, par le comte Louis de Carné. *Paris, Didier*, 1855.

1272. COLLECTION des Mémoires relatifs à la Révolution française (publiés par Berville et Barrière). *Paris, Baudouin*, 1821-1842, 58 vol. in-8, demi-rel. v. ant.

Cette collection comprend : Mémoires de Bailly, 3 vol. — Du marquis de Ferrières, 3 vol. — De A.-C. Thibaudeau, 2 vol. — Guerres des Vendéens et des chouans, 6 vol. — Mémoires sur la Vendée, 1 vol. — Mémoires sur les prisons, 2 vol. — Mémoires sur la réaction royale et les massacres du Midi, par Fréron, 1 vol. — Le Vieux Cordelier, par Camille Desmoulins. — et deux ouvrages de Vilate et Méda, 1 vol. — Mémoires de Mme de Bonchamps, par Mme de Genlis, 1 vol. — Mémoires historiques sur la catastrophe du duc d'Enghien, 1 vol, — Mémoires du général Dappet, 1 vol. — De Meillan, 1 vol. — De Sénart, 1 vol. — De Rivarol, 1 vol. — De l'abbé Guillot de Montléon, 2 vol. — De Dumouriez, 4 vol. — De P.-L. Hanet-Cléry, 2 vol. — De Linguet et de Dusaulx, 1 vol. — Du général Turreau, 1 vol. — De Madame du Hausset, 1 vol. — Du baron de Besenval, 2 vol. — — De Weber, 2 vol. — Du duc de Montpensier, 1 vol, — Du marquis de

Bouillé, 2 vol. — Du duc de Choiseul, 1 vol. — De Louvet de Couvray, 1 vol. — De Carnot, 1 vol. — De Barbaroux, 1 vol. — De Durond de Meillane, 1 vol. — Du baron de Goguelat, 1 vol. — Sur les journées de septembre, 1 vol. — Relation du départ de Louis XVI, 1 vol. — Mémoires d'Aogenson, 1 vol. — De Madame Roland, 2 vol. — De Barère, 4 vol

1273. Histoire des États généraux, ou Assemblée nationale, en 1789, sous Louis XVI ; par M. Granié. *Paris, Lenormant,* 1814, in-8, demi-rel. chag. la Vallière.

1274. Histoire complète des États généraux et autres assemblées représentatives de la France, depuis 1302 jusqu'en 1626, par M. A. Boullée. *Paris, Langlois et Leclerq,* 1845, 2 vol. in-8, demi-rel. mar. bleu, dos orné.

1275. L'Ancienne France et la Révolution, avec une introduction sur la souveraineté nationale, par Nourrisson. *Paris, Didier,* 1873, in-12, demi-rel. v. bleu. (*Envoi d'auteur.*)

1276. Mémoires et correspondance de Mallet du Pan pour servir à l'histoire de la Révolution française, recueillis et mis en ordre par A. Sayous. *Paris, Amyot,* 1851, 2 vol. in-8, demi-rel. v. ant.

1277. Correspondance entre le comte de Mirabeau et le comte de la Mark pendant les années 1789, 1790 et 1701, recueillie, mise en ordre et publiée par M. Ad. de Bacourt. *Paris, veuve Le Normant,* 1851, 3 vol. in-8, demi-rel. v. ant.

1278. Révolution française, ou Analyse complète et impartiale de *Moniteur,* suivie d'une table alphabétique des personnes et des choses. *Paris, Girardin,* an IX (1801), — an X (1802), 7 vol. in-4, demi-rel. v. f. dos orné.

1279. Des Principes de la Révolution française, considérés comme principes générateurs du socialisme et du communisme, par M. Albert du Boys. *Lyon, J.-B. Pélagaud.* 1852, in-8, demi-rel. chag. rouge.

1280. De la France et de la Révolution de 1789, par M. Louis d'Esparbès de Lussan. *Paris, E. Dentu,* 1855, in-8, demi-rel. chagr. rouge, tr. jasp.

1281. Histoire monarchique et constitutionnelle de la Révolution française..., par Eugène Labaume. *Paris, Anselin,* 1834-35, 3 vol. in-8, demi-rel. dos et coins de mar. r. fil. dos orné, non rog.

1282. Commentaire philosophique et politique sur l'histoire et les révolutions de France, de 1789 à 1830, par Jean Benner. *Paris, Treuttel et Würtz,* 1835, 3 vol. in-8, demi-rel. v. f. dos orné. (*Envoi d'auteur.*)

1283. Histoire de la Révolution française depuis 1789 jusqu'en 1814, par F.-A. Mignet. *Paris, F. Didot,* 1824, 2 tom. en 1 vol. in-8, demi-rel. v. f. (*Envoi d'auteur.*)

HISTOIRE.

1284. Histoire de la Révolution française, par M. A. Thiers. *Paris, Lecointe*, 1838-39, 10 vol. in-8, demi-rel. v. ant.

1285. Histoire de la Révolution française, par M. Poujoulat. *Tours, A. Mame*, 1848, 2 vol. in-8, avec figures d'Hipp. Bellangé, cart. en percal. historiée.

1286. La Révolution, par Edgar Quinet. *Paris, Lacroix et Verbœckoven*, 1866, 2 vol. in-8, demi-rel. chagr. rouge, tr. jasp.

1287. Wachsmuth. Geschichte Frankreichs im Revolutions Zeitalter. *Hamburg*, 1840, 4 vol. in-8, cart. et br.

1288. The French revolution, by Ch. Mac Farlane. *London, Knight*, 1844, 2 vol. pet. in-8, cart.

1289. History of the french revolution, by Wemyss Jobson. *London, Churton*, 1847, in-8 cartonné.

1290. Essays on the early period of the french revolution, by the late Right Hon. John Wilson Croker. *London, J. Murray*, 1857, in-8, cart. toile, n. rog.

1291. Histoire diplomatique de l'Europe pendant la Révolution française, par François de Bourgoing. *Paris, Mich. Lévy*, 1867-1871, 2 vol. in-8, demi-rel. v. f.

1292. Qu'est-ce que le Tiers-État (par l'abbé Sieyès), 3ᵉ édition. *S. l.*, 1789, pet. in-8, demi-rel. v. f. tr. jasp.

1293. Études révolutionnaires, Camille Desmoulins et Roch Marcandier. La presse révolutionnaire, par Ed. Fleury. *Paris*, 1851, 2 vol. in-12, demi-rel. v. vert, tr. jasp.

1294. Mémoires, correspondance et manuscrits du général la Fayette, publiés par sa famille. *Paris, H. Fournier*, 1837-38, 6 vol. in-8, demi-rel. v. viol.

1295. Histoire des Girondins, par M. A. de Lamartine. *Paris, Furne*, 1847, 8 vol. in-8, demi-rel. v. gris.

1296. Les Girondins, leur vie privée et publique, leur proscription et leur mort, par J. Guadet. *Paris, Didier*, 1861, 2 vol. in-8, v. gris, tr. jasp.

1297. Esquisses historiques. Quatre femmes au temps de la Révolution, par l'auteur des Souvenirs de madame Récamier. *Paris, Didier*, 1866, in-12, demi-rel. v. f.

1298. Dix Années d'épreuves pendant la Révolution, par M. Ch. Lacretelle. *Paris, P. Dufart*, 1842, in-8, demi-rel. v. ant. dos orné.

HISTOIRE.

1299. Histoire de la Terreur, 1792-1794, par Mortimer-Ternaux. *Paris, M. Lévy*, 1863-69, 7 vol. in-8, demi-rel. mar. n.

1300. La Terreur, études critiques sur l'histoire de la Révolution française, par H. Wallon. *Paris, Hachette*, 1873, in-12, demi-rel. v. bleu.

1301. Chronique de cinquante jours, du 20 juin au 10 août 1792, par P.-L. Rœderer. *Paris*, 1832, in-8. demi-rel. v. bl. (*Envoi d'auteur.*)

1302. Joseph le Bon dans sa vie privée et dans sa carrière politique, par son fils Emile le Bon. *Paris, E. Dentu*, 1861, in-8, demi-rel. maroq. rouge tr. jasp.

1303. Consolations de ma captivité, ou Correspondance de Roucher, mort victime de la tyrannie décemvirale. *Paris*, 1797, 2 parties en 1 vol. in-8, demi-rel. bas.

1304. Histoire de la guerre de la Vendée et des chouans, depuis son origine jusqu'à la pacification de 1800, par Alphonse de Beauchamp. *Paris, Giguet et Michaud*, 1809, 3 vol. in-8, portraits et carte, demi-rel. v. ant. dos orné.

1305. Mémoires pour servir à l'histoire de la guerre de la Vendée, par M. le comte de***. *Paris*, 1806, in-8, demi-rel. v. ant.

1306. Essai sur la vie de Lazare Hoche, par E. Bergounioux. *Paris, Julien*, 1852, in-8, demi-rel. v. ant. (*Envoi d'auteur.*)

1307. Campagnes du corps sous les ordres de S. A. le prince de Condé, par M. le marquis d'Ecquevilly. *Paris, Le Normant*, 1818, 3 vol. in-8, portrait, carte et fac-simile, demi-rel. v. violet.

1308. L'Église et la Révolution française, histoire des relations de l'Eglise et de l'Etat, de 1789 à 1802, par Edmond de Pressensé. *Paris, s. d.*, in-8, demi-rel. chagr. brun.

1309. J. Simoney. L'Avortement de 1789. Les deux diocèses (avec une lettre de M. Guizot). *Paris, Degorce-Cadot, s. d.*, in-12, demi-rel. v. bl.

f. *Histoire de France depuis Napoléon I*er *jusqu'à nos jours.*

1310. Histoire du Consulat et de l'Empire, par M. A. Thiers. *Paris, Paulin*, 1845-62, 20 vol. in-8, demi-rel. v. f. (*Envoi d'auteur.*)

1311. Histoire du Consulat et de l'Empire, par M. Ch. de Lacretelle. *Paris, Amyot*, 1846-50, 14 vol. in-8, demi-rel. v. ant. (*Envoi d'auteur.*)

1312. La Révolution et l'Empire, 1789-1815, étude d'histoire politique par le vicomte de Meaux. *Paris, Didier*, 1867, in-8, demi-rel. v. f. tr. jasp. (*Envoi autogr. de l'auteur à M. Guizot.*)

1313. Opinions de Napoléon sur divers sujets de politique et d'administration. *Paris, F. Didot*, 1833, in-8, demi-rel. v. r.

1314. Essai sur l'établissement monarchique de Napoléon, par Camille Paganel. *Paris, A. Aubrée*, 1836, in-8, demi-rel. mar. br.

1315. Correspondance de Napoléon Ier, publiée par ordre de l'empereur Napoléon III. *Paris, Impr. impériale*, 1858-69, 32 vol. in-4, demi-rel. mar. v. n. rogn.

1316. The confidential Correspondence of Napoleon Bonaparte with his brother Joseph, translated. *London, Murray*, 1855, 2 vol. in-8 cart. n. rogn.

1317. Copies des lettres originales et dépêches des généraux, ministres, etc., écrites de Paris à Buonaparte pendant son séjour à Dresde. *Paris*, 1814, in-8, demi-rel. chagr. brun.

1318. Mémoires anecdotiques sur l'intérieur du palais de Napoléon, sur celui de Marie-Louise et sur quelques événements de l'Empire, depuis 1805 jusqu'en 1816, par L.-F.-G. de Bausset. *Paris, A. Levavasseur*, 1829, 4 vol. in-8, portr. demi-rel. v. v.

1319. Mémoires de Lucien Bonaparte, prince de Canino, écrits par lui-même. *Paris, Ch. Gosselin*, 1836, in-8, demi-rel. v. f.

1320. Correspondance et relations de J. Fiévée avec Bonaparte. *Paris, A. Desrez*, 1836, 3 vol. in-8, portr. demi-rel. veau f.

1321. Mémoires d'un ministre du trésor public, 1780-1815 (du comte Mollien). *Paris, H. Fournier*, 1845, 4 vol. in-8, demi-rel. v. f.

1322. Mémoires et correspondance politique et militaire du prince Eugène, publiés, annotés et mis en ordre par A. du Casse. *Paris, M. Lévy*, 1858-60, 10 vol. in-8, demi-rel. veau f.

1323. Mémoires du maréchal général Soult, duc de Dalmatie. *Paris, Amyot*, 1854, 3 vol. in-8, demi-rel. v. gris.

1324. Vie du maréchal Gouvion Saint-Cyr, par le baron Gay de Vernon. *Paris, F. Didot*, 1856, in-8, portr. litog., demi-rel. chagr. brun dos orné.

HISTOIRE. 113

1325. Mémoires du maréchal Gouvion Saint-Gyr. *Paris, Anselin*, 1829, 9 vol. in-8, portr. demi-rel. v. ant.

<small>Armées du Rhin, 1794 à 1787, 4 vol. — Armée de Catalogne, 1806-1809. Consulat et Empire, 1798-1813, 4 vol.</small>

1326. Esquisse historique sur le maréchal Brune, publiée, d'après sa correspondance, par le lieutenant L. B*** (Bourgoin). *Paris, Rousseau*, 1840, 2 vol. gr. in-8, demi-rel. v. viol. (*Envoi d'auteur signé.*)

1327. Mémoires de Joseph Fouché, duc d'Otrante. *Paris, le Rouge*, 1824, 2 vol. in-8, portr. demi-rel. v. ant.

1328. Mémoires du duc de Rovigo, pour servir à l'histoire de l'empereur Napoléon. *Paris, A. Bossange*, 1828, 8 vol. in-8, demi-rel. v. f.

1329. Mémoires du maréchal Marmont, duc de Raguse, de 1792 à 1841, avec deux portraits et quatre fac-simile. *Paris, Perrotin*, 1857, 9 vol. — Réfutation des Mémoires du duc de Raguse, par M. Laurent de l'Ardèche. *Paris, H. Plon*, 1857, 1 vol., ensemble 10 vol. gr. in-8, demi-rel. v. f.

1330. Mission du général Gardane en Perse, sous le premier Empire. Documents historiques, publiés par son fils le comte Alfred de Gardane. *Paris, Ad. Lainé*, 1865, in-8, demi-rel. v. f. (*Envoi d'auteur.*)

1331. Biographie du général baron Testot-Ferry, vétéran des armées républicaines et impériales, et exposé des événements militaires de 1792 à 1815, par Mignard. *Paris, Aug. Aubry*, 1859, gr. in-8, demi-rel. chagr. viol. dos orné.

1332. Pajol, général en chef, par le général de division Pajol. *Paris, Firmin Didot*, 1874, 3 vol. in-8, demi-rel. v. f. (*Envoi d'auteur.*)

1333. Mémoires du baron Fain. *Paris, Delaunay*, 1827-30, 6 vol. in-8, demi-rel. v. bl.

<small>Manuscrit de l'an III. — Manuscrit de 1812. — Manuscrit de 1813. — Manuscrit de 1814.</small>

1334. Mémoires et souvenirs du comte Lavalette. *Paris, H. Fournier*, 1831, 2 vol. in-8, demi-rel. v. ant.

1335. Mémoires du comte Beugnot, ancien ministre (1783-1815), publiés par le comte Albert Beugnot, son petit-fils. *Paris, Dentu*, 1866, 2 vol. in-8, demi-rel. v. f. tr. jasp. (*Envoi d'auteur.*)

1336. Histoire et Mémoires, par le général comte de Ségur. *Paris, F. Didot*, 1873, 7 vol. in-8. — Mélanges, par le même. *Paris, F. Didot*, 1873, 1 vol. Ensemble 8 vol. in-8, demi-rel. v. f.

G. 8

1337. Mémoires de M. de Bourrienne. *Paris, Ladvocat,* 1829, 10 vol. in-8, demi-rel. v. ant.

1338. Mémoires et souvenirs d'une femme de qualité. *Paris, Mame et Delaunay-Vallée,* 1830-31, 12 vol. in-8, demi-rel. v. f.

<small>Sur le Consulat et l'Empire, 4 vol. — Sur Louis XVIII, 6 vol. — Révélations sur les années 1829 à 1831, 2 vol.</small>

1339. Mémoires sur la guerre de 1809 en Allemagne, par le général Pelet. *Paris, Roret,* 1824-26, 4 vol. in-8, demi-rel. v. viol.

1340. Histoire de la guerre de la Péninsule sous Napoléon, par le général Foy. *Paris, Baudouin frères,* 1827, 2 vol. in-8, demi-rel. v. ant.

1341. Coppet et Weimar. Mme de Staël et la grande-duchesse Louise, par l'auteur des Souvenirs de Mme Récamier. *Paris, Mich. Lévy fr.,* 1862, in-8, demi-rel., v. f. tr. jasp.

1342. Souvenirs d'un ex-officier (1812-1815). *Paris, Genève,* 1867, in-12, demi-rel., v. vert. tr. jap. carte.

1343. Journal de la campagne de Russie en 1812, par M. de Fezensac. *Paris, Galliot,* 1850, in-8, demi-rel. mar. r. (*Envoi d'auteur.*)

1344. Relation circonstanciée de la campagne de 1813, en Saxe, par le baron d'Odeleben, traduit de l'allemand par Aubert de Vitry. *Paris, Plancher,* 1817, 2 vol. in-8, demi-rel. v. v.

1345. La Grande armée de 1813, par Camille Rousset. *Paris, Didier,* 1871, in-12, demi-rel. v. vert. (*Envoi d'auteur.*)

1346. Mémoires pour servir à l'histoire de la vie privée, du retour et du règne de Napoléon en 1815, par M. Fleury de Chaboulon. *London,* 1820, 2 vol. in-8, demi-rel. v. f.

1347. Mémoires sur les Cent-Jours en forme de lettres, par M. Benjamin Constant. *Paris, Béchet,* 1820, in-8, demi-rel. v. ant.

1348. Les Cent-Jours, par M. Capefigue. *Paris, Langlois et Leclercq,* 1841, 2 vol. in-8, demi-rel. v. f. tr. jasp.

1349. Précis politique et militaire de la campagne de 1815, par le général J***. *Paris, Anselin,* 1839, in-8, demi-rel. v. viol.

1350. Mémoire historique sur la réaction royale et sur les massacres du Midi, par le citoyen Fréron, avec les pièces justificatives. *Paris, Baudouin,* 1824, in-8, demi-rel. v. ant.

HISTOIRE.

1351. Exposé comparatif de l'état financier, militaire, politique et moral de la France et des puissances de l'Europe, par M. le baron Bignon. *Paris, le Normant*, 1814, in-8, demi-rel. v. ant.

1352. Actes du congrès de Vienne, publiés d'après un des originaux déposé aux archives du département des affaires étrangères. *Paris*, 1816, in-4, demi-rel. chagr. la Vall. tr. jasp.

1353. Du Congrès de Vienne, par M. de Pradt. *Paris, Deterville*, 1815, 2 vol. in-8. demi-rel. v. viol.

1354. Histoire authentique et secrète des traités de 1815, par M. Capefigue. *Paris, Gerdès*, 1847, in-8, demi-rel. v. f.

1355. Almanachs royaux et nationaux pour les années 1817, 1830 à 1850. *Paris, Guyot et Scribe.* — Ens. 20 vol. in-8, bas. veau et mar. rouge, tr. dor. et tr. jasp.

1356. Recueil de pamphlets politiques de 1814 à 1847. — Environ 80 pièces en 8 vol. in-8, demi-rel.

Recueil curieux.

1357. Mélanges sur l'histoire de France. 1815 à 1859. — Environ 70 pièces en 10 vol. in-8, demi-rel.

1358. Histoire parlementaire de France, recueil complet des discours prononcés dans les chambres de 1819 à 1848, par M. Guizot. *Paris, Michel Lévy fr.*, 1863-64, 5 vol. in-8, demi-rel. mar. vert foncé, tr. jasp.

Complément des Mémoires pour servir à l'histoire de mon temps.

1359. Discours prononcés dans les chambres législatives par le comte de Serre. *Paris, Aug. Vaton*, 1866, 2 vol. in-8, demi-rel. v. f.

1360. Souvenirs historiques et parlementaires, par Ch. Liadières. *Paris, M. Lévy*, 1855, in-12, demi-rel. mar. v. fil.

1361. Histoire du gouvernement parlementaire en France, 1814-1848, précédée d'une introduction par M. Duvergier de Hauranne. *Paris, Michel Lévy*, 1857-1866. 9 vol. in-8, demi-rel. v. f. (*Tomes* I à IX.)

1362. Du Régime parlementaire en France, essai de politique contemporaine, par Adolphe de Chambrun. *Paris, Didier*, 1857, in-8, demi-rel. v. viol. dos orné.

1363. Histoire de la Restauration, par M. Capefigue. *Paris, Dufey et Vezard*, 1831-33, 10 vol. in-8, demi-rel. v. f.

1364. Histoire de la Restauration, par M. F.-P. Lubis, 1814-1830. *Paris*, 1837-48, 6 vol. gr. in-8, demi-rel. v. f.

HISTOIRE.

1365. Histoire de la Restauration, suivie d'un précis de la révolution de Juillet, par Émile Renaud. *Paris, A. Allouard,* 1842, in-8, demi-rel. v. f.

1366. Histoire des deux Restaurations, par Achille de Vaulabelle. *Paris, Perrotin,* 1847-54, 7 vol. in-8, demi-rel. v. f.

1367. Histoire de la Restauration, par A. de Lamartine. *Paris, V. Lecou,* 1851-52, 8 vol. in-8, demi-rel. v. gris.

1367 *bis*. Histoire de la Restauration, par M. Alfred Nettement. *Paris, J. Lecoffre,* 1860-69, 7 vol. in-8, demi-rel. v. bl.

1368. Histoire de la Restauration, par M. Louis de Viel-Castel. *Paris, M. Lévy,* 1860-70, 12 vol. (tom. I à X) demi-rel. v. f. (tom. XI et XII) br.

1369. Histoire de France depuis 1815 jusqu'au temps présent, par M. Poujoulat (1814 à 1865). *Paris, V° Poussielgue,* 1865, 4 vol. in-8, demi-rel. v. f. tr. jasp.

1370. Mémoires de Louis XVIII, recueillis et mis en ordre par M. le duc de D*** (   ). *Paris, Mame-Delaunay,* 1832-33, 12 vol. in 8, demi-rel. v. ant.

1371. Lettres et instructions de Louis XVIII au comte de Saint-Priest, précédées d'une notice par M. de Barante. *Paris, Amyot,* 1845, in-8, demi-rel. v. ant.

1372. Études diplomatiques et littéraires, par M. Alexis de Saint-Priest. *Paris, Amyot, s. d.,* 2 vol. in-8, demi-rel. chagr. brun.

1373. Correspondance diplomatique de Joseph de Maistre. 1811-1817, recueillie et publiée par Albert Blanc. *Paris, M. Lévy,* 1860, 2 vol. in-8, demi-rel. v. bl.

1374. Mémoires politiques et correspondance diplomatique de J. de Maistre, avec explications et commentaires historiques par Albert Blanc. *Paris, Librairie nouvelle,* 1858, in-8, demi-rel. v. ant.

1375. Histoire parlementaire des finances de la Restauration, par A. Calmon. *Paris, M. Lévy,* 1868, 2 vol. in-8, demi-rel. v. f. (*Envoi d'auteur.*)

1376. Pamphlets politiques, par M. de Salvandy. *Paris,* 1819-27, in-8, demi-rel. v. ant.

Dangers de la situation présente, 1819. — Le Ministère de la France, 1824. — Le nouveau règne de l'ancien Ministère, 1824. — De l'Emancipation de Saint-Domingue, 1825. — Les amis de la liberté de la presse, 1827, etc.

1377. Du Gouvernement de la France depuis la Restauration et du ministère actuel, par M. F. Guizot. *Paris, Ladvocat,* 1820, in-8, demi-rel. bas.

HISTOIRE. 117

1378. La France telle qn'on l'a faite, par M. Kératry. *Paris, Maradan*, 1821, in-8, demi-rel. mar. la Vall.

1379. Politique de la Restauration en 1822 et 1823, par le comte de Marcellus. *Paris, J. Lecoffre*, 1853, in-8, demi-rel. v. f.

1380. Congrès de Vérone. Guerre d'Espagne. Négociations. Colonies espagnoles ; par M, de Chateaubriand. *Paris, Delloye*, 1838, 2 vol. in-8, demi-rel. v. viol.

1381. Projet de la proposition d'accusation contre M. le duc Decazes, par M. Clausel de Coussergues. *Paris, J.-G. Dentu*, 1820, in-8, demi-rel. v. v.

1382. Vie de Becquey, ministre d'État et directeur général des ponts-et-chaussées et des mines sous la Restauration, par Beugnot. *Paris, F. Didot*, 1852, gr. in-8, demi-rel. v. bleu.

1383. Discours du général Foy, précédés d'une notice biographique par M. Tissot. *Paris, Moutardier*, 1826, 2 vol. in-8, portr. v. v. dent.

1384. Notice historique sur M. le comte de Villèle, par M. le comte de Neuville. *Paris, A. Fontaine*, 1855, in-8. demi-rel. v. f.

1385. Études historiques, politiques et morales, par le prince de Polignac. *Paris, Dentu*, 1845, in-8, demi-rel. v. ant.

1386. Souvenirs de ma jeunesse au temps de la Restauration, par M. le comte de Carné. *Paris, Didier*, 1872, in-8, demi-rel. v. viol.

1387. Mémoires du comte Miot de Melito. *Paris, M. Lévy*, 1858, 2 vol. in-8, demi-rel. v. f. *(Envoi d'auteur.)*

1388. Mémoires d'outre-tombe, par M. le vicomte de Chateaubriand. *Paris, Penaud frères*, 1849-50, 13 vol. in-8, demi-rel. mar. v.

1389. Histoire de France pendant la dernière année de la Restauration, par M. Boullée. *Paris, Desenne*, 1839, 2 tom. en 1 vol. in-8, demi-rel. v. f.

1390. COMPTES RENDUS de la Chambre des députés et de la Chambre des pairs. 1830 à 1848. Environ 300 vol. in-8, demi-rel.

1391. Tableau de la constitution politique de la monarchie française selon la charte, par A. Mahul. *Paris*, 1830, in-8, demi-rel. v. tr. marbr.

1392. Causes et conséquences des événements du mois de juillet 1830, par J. Fiévée. *Paris, A. Mesnier*, 1830, in-8, cart. — Procès des quinze. *Paris, A. Mie*, 1832, in-8, cart.

1393. Chronique de juillet 1830, par M. L. Rozet. *Paris, Th. Barrois*, 1832, 2 vol. in-8, demi-rel. v. r.

1394. La Fayette et la révolution de 1830, histoire des choses et des hommes de juillet, par B. Sarrans. *Paris, Thoisnier*, 1832, 2 vol. in-8, demi-rel. v. bl.

1395. Révolution de 1830 et situation présente; par M. Cabet. *Paris, A. Mie*, 1832, in-8, demi-rel. v. f.

1396. Souvenirs historiques sur la révolution de 1830, par S. Bérard. *Paris, Perrotin*, 1834, in-8, demi,rel. v. f.

1397. Louis-Philippe et la contre-révolution de 1830, par B..Sarrans jeune. *Paris, Thoisnier-Desplaces*, 1834, 2 vol. in-8, cart.

1398. La Royauté de juillet et la révolution, par l'auteur de Deux ans de règne (A. Pepin). *Paris, Dezauche*, 1837, 2 vol. in-8, v. viol.

1399. Deux Ans de règne, 1830-1832, par Alphonse Pepin. *Paris, A. Mesnier*, 1833, in-8, demi-rel. v. v.

1400. Seize Mois, ou la Révolution et les révolutionnaires, par N.-A. de Salvandy. *Paris, Ladvocat*, 1831, in-8, demi-rel. v. ant. (*Envoi d'auteur.*)

1401. The french Revolution, a history, by Thomas Carlyle. *London, James Fraser*, 1837, 3 vol. in-12, cartonné, n. rog.

1402. France under Louis-Philippe (1841-47), by M. Guizot. *London, Bentley*, 1865. — The last Days of the reign of Louis-Philippe. *London, Bentley*, 1867. — An Embassy to the court of Saint-James, in-8, 1840, by Guizot. *London, Bentley*, 1862, 3 vol. in-8, cart.

1403. Histoire du règne de Louis-Philippe, roi des Français, 1830-1848, par Victor de Nouvion. *Paris, Didier*, 1857, 4 vol. in-8, demi-rel. v. f.

1404. Vie de Marie-Amélie, reine des Français, par M. Auguste Trognon. *Paris, M. Lévy*, 1871, in-8, demi-rel. veau f.

1405. Histoire de dix ans, 1830-1840, par M. Louis Blanc. *Paris, Pagnerre*, 1846, 5 vol. in-8, portr. et fig. demi-rel. mar. v.

1406. Histoire de huit ans, 1840-1848, par M. Élias Regnault. *Paris, Pagnerre*, 1852, 3 vol. in-8, fig. demi-reliure, maroq. v.

1407. La Vie politique de M. Royer-Collard, ses discours et ses écrits, par M. de Barante. *Paris, Didier*, 1861, 2 vol. in-8, demi-rel. v. ant.

1408. Cour des pairs. Affaire du mois d'avril 1834. Réquisitoire du procureur général. *Paris, Impr. roy.* 1834, gr. in-fol. demi-rel. mar. n. rogn.

Exemplaire en grand papier.

1409. Voyage du Luxor en Égypte, entrepris par ordre du roi, pour transporter de Thèbes à Paris l'un des obélisques de Sésostris ; par M. de Verninac de Saint-Maur. *Paris, Arthus Bertrand*, 1835, in-8, demi-rel. v. ant. dos orné. (*Avec planches pliées dans le volume.*)

1410. Campagne pittoresque du Luxor, par M. Léon de Joannis. *Paris, Mme Huzard*, 1835, in-8, demi-rel. v. ant. (*Avec un atlas.*)

1411. Discours prononcés dans les chambres législatives, par M. le baron Pasquier, 1814-1836. *Paris, impr. de Crapelet*, 1842, 4 vol. in-8, demi-rel. mar. n.

1412. Opinions et discours de M. Casimir Périer, publiés par sa famille, recueillis et mis en ordre par M. A. Lesieur. *Paris, Paulin*, 1838, 4 vol. in-8, demi-rel. v. f.

1413. Du Système conservateur. Examen de la politique de M. Guizot et du ministère du 29 octobre 1840, par un homme d'Etat. *Paris, Amyot*, 1845, in-8, mar. r. comp. tr. dor. (*Simier.*)

1414. La Vérité sur la question d'Orient et sur M. Thiers, par le comte d'Angeville. *Paris, Delloye*, 1841, in-8, demi-rel. chagr. bleu, tr. jasp.

1415. La Politique extérieure et intérieure de la France, par M. Duvergier de Hauranne. *Paris, Paulin*, 1841, in-8, demi-rel. v. v.

1416. Conventions postales entre la France et la Grande-Bretagne de 1698 à 1839, in-fol. mar. bl. fil. tr. dor. au chiffre de M. Guizot.

Très-beau manuscrit.

1417. Journal écrit à bord de la frégate la *Belle-Poule*, par Emmanuel, baron de Las Cases. *Paris*, 1841, in-8, fig. demi-rel. mar br.

1418. Souvenirs du voyage à Sainte-Hélène, par M. l'abbé F. Coquereau. *Paris, H.-L. Delloye*, 1841, in-8, fig. demi-rel. v. f.

1419. JOURNAL DE L'EXPÉDITION des portes de fer, rédigé par Charles Nodier. *Paris, Impr. royale*, 1844, gr. in-8, fig. sur chine par Raffet, mar. r. larg. dent. tr. dor.

Tiré à petit nombre. Exemplaire avec envoi imprimé à M. Guizot.

1420. Mélanges de politique extérieure. Question d'Orient. — Mariages espagnols, etc. Environ 60 pièces en 8 vol. in-8, demi-rel.

Recueil curieux.

1421. Entrevue à Pampelune de LL. MM. les reines d'Espagne et des princes français, par F. Laurent. *Paris, Dauvin et Fontaine*, 1845, in-8, 2 portraits gravés, reliure de dédicace.

1422. Voyage autour de la chambre des députés, par un Slave. *Paris, A. René*, 1845, in-8, portr. mar. r. fil. tr. dor.

1423. Mémoires du baron Portal (Pierre-Barthélemy d'Albarèdes).... contenant ses plans d'organisation de la puissance navale de la France. *Paris, Amyot*, 1846, in-8, d.-rel. chagr. la Vall.

1424. Vie de l'amiral Duperré... par F. Chassériau. *Paris, Impr. nationale*, 1848, gr. in-8, demi-rel. veau viol. filets.

1425. Estienne-Denis Pasquier, chancelier de France, 1767-1862. Souvenirs de son dernier secrétaire, par L. Favre. *Paris, Didier*, 1870, in-8, portrait, demi-rel. v. bleu, tr. jasp.

1426. Discours et rapports, discussions orales et opuscules divers, par M. Dupin. *Paris, Henri Plon*, 1862, in-8, demi-rel. v. bl.

1427. Mémoires de M. Dupin. *Paris, H. Plon*, 1855-61, 4 vol. in-8, demi-rel. v. bl.

1428. Mémoires de M. Gisquet, ancien préfet de police, écrits par lui-même. *Paris, Marchant*, 1840, 4 vol. in-8, demi-rel. v. ant.

1429. Histoire de la politique extérieure du gouvernement français, 1830-1848, par M. O. d'Haussonville. *Paris, M. Lévy*, 1850, 2 tom. en 1 vol. in-12, demi-rel. veau ant.

1430. Observations sur l'administration des finances pendant le gouvernement de juillet et sur ses résultats, par M. Lacave-Laplagne. *Paris*, 1858, in-8, demi-rel. v. v.

1431. Révolution de février 1848. Les Finances du gouvernement de juillet. *Paris*, 1848-50, in-8, demi-rel. v. f.

1432. Le roi Louis-Philippe. Liste civile, par M. le comte de Montalivet. *Paris, M. Lévy*, 1851, in-8, portr. demi-rel. v. v.

HISTOIRE. 121

1433. La Démocratie au XIXe siècle, ou la Monarchie démocratique, pensées sur des réformes sociales, par Calixte Bernal. *Paris, Dauvin et Fontaine*, 1847, in-8, maroq. bl. fil. tr. dor.

1434. Notice sur M. le comte Louis de Sainte-Aulaire, par M. le baron de Barante. *Paris, F. Didot*, 1856, in-8, dem-rel. v. v.

1435. Études littéraires et historiques, par M. le baron de Barante. *Paris, Didier*, 1858, 2 vol. in-8, demi-rel. maroq. rouge.

1436. Études historiques et biographiques, par M. le baron de Barante. *Paris, Didier*, 1858, 2 vol. in-8, demi-rel. mar. br.

1437. M. de Barante, a Memoir, biographical and autobiographical, by M. Guizot. *London*, 1867, in-12, cart. n. rog.

1438. Mme la duchesse d'Orléans Hélène de Mecklembourg-Schwerin. *Paris, Michel-Lévy*. 1859. — The duchess of Orléans. A Memoir, translated from the french by Mrs Austin. *London*, 1859, 2 ouvr. en 1 vol. in-12, demi-rel. dos et coins de maroq. brun, tr. peig.

1439. Souvenirs contemporains d'histoire et de littérature, par M. Villemain. *Paris, Didier*, 1854-55, 2 vol. in-8, demi-rel. v. f. tr. jasp.

1440. Rien. Dix-huit années de gouvernement parlementaire, par M. le comte de Montalivet. *Paris, M. Lévy*, 1864, in-8, demi-rel. v. viol. (*Envoi d'auteur*.)

1441. Mélanges politiques. Environ 80 pièces en 10 vol. in-8, demi-rel.

Révolution de février. — Affaire du Gard. — Questions sociales. — Mort du duc de Bourbon. — Ministère du 29 octobre 1840. — Élections de Paris, etc. — Recueil important.

1442. Mélanges politiques, par M. Guizot, 1812-1854. *Paris*, 1812-54, in-8, demi-rel. mar. v.

Mémoire sur les négociations ouvertes à Morlaix en 1810. — De l'État des affaires et du gouvernement en 1838. — La France et la maison de Bourbon avant 1789. — Le roi Louis-Philippe et l'empereur Nicolas (1841-43), etc.

1443. Mélanges politiques, par M. Guizot, 1855-1868. *Paris*, 1855-68, in-12, demi-rel. mar. v.

Nos mécomptes et nos espérances. — Trois générations (1789-1814-1848). — La France et la Prusse responsables devant l'Europe.

1444. Mémoires pour servir à l'histoire de mon temps, par M. Guizot. *Paris, Mich. Lévy fr.*, 1858-1867, 8 vol. in-8, demi-rel. maroq. vert, tr. jasp.

1445. La Présidence du conseil de M. Guizot et la majorité de 1847, par un homme d'Etat. *Paris, Amyot, s. d.,* in-8, demi-rel. mar. v.

1446. Documents biographiques sur M. Guizot, par MM. Martin Doisy, Lorain, F. Drouin, etc. *Paris,* 1836-1857, in-8, portr. demi-rel. mar. v.

1447. Histoire de la chute du roi Louis-Philippe, de la République de 1848 et du rétablissement de l'empire (1847-1855), par M. A. Granier de Cassagnac. *Paris, H. Plon,* 1857, 2 vol. in-8. demi-rel. v. viol. (*Envoi d'auteur.*)

1448. Histoire de la révolution de 1848, par Garnier-Pagès. *Paris, Pagnerre,* 1861-1862, 7 vol. in-8, portr. demi-rel. v. f.

1449. Révolution de février 1848. Récit authentique de la séance révolutionnaire tenue à l'Hôtel de Ville pendant la nuit du 24 au 25 février 1848, par P.-E. Laviron. *Paris,* 1848. — Pages d'histoire de la révolution de février 1848, par Louis Blanc. *Paris,* 1850, in-8, demi-rel. v. f.

1450. Journal d'un journaliste au secret, par Émile de Girardin. *Paris, M. Lévy,* 1848, in-12, demi-rel. v. f.

1451. Histoire de la Révolution française de 1848, par Charles Robin, dessins de R. de Moraine. *Paris, Eug. el V. Penaud frères, s. d.,* 2 tom. en 1 vol. in-8, demi-rel. v. ant.

1452. Vingt mois, ou la Révolution et le parti révolutionnaire, par N.-A. de Salvandy. *Paris, Masson,* 1849, in-8, demi-rel. v. ant.

1453. Révolution de février 1848. Les Conspirateurs, par A. Chenu. *Paris,* 1850. — La naissance de la République en février 1848, par Lucien de la Hodde. *Paris,* 1850. — Le gouvernement provisoire et l'Hôtel-de-Ville dévoilés, par Ch. de la Varenne. *Paris,* 1850, in-12, demi-rel. v. f.

1454. La Révolution de février au Luxembourg, par Louis Blanc. *Paris, M. Lévy,* 1849, in-12, demi-rel. v. f.

1455. La Patrie en danger au 25 février 1848, conspiration du drapeau rouge, par Victor Bouton. *Paris, Dentu,* 1850, in-12, demi-rel. v. f.

1456. Recueil complet des actes du gouvernement provisoire (février mars, avril, mai 1848), par Emile Carrey. *Paris, A. Durand,* 1848, 2 part. en 1 vol. in-12, demi-rel. v. f.

1457. A Year of Revolution, from a Journal kept in Paris in 1848, by the marquis of Normanby. *London, Longman,* 1857, 2 vol in-8, cart. n. rog.

HISTOIRE. 123

1458. Recueil de pièces sur la révolution de 1848, par A. Delvau, Dunoyer, Lamartine, Pelletan, Sauzet, D. Stern, etc. *Paris*, 1848-50, 7 vol. in-8, demi-rel. v. f.

1459. Mémoires de Caussidière. *Paris, M. Lévy*, 1849, 2 part. en 1 vol. in-8, demi-rel. v. f.

1460. Assemblée nationale constituante de 1848. — Rapport de la commission d'enquête sur l'insurrection qui a éclaté dans la journée du 23 juin et sur les événements du 15 mai. 3 parties en 1 vol. in-4, demi-rel. v. bleu, tr. jasp.

1461. Mémoires d'un bourgeois de Paris, par le docteur L. Véron. *Paris, Gabriel de Gonet*, 1853-1855, 6 vol. in-8, demi-rel. v. viol.

1462. Nouveaux Mémoires d'un bourgeois de Paris, depuis le 10 décembre 1848 jusqu'aux élections générales de 1863, le second Empire, par le docteur L. Véron. *Paris, A. Lacroix*, 1866, in-8, demi-rel. v. f. (*Envoi d'auteur*.)

1463. L'Expédition de Rome en 1849, avec pièces justificatives et documents inédits par Léopold de Gaillard. *Paris, J. Lecoffre*, 1861, in-8, demi-rel. chagr. bleu, tr. jasp.

1464. Documents parlementaires : Affaire de la suppression des couvents d'Argovie. — Documents diplomatiques relatifs à la question d'Orient. — Rapport de la commission mixte instituée à Rome pour constater les dégâts occasionnés aux monuments par les armées belligérantes pendant le siége de cette ville. — Ens. 11 pièces réunies en 1 vol. in-4, demi-rel. v. ant. tr. jasp.

1465. Histoire du 2 décembre, par P. Mayer. *Paris, Ledoyen*, 1852, in-12, demi-rel. v. f.

1466. Histoire de Louis-Napoléon Bonaparte, par Amédée Hennequin. *Paris*, 1848, in-18, demi-rel. mar. bl.

1467. Du Pouvoir en France, par J. Wallon. *Paris*, 1852. — La République et la Monarchie, par A. Dufau. *Paris*, 1852. — Du Pouvoir et de la Liberté, par Pierre Manuel de Bacilly, *Paris*, 1853. — Du Gouvernement de la France, précédé d'une lettre à M. Guizot sur la démocratie, par E. Dehais. *Paris*, 1851. — Ens. 4 vol. in-12, demi-rel. chagr.

1468. Affaires étrangères. Congrès de Paris (protocoles). *Paris, Impr. impér.*, 1856, in-4, dem.-rel. chagr. Lavall. tr. jasp.

1469. Quatre ans de règne. — Où en sommes-nous? par le docteur L. Véron. *Paris, Librairie nouvelle*, 1857, ln-8, demi-rel. mar. (*Envoi d'auteur.*)

1470. Journal d'un diplomate en Italie, notes intimes pour servir à l'histoire du second Empire (Turin, 1857-1862), par Henri d'Ideville. *Paris, Hachette,* 1872, in-12, demi-rel. v. bleu, tr. 'asp. (*Envoi autogr. de l'auteur à M. Guizot.*)

1471. Expédition de Chine en 1860. Atlas dressé d'après les documents officiels, sous la direction du lieutenant de vaisseau Pallu. *Paris, Dépôt de la marine,* 1863, in-fol. c.

1472. La Politique française en Amérique, 1861-1864, par H. Moreau. — Politique économique et négociations commerciales, par le comte de Butenval. — Le Caractère de Louis XV, par G. du Fresne de Beaucourt. — Louis XIV et Henri IV, par le comte de Jarnac. — Les Condés, par le même. — Histoire des protestants de France depuis 1861, par F. Bonifas. *Paris,* 1864-74, 6 broch. in-8. (*Envois d'auteurs.*)

1473. Histoire de l'expédition de Cochinchine en 1861, par Léopold Pallu. *Paris, L. Hachette,* 1864, in-8, carte, demi-rel. maroq. viol. tr. jasp.

1474. Souvenirs d'histoire contemporaine. Épisodes militaires et politiques, par le baron Paul de Bourgoing. *Paris, E. Dentu,* 1864, in-8, demi-rel. v. f. (*Envoi d'auteur.*)

1475. Quelques Pages d'histoire contemporaine, lettres politiques, par M. Prevost-Paradol. *Paris, M. Lévy,* 1867, in-12, demi-rel. v. bl.

1476. Correspondance et vie parlementaire de M. Léon Faucher. *Paris, Amyot,* 1867, 2 vol. in-8, portr. d.-rel. v. bl.

1477. L'Élévation et la chute de l'empereur Maximilien, intervention française au Mexique (1861-1867), par le comte E. de Kératry, précédée d'une préface de Prevost-Paradol. *Paris,* 1867, in-8, demi-rel. v. viol. (*Envoi d'auteur.*)

1478. L'Armée française en 1867 (par le général Trochu). *Paris, Amyot,* 1867, gr. in-8, demi-rel. v. f. tr. jasp.

1479. La France nouvelle, par M. Prevost-Paradol. *Paris, Mich. Lévy fr.,* 1868, in-8, demi-rel. maroq. vert foncé, tr. jasp. (*Envoi autog. de l'auteur à M. Guizot.*)

1480. Études et portraits, par Cuvillier-Fleury. *Paris,* 1868. — Catholiques tolérants et légitimistes libéraux, par J. de Rainneville. *Paris,* 1862. Ens. 2 vol. in-12, demi-rel.

1481. L'Armée et l'administration allemandes en Champagne, par le baron Alphonse de Ruble. *Paris, Hachette,* 1872, in-12, demi-rel. v. f.

1482. Ma Mission en Prusse, par le comte Benedetti. *Paris, H. Plon,* 1871, gr. in-8, demi-rel. v. f.

HISTOIRE. 125

1483. Récits de l'Invasion. — Alsace et Lorraine, — par Alf. Mézières. *Paris, Didier,* 1871, in-12, demi-rel. v. v.

1484. L'Empire et la défense de Paris, par le général Trochu. *Paris, Hetzel,* 1872. — Joseph Rialan, sergent aux zouaves pontificaux. *Nantes,* 1868, in-8, br. — La place Vendôme et la Roquette, par l'abbé Lamazou, 1871. — A travers Paris. *Mulhouse,* 1871. Ens. 5 vol. in-8 et in-12, br.

1485. Nos Revers, par le général Favé. — La République neutre d'Alsace, par le comte de Gasparin, 1870. — Oraison funèbre de Mgr Darboy, 1871. — Nos Frontières morales et politiques, 1872. — L'Artillerie moderne à grande puissance. 1867. — 10 broch. in-8.

1486. Les Allemands chez nous, par l'auteur des Horizons prochains. *Paris, Michel Lévy,* 1866, in-12, demi-rel. v. vert, tr. jasp.

1487. Guizot. La France et la Prusse responsables devant l'Europe, 1868. — Aux membres de la Défense nationale. *Lisieux,* 1er *décembre* 1870. — A M. Gladstone, *janvier* 1871. — A M. Grévy, 23 *mai* 1871. — Tiers-état. *Strasbourg,* 1864. — 5 broch. in-8.

1488. Assemblée nationale, année 1872. Rapport fait au nom de la commission d'enquête sur les actes du gouvernement de la Défense nationale, par M. Chaper. *Versailles, Cerf,* 1873, in-4, demi-rel. chagr. noir.

1489. Royal and republican France, by Henry Reeve. *London, Longmans,* 1872, 2 vol. in-8, cart. toile, n. rog.

1490. Étude politique. M. le comte de Chambord, correspondance (1841-1859). *Bruxelles,* 1859, in-8, demi-rel. dos et coins de maroq. rouge.

g. *Histoire des provinces et villes de France.*

1491. Histoire de la ville de Paris, composée par D. Michel Félibien, revue, augmentée et mise au jour par D. Guy-Alexis Lobineau. *Paris, Guill. Desprez,* 1725, 5 vol. in-fol. v. brun.

1492. Tableau historique et pittoresque de Paris depuis les Gaulois jusqu'à nos jours, par M. *** (de Saint-Victor). *Paris, P. Nicolle,* 1808-1811, 3 vol. in-4, nomb. fig. cartes et plans, v. écaille, fil dos orné.

1493. Mémoires présentés par divers savants à l'Académie des Inscriptions et Belles-Lettres. (Deuxième série, tome 1er.) *Paris,* 1843, in-4, br.
Ce volume contient les Antiquités romaines de Paris, par Jollois, avec 23 pl.

1494. L'Évêque Gozlin, ou le Siége de Paris par les Normands (par frère Polycarpe Joculat, translaté du latin en français par Waudrille Leberneur). *Paris, Dufey et Vezard*, 1832, 2 vol. in-8, demi-rel, v. ant.

1495. Essai sur les comtes de Paris. *Paris*, 1841, — Mémoire sur l'antiquité des peuples de Bayeux, par Mangon de la Lande. *Bayeux*, 1834, etc. — Ens. 3 vol. in-8, rel.

1196. Histoire de l'administration de la police de Paris, depuis Philippe-Auguste jusqu'aux Etats généraux de 1789... par M. Frégier. *Paris, Guillaumin*, 1850, 2 vol. in-8, demi-rel. v. f. dos orné.

1497. Paris sous Philippe le Bel, d'après des documents originaux, et notamment d'après un manuscrit contenant le rôle de la taille imposée sur les habitants de Paris en 1292 ; publié par H. Géraud. *Paris, de l'impr. de Crapelet*, 1837, in-4, v. ant. fil. non rog.

1498. Journal d'un bourgeois de Paris sous le règne de François Ier (1515-1536), publié.... par Ludovic Lalanne. *Paris, J. Renouard*, 1854, gr. in-8, demi-rel. v. f. fil.

1499. Registres de l'Hôtel-de-Ville pendant la Fronde, suivis d'une relation de ce qui s'est passé dans la ville et l'abbaye de Saint-Denis à la même époque, publiés... par MM. le Roux de Lincy et Douët d'Arq. *Paris, J. Renouard*, 1846-1848, 3 vol. gr. in-8, demi-rel. v. f. fil.

1500. Journal d'un voyage à Paris en 1657-1658, publié par A.-P. Faugère. *Paris, Benjamin Duprat*, 1862, in-8, demi-rel. chagr. viol. tr. jasp.

1501. L'Époque sans nom. Esquisses de Paris, 1830-1833, par M. A. Bazin. *Paris, Alex. Mesnier*, 1833, in-8, demi-rel. v. ant.

1502. Paris und seine Salons, von Ferdinand von Gall. *Oldenburg*, 1844, 2 vol. pet. in-8, mar. bl.

1503. Histoire de l'Université de Paris au xviie et au xviiie siècle, par Charles Jourdain. — Index chronologicus chartarum pertinentium ad historiam Universitatis Parisiensis ab ejus originibus ad finem XVI seculi..., studio et cura Car. Jourdain. *Paris, Hachette*, 1862-66, 2 vol. in-fol. demi-rel. chagr. grenat, dos orné.

1504. Chambre des Comptes de Paris. Pièces justificatives pour servir à l'histoire des premiers présidents (1596-1791), publiées par A.-M. de Boislisle, sous les auspices de M. le marquis de Nicolay. *Nogent-le-Rotrou, impr. de A. Gou-*

verneur, 1873, gr. in-4, pap. vergé, cart. non rog. (*Envoi d'auteur*.)

Tiré à petit nombre.

1505. Mémoire sur la nécessité de transférer et reconstruire l'Hôtel-Dieu de Paris, suivi d'un projet de translation de cet hôpital, proposé par le sieur Poyet, architecte et contrôleur des bâtiments de la ville. *S. l.*, 1785, petit in-4 de 44 pages, avec 3 planches gravées, v. rac. dent. tr. dor.

1506. Mémoire sur la nécessité de transférer et reconstruire l'Hôtel-Dieu de Paris, suivi d'un projet de translation de cet hôpital. *S. L.*, 1785, in-4, v. f. dent. (*Aux armes du Roi*). (Plan.)

1507. Histoire de l'École polytechnique, par A. Fourchy. *Paris*, 1828, in-8, demi-rel. v. ant.

1508. L'Hôtel de Cluny, au moyen âge, par Mme de Saint-Surin. *Paris, J. Techener*, 1835, in-12, demi-rel. mar. viol. n. rog. (*Envoi d'auteur*.)

Exemplaire en grand papier vélin.

1509. Statistique monumentale de Paris. Explication des planches, par M. Albert Lenoir. *Paris, impr. impér.*, 1867, in-4, cart. non rog. et atlas.

Exemplaire en grand papier vélin.

1510. Cartulaire de l'église Notre-Dame de Paris, publié par M. Guérard, avec la collaboration de MM. Géraud, Marion et Deloye. *Paris, de l'Impr. de Crapelet*, 1850. 4 vol. in-4, cart. non rog,

Exemplaire en grand papier vélin.

1511. Cartulaire de l'abbaye de Notre-Dame de la Roche, de l'ordre de Saint-Augustin au diocèse de Paris, enrichi de notes, d'index et d'un dictionnaire géographique, par Aug. Montié. *Paris, H. Plon*, 1862, in-4, demi-rel. v. f.

1512. Polyptyque de l'abbé Irminon, ou Dénombrement des manses, des serfs et des revenus de l'abbaye de Saint-Germain-des-Prés, sous le règne de Charlemagne, publié... avec des prolégomènes... par M. B. Guérard. *Paris, Impr. royale*, 1844, 2 vol. — Polyptychum Irminonis abbatis... *S. l. n. d.* 1 vol. ; — ensemble 3 vol. in-4, demi-rel. v. f.

1513. Réglements sur les arts et métiers de Paris, rédigés au XIIIe siècle et connus sous le nom du Livre des métiers d'Elienne Boileau, publiés... avec des notes et une introduction par G.-B. Depping. *Paris, de l'impr. de Crapelet*, 1837, in-4, v. ant. fil. dos orné, non rog.

Exemplaire en grand papier vélin.

1514. Proverbes et Dictons populaires, avec les dits du Mercier et des Marchands et les Crieries de Paris, aux XIII° et XIV° siècles, publiés d'après les manuscrits de la Bibliothèque du Roi, par G.-A. Crapelet. *Paris, impr. de Crapelet,* 1831, gr. in-8, cart. n. rog.
Exemplaire en grand papier vélin.

1515. Montmartre et Clignancourt. Études historiques, par M. Léon Michel de Trétaigne. *Paris, Benjamin Duprat,* 1862, in-8, demi-rel. maroq. rouge, tr. jasp.

1516. Transformation des grandes villes de France, par A. Bailleux de Marisy. *Paris, L. Hachette,* 1867, in-8, demi-rel. v. f. (*Envoi d'auteur.*)

1517. Galeries historiques du palais de Versailles. *Paris, Impr. royale,* 1839-1849, 9 tomes en 10 vol. gr. in-8, demi-rel. chagr. bleu, fil.

1518. Saint-Cyr, histoire de la maison royale de Saint-Louis établie à Saint-Cyr pour l'éducation des demoiselles nobles du royaume (par le duc de Noailles). *Paris, typog. Lacrampe,* 1843, in-8, portr. demi-rel. v. f. (*Envoi autographe signé de l'auteur.*)

1519. Histoire de la maison royale de Saint-Cyr (1686-1793), par Théophile Lavallée. *Paris, Furne et C°,* 1853, gr. in-8, portr. et fig. demi-rel. mar. br.

1520. Rueil, le château de Richelieu, la Malmaison, avec pièces justificatives, par MM. Jul. Jacquin et Jos. Duesberg. *Paris, Dauvin et Fontaine,* 1845, gr. in-8, avec figures lithographiées, demi-rel. chagr. brun.

1521. Statistique de l'arrondissement de Mantes (Seine-et-Oise), par Armand Cassan. *Mantes, Forcade,* 1833, in-8, avec planches lithogr. tirées sur chine, demi-rel. v. vert, nos orné, non rog. (*Envoi d'auteur.*)

1522. Histoire de l'abbaye et du collége de Juilly, depuis leurs origines jusqu'à nos jours, par Ch. Hamel. *Paris, Ch. Douniol,* 1868, in-8, figures, demi-rel. dos et coins de v. f. tr. jasp. (*Envoi d'auteur.*)

1523. Histoire du château et du bourg de Blandy, en Brie, par A.-H. Taillandier. *Paris, J.-B. Dumoulin,* 1854, gr. in-8, pap. de Holl. figures et plan, demi-rel. v. f. dos orné.

1524. Histoire de Soissons, depuis les temps les plus reculés jusqu'à nos jours, par Henri Martin et Paul L. Jacob (bibliophile). *Soissons, Arnould,* 1837, 2 vol. in-8, demi-rel, v. violet, dos orné. (*Envoi d'auteur.*)

1525. Cartulaire de l'abbaye de Saint-Père de Chartres, publié par M. Guérard. *Paris, de l'impr. de Crapelet*, 1840, 2 vol. in-4, v. ant. fil. dos orné, non rog.

Exemplaire en grand papier vélin.

1526. Histoire générale, civile et religieuse de la cité des Carnutes, et du pays chartrain, vulgairement appelé la Beauce..., jusqu'à l'année 1697, par M. Michel-Jean-François Ozeray. *Chartres, Garnier*, 1834 ; 2 vol. in-8, demi-rel. v. viol. dos orné. — Discussion juste, franche et modérée, et coup d'œil sur les critiques verbales et écrites de l'*Histoire générale... des Carnutes...*, par le même, 1841, in-8, chagr. viol. dent. dos orné. (*Hommage de l'auteur imprimé sur les plats.*)

1527. Histoire politique et statistique de l'Aquitaine, ou des pays compris entre la Loire et les Pyrénées, l'Océan et les Cévennes, par M. de Verneilh-Puiraseau. *Paris, M.-P. Guyot*, 1822-27 ; 3 vol. in-8, demi-rel. v. vert. dos orné.

1528. L'Orléanais. Histoire des ducs et du duché d'Orléans, par M. V. Philippon de la Madelaine, illustrée par MM. Baron, Français, C. Nanteuil et Rouargue. *Paris, Mallet*, 1845, gr. in-8, fig. demi-rel. mar. r.

1529. Histoire du siége d'Orléans, par M. Jollois. *Paris*, 1833, in-4, plans, demi-rel. v. v.

1530. Histoire du siége d'Orléans, par P. Mantellier. *Orléans*, 1867, in-12, demi-rel. chag. vert. tr. jasp.

1531. Histoire de la communauté des marchands fréquentant la rivière de Loire et fleuves descendant en icelle, par P. Mantellier. *Orléans*, 1867, in-8, demi-rel. chagr. vert.

1532. Histoire du château de Blois, par L. de la Saussaye. *Blois et Paris, Techener*, 1840, gr. in-4, avec planches, v. f. filets, dos orné, tr. dor. (*Mouillures.*)

L'un des 40 exemplaires en papier fort. Avec envoi d'auteur.

1533. Histoire de Bretagne, par M. Daru. *Paris, F. Didot*, 1826, 3 vol. in-8, demi-rel. dos orné.

1534. Essai sur l'histoire, la langue et les institutions de la Bretagne armoricaine, par Aurélien de Courson. *Paris, le Normant*, 1840, in-8, demi-rel. v. ant. dos orné.

1535. Essai sur l'histoire, la langue et les institutions de la Bretagne armoricaine, par Aurélien de Courson. *Paris, le Normant*, 1840, in-8, demi-rel. v. ant. dos orné.

1536. Histoire des origines et institutions des peuples de la Gaule armoricaine et de la Bretagne insulaire, depuis les temps les plus reculés jusqu'au vᵉ siècle, par Aurélien de Courson. *Paris, Joubert,* 1843, in-8, demi-rel. v. ant.

1537. La Bretagne du vᵒ au xiiᵉ siècle, par M. Aurélien de Courson. *Paris, Impr. impér.*, 1863, in-4, carte et fig. demi-rel. v. f. dos orné.

1538. Les États de Bretagne et l'administration de cette province jusqu'en 1789, par le comte de Carné. *Paris, Didier,* 1868, 2 vol. in-8, demi-rel. chagr. viol. tr. jasp.

1539. Recherches sur la Bretagne, par M. Delaporte. *Rennes, de l'impr. de J.-M. Vatar,* 1819-23, 2 vol. in-8, demi-rel. v. ant. dos orné.

1540. Cartulaire de l'abbaye de Redon, en Bretagne, publié par M. Aurélien de Courson. *Paris, Impr. impér.*, 1863, in-4, carte et fig. cart. non rog.

1541. La Petite Chouannerie, ou Histoire d'un collége breton sous l'Empire, par A.-F. Rio. *Paris, Olivier Fulgence,* 1842, in-8, demi-rel. v. viol. (*Envoi d'auteur.*)

1542. Voyage dans le Finistère, ou État de ce département en 1794 et 1795. *Paris,* an VII, 3 vol. in-8, figures et cartes, demi-rel. bas.

1543. Notions historiques, géographiques, statistiques et agronomiques sur le littoral du département des Côtes-du-Nord, par M. Habasque. *Saint-Brieux, veuve Guyon,* 1832-34, 2 vol. in-8, demi-rel. v. ant. dos orné.

1544. Rennes ancien, par Ogée, annoté par A. Marteville. Rennes moderne, ou Histoire complète de ses origines, de ses institutions et de ses monuments, par A. Marteville. *Rennes, Deniel et Verdier,* s. d., 3 vol. in-12, demi-rel. v. bleu, fil.

1545. Lettre à M. le ministre de l'instruction publique sur les ouvrages imprimés relatifs à l'histoire de la ville de Nantes, par Aug. Savagner. *Nantes,* 1855, pet. in-fol. demi-rel. v. vert, dos orné.

Copie manuscrite formant environ 310 pages.

1546. Histoire de Normandie, depuis les temps les plus reculés jusqu'à la conquête de l'Angleterre en 1066, par Th. Licquet..., précédé d'une introduction... par M. G.-B. Depping, *Rouen, Ed. Frère,* 1835, 2 vol. in-8, avec carte, demi-rel. v. f. dos orné.

1547. L'Ystoire de li Normant, et la chronique de Robert Viscart, par Aimé, moine du Mont-Cassin, publiées pour la première fois... par M. Champollion-Figeac. *Paris, J. Renouard,* 1835, gr. in-8, demi-rel. v. f. fil.

HISTOIRE.

1548. Histoire des ducs de Normandie et des rois d'Angleterre, publiée en entier pour la première fois..., suivie de la relation du tournoi de Ham, par Sarrazin, trouvère du xiii° siècle, et précédée d'une introduction par Francisque Michel. *Paris, J. Renouard,* 1840, gr. in-8, demi-rel. v. f. fil.

1549. Chronique des ducs de Normandie, par Benoît, trouvère anglo-normand du xii° siècle, publiée pour la première fois par Francisque Michel. *Paris, Impr. royale,* 1836-1844, 3 vol. in-4, v. ant. fil. dos orné, non rog.
Exemplaire en grand papier vélin.

1550. Nouvelle Histoire de Normandie, enrichie de notes prises au Muséum de Londres, et nouveaux détails sur Guillaume le Conquérant, duc de Normandie et roi d'Angleterre. *Versailles, de l'impr. de J.-P. Jalabert,* 1814, in-8, demi-rel. v. vert, dos orné.

1551. Raoul de Rayneval, ou la Normandie au xiv° siècle, 1380; par M. de Pontaumont. *Paris, Pesron, et Cherbourg, Boulanger,* 1836, in-8, rel. en v. viol. fil. fers à froid, dos orné, tr. dor.

1552. Raoul de Rayneval, ou la Normandie au xiv° siècle, 1380; 2° édition, par M. de Pontaumont. *Paris, Pesron,* 1836, in-8, v. bl. fil. compart. tr. dor.

1553. Mémoires inédits de Dumont de Bostaquet, gentilhomme normand, publiés par M. Charles Read et Francis Waddington et précédés d'une introduction historique. *Paris, Michel Lévy frères,* 1864, gr. in-8, demi-rel. v. f. tr. jasp.

1554. Histoire du parlement de Normandie, par A. Floquet. *Rouen, Ed. Frère,* 1840-42, 7 vol. in-8, fig. demi-rel. v. f. fil. noirs, tr. jasp.

1555. La Normandie à l'étranger. Documents inédits relatifs à l'histoire de Normandie, tirés des archives étrangères, xvi° et xvii° siècle, par le comte Hector de la Verrière. *Paris, Auguste Aubry,* 1873, in-8, demi-rel. v. violet.

1556. Études sur la condition de la classe agricole en Normandie au moyen âge, par Léopold Delisle. *Evreux, impr. de A. Hérissey,* 1851, gr. in-8, demi-rel. v. f.

1557. Études sur la condition de la classe agricole et l'état de l'agriculture en Normandie au moyen âge, par Léopold Delisle. *Evreux,* 1851, in-8, demi-rel.

1558. Diaire, ou Journal du voyage du chancelier Séguier en Normandie, après la sédition des nu-pieds (1639-1640), et documents relatifs à ce voyage et à la sédition, publiés par

A Floquet. *Rouen, Ed. Frère*, 1842, in-8, demi-reliure, v. f.

Exemplaire en papier de Hollande.

1559. Tombeaux de la cathédrale de Rouen, par A. Deville. *Rouen, Nicétas Périaux*, 1833, très-gr. in-8, fig. demi-rel. dos et coins de v. bleu, dos orné, non rog.

Exemplaire en grand papier vélin, avec figures sur chine.

1560. Histoire du privilége de Saint-Romain, en vertu duquel le chapitre de la cathédrale de Rouen délivrait anciennement un meurtrier tous les ans, le jour de l'Ascension.... par A. Floquet. *Rouen, E. Legrand*, 1833, 2 vol. in-8, avec planches, demi-rel. v. ant. dos orné.

1561. Essai historique sur Honfleur et l'arrondissement de Pont-l'Evêque, par A. Labitte. *Honfleur*, 1840, in-8, fig. demi-rel. chagr. vert, tr. jasp. (*Envoi autographe de l'auteur à M. Guizot.*)

1562. Histoire des anciennes villes de France, Haute-Normandie, Dieppe, par M. L. Vitet. *Paris, Alex. Mesnier*, 1833, 2 vol. in-8, demi-rel. v. rose, tr. marbr.

1563. Histoire du château et des sires de Saint-Sauveur-le-Vicomte, suivie de pièces justificatives, par L. Delisle. *Valognes*, 1867, in-8, demi-rel. v. v.

1564. Le Château d'Eu. Notices historiques, par M. J. Vatout. *Paris, F. Malteste*, 1836, 5 vol. in-8, demi-rel. mar. viol. — Histoire du Palais-Royal, par Vatout et Fontaine. *Paris*, 1830, in-8, demi-rel. v. bl.

1565. Histoire du château et des sires de Tancarville, par A. Deville. *Rouen, Nicétas Périaux*, 1834, très-gr. in-8, figures, demi-rel. dos et coins de v. bleu, dos orné, non rog.

Exemplaire en grand papier vélin, avec un double titre sur chine, et la gravure du frontispice tirée sur ce même papier.

1566. Histoire du Château-Gaillard et du siége qu'il soutint contre Philippe-Auguste en 1203 et 1204, ornée de planches lithographiées ou gravées et de vignettes, par Achille Deville. *Rouen, Ed. Frère*, 1829, in-4, pap. de Hollande, demi-rel. v. bl.

1567. Mémoires et notes de M. Auguste le Prévost pour servir à l'histoire du département de l'Eure, recueillis et publiés par MM. Léopold Delisle et Louis Passy. *Evreux*, 1862, in-8, demi-rel. chag. la Vall. tr. jasp.

Tome Ier.

1568. Dictionnaire des anciens noms du département de l'Eure, par Auguste le Prévost. *Evreux, typ. d'Ancelle fils,* 1839, gr. in-8, pap. de Holl. demi-rel. v. ant. dos orné. (*Envoi d'auteur.*)

1569. Statistique monumentale du Calvados, par M. de Caumont (arrondissement de Pont-l'Evêque. *Caen, A. Hardel, et Paris, Derache*, 1862, in-8, demi-rel. v. f. dos orné.

1570. Extrait des Chartes, et autres actes normands ou anglo-normands qui se trouvent dans les archives du Calvados.... par Léchaudé d'Anisy. *Caen, impr. de A. Hardel*, 1834-35, 2 vol. in-8, demi-rel. v. viol. dos orné.

1571. Histoire du Cotentin et de ses îles, par Gustave Dupont. *Caen, F. le Blanc Hardel,* 1870-73, 2 vol. in-8, pap. de Holl., demi-rel. v. f.
Tiré à 200 exemplaires.

1572. Histoire de Lisieux (ville, diocèse et arrondissement), par M. Louis du Bois. *Lisieux, Durand*, 1845, 2 vol. in-8, figures et plan, demi-rel. v. f.

1573. Histoire de l'ancien évêché-comté de Lisieux, par H. de Formeville. *Lisieux*, 1873, 2 vol. in-4, demi-rel. v. bleu, tr. jasp. portr.

1574. Notice historique sur l'ancien évêché de Lisieux, par de Formeville. *Caen*, 1871. — L'Ancienne Université de Caen, 1873. — Notice sur la Basoche de Bordeaux. — Notice sur Cette. — Aigues-Mortes, par Topin, etc. 8 part. in-8, br.

1575. La Vallée d'Auge, par R.-G. Thuret. *Rouen, s. d.*, in-8, mar. v. dent. tr. dor.
Ouvrage dédié à S. E. M. Guizot.

1576. L'Abbaye du Val-Richer. Étude historique, par Gustave Dupont. *Caen, le Blanc-Hardel*, 1866, in-8, d.-rel. v. f.

1577. Notes sur l'histoire du département de la Manche, par M. le Ch. Houel. *Caen, de l'impr. de F. Poisson*, 1825, in-8, planche, demi-rel. v. vert.

1578. Histoire des guerres de religion dans la Manche, par A. Delalande. *Paris, J.-B. Dumoulin, et Valognes, veuve Gomont*, 1844, demi-rel. v. f. dos orné.

1579. Recherches archéologiques, historiques et statistiques sur la ville de Coutances, par M. Léopold Quénault. *Coutances*, 1862, in-12, demi-rel. v. f. tr. jasp.

1580. Histoire du mont Saint-Michel et de l'ancien diocèse d'Avranches, par l'abbé Desroches. *Caen, **Mancel**,* 1838,

2 vol. in-8, fig. demi-rel. mar. vert. (*Envoi d'auteur.*)

1581. Recherches historiques sur les paroisses limitrophes de la baie du mont Saint-Michel, par M. l'abbé Desroches. *S. l.,* 1845, in-4, demi-rel. v. r. (*Envoi d'auteur.*)

1582. Histoire et description du mont Saint-Michel, texte par M. le Héricher, dessins de M. G. Bouet, publiés par M. Ch. Bourdon. *Caen, Legost-Clérisse*, 1853, gr. in-fol. avec planches lith. demi-rel. chag. grenat.

1583. Histoire du canton d'Athis (Orne) et de ses communes, précédée d'une étude sur le protestantisme en Basse-Normandie, par M. le comte Hector de la Ferrière-Percy. *Paris, Aug. Aubry*, 1858, in-8, avec blasons dans le texte, demi-rel. v. ant.

1584. Les Annales de Saint-Bertin et de Saint-Vaast, publiées par l'abbé C. Dehaisnes. *Paris, V° J. Renouard*, 1871, in-8, br.

1585. Les Abbés de Saint-Bertin, d'après les anciens monuments de ce monastère (648-1791), par M. Henri de Laplane. *Saint-Omer*, 1854-55, 2 vol. in-8, avec nombreuses planches gravées sur bois en fac-simile, demi-rel. v. f.

1586. Cartulaire de l'abbaye de Saint-Bertin, publié par M. Guérard. *Paris, Impr. royale,* 1841, in-4, v. ant. fil. dos orné, non rog.
Exemplaire en grand papier vélin.

1587. Monuments inédits de l'histoire de France, 1400-1600. Mémoires originaux concernant principalement les villes d'Amiens, de Beauvais, de Senlis, etc., publiés par Adhelm Bernier. *Paris, Joubert,* 1835, in-8, demi-rel. v. ant.

1588. Histoire de la ville d'Amiens, depuis les Gaulois jusqu'en 1830, ornée de douze lithographies, par M. H. Dusevel. *Amiens, impr. de A. Machart,* 1832, 2 vol. in-8, avec 12 pl. demi-rel. v. f. dos orné.

1589. Chronique d'Arras et de Cambrai, par Balderic, chantre de Térouane au XI° siècle, revue sur divers manuscrits et enrichie de deux suppléments, avec commentaires par le docteur le Glay. *Paris, Levrault,* 1834, in-8, demi-rel. v. ant. dos orné.

1590. A. Paris. Convocation des états généraux en Artois. *Arras,* gr. in-8. — Le Havre, par Coninck. — Blindé. Sur l'origine des basques. — Bonvalot. Coutumes de la Haute-Alsace. — De la Démocratie en Franche-Comté, 1869, 8 vol. in-8, brochés.

HISTOIRE.

1591. Sénac de Meilhan et l'intendance du Hainaut et du Cambrésis sous Louis XVI, par L. Legrand. *Valenciennes, J. Giard*, 1868, in-8, demi-rel. v. f.

1592. Numismatique de Cambrai, par C. Robert. *Paris, Rollin et Feuardent*, 1861, gr. in-4, avec 56 planches tirées sur papier teinté, contenant de nombreuses médailles, demi-rel. mar. bleu.

1593. L'Abbaye d'Anchin, 1079-1792, par E.-A. Escallier. *Lille, Lefort*, 1862, in-4, avec planches gravées, demi-rel. chag. vert.

1594. Notice historique sur l'état ancien et moderne du Calaisis, de l'Ardrésis et des pays de Bredenarde et de Langle.... par P.-J.-M. Collet. *Calais, A. Leleux*, 1833, in-8, demi-rel. v. r. dos orné.

1595. Histoire de la ville de Rocroi, depuis son origine jusqu'en 1850, avec une notice historique et statistique sur chaque commune de son canton... par J.-B. Lépine. *Rethel*, 1860, in-8, portrait, demi-rel. v. ant.

1596. Histoire de la réunion de la Lorraine à la France, par M. le comte d'Haussonville. *Paris, Mich. Lévy*, 1854-59, 4 vol. in-8, demi-rel. v. viol. dos orné.

1597. Relation du siége de Metz en 1444, par Charles VII et René d'Anjou, publiée sur les documents originaux, par MM. de Saulcy et Huguenin aîné. *Metz, L. Troubat*, 1835, gr. in-8, cartes et fig, v. ant. fers à froid, tr. dor.

1598. Metz. Cité épiscopale et impériale, x^e au xvie siècle. Un épisode de l'histoire du régime municipal dans les villes romanes de l'empire germanique, par H. Klipffel. *Bruxelles*, 1867, in-8, demi-rel. v. viol. tr. jasp. Envoi autogr. de l'auteur à M. Guizot.

1599. Histoire du Parlement de Metz, par Emmanuel Michel. *Paris, J. Techener*, 1845, gr. in-8, portr. lith. demi-rel. chagr. viol.

1600. Histoire des sciences, des lettres, des arts et de la civilisation dans le pays Messin, depuis les Gaulois jusqu'à nos jours, par Emile-Auguste Bégin. *Metz, Verronnais*, 1829, in-8, carte, demi-rel. v. ant. dos orné.

1601. La Ville de Charmes-sur-Moselle aux xvie et xviie siècles, par Jules Renauld. *Nancy*, 1871, in-8, fig. br. (*Envoi d'auteur.*)

1602. Biographie de la Moselle.... par Émile-Auguste Bégin. *Metz, Verronnais*, 1829-30, 2 vol. in-8, avec portraits, demi-rel. v. dos orné.

1603. Rodolphe de Habsbourg, ou l'Alsace au xiii° siècle, par M. X. Boyer. *Colmar, Ch. de Hoffman,* 1847, in-8, fig. pap. vél. demi-rel. mar. v.

1604. Charles le Bon, causes de sa mort, ses vrais meurtriers, Thierry d'Alsace des comtes de Metz, seigneur de Bitche et comte de Flandre, par le comte F. van der Straten Ponthoz. *Metz, S. Lamort,* 1853, in-8, portrait et figure, demi-rel. dos et coins de chagr. noir, tr. dor.

1605. Le Comté de Dagsbourg (ancienne Alsace). Archéologie et histoire, par Dugas de Beaulieu. *Paris, Le Normant,* 1858, in-8, avec planches lithogr. demi-rel. chag. bleu, dos orné.

1606. Réunion de l'Alsace à la France, par le baron Hallez-Claparède. *Paris, A. Franck,* 1844, in-8, demi-rel. chagr. noir.

1607. Essai sur l'ancienne monnaie de Strasbourg et sur ses rapports avec l'histoire de la ville et de l'évêché, par Louis Levrault. *Strasbourg, V° Levrault, et Paris,* 1842, in-8, demi-rel. v. ant.

1608. Histoire du chapitre de Saint-Thomas de Strasbourg pendant le moyen âge, suivie d'un recueil de chartes, par Ch. Smidt. *Strasbourg,* 1860, in-4, pl. cart. n. rog.

1609. Description du Dauphiné, de la Savoie, du Comtat-Venaissin, de la Bresse et d'une partie de la Provence, de la Suisse et du Piémont au xvi° siècle, par Aymar du Rivail, traduite par M. Antonin Macé, *Grenoble, Ch. Vellot,* 1852, in-12, demi-rel. v. vert. fil. (*Envoi du traducteur.*)

1610. Histoire de la ville de Vienne, durant l'époque gauloise et la domination romaine dans l'Allobrogie. — Histoire de Vienne, de l'an 438 à l'an 1039, par M. Mermet aîné. *Paris, F. Didot,* 1828-1833, deux vol. in-8, demi-rel. v. f. dos orné.

1611. Cartulaires de l'église cathédrale de Grenoble, dits cartulaires de Saint-Hugues, publiés par M. Jules Marion. *Paris, Impr. impériale,* 1869, in-4, cart. n. rog.

Exemplaire en grand papier vélin,

1612. Recherches historiques sur l'abbaye royale de Baume-les-Messieurs (Jura), par D. Monnier. *S. l.,* 1836, in-4, demi-rel. mar. r. dos orné.

Copie manuscrite, formant environ 350 pages, avec plusieurs dessins à la plume.

1613. Statistique monumentale. Rapport..... sur les monuments historiques des arrondissements de Nancy et de

Toul.... par E. Grille de Beuzelin. *Paris, de l'impr. Crapelet*, 1837, in-4, demi-rel. v. ant. fil. n. rog. avec atlas.

1614. Histoire de la ville épiscopale et de l'arrondissement de Saint-Dié (Vosges), sous le gouvernement théocratique de quatre monastères en opposition avec les ducs de Lorraine.... par N.-F. Gravier. *Epinal, impr. de Gérard*, 1836, in-8. avec planches, demi-rel. v. vert.

1615. Histoire de la ville épiscopale et de l'arrondissement de Saint-Dié (Vosges)... par N.-F. Gravier. *Epinal, impr. de Gérard*, 1836, in-8, demi-rel. v. bleu, dos orné.

1616. Histoire des ducs et des comtes de Champagne, par d'Arbois de Jubainville. *Paris, Aug. Durand*, 1859, 5 tomes en 6 vol. in-8, demi rel. f. v.

1617. Archives administratives et législatives de la ville de Reims. Collection de pièces inédites pouvant servir à l'histoire des institutions dans l'intérieur de la cité, par Pierre Varin. *Paris, de l'impr. de Crapelet,* 1840-1853, 9 vol. in-4, dont 6 vol. rel. en v. ant. fil. n. rog. 2 vol. cart. n. rog. et 1 vol. br.

Exemplaire en grand papier vélin.

1618. Polyptyque de l'abbaye de Saint-Remi de Reims, ou Dénombrement des manses, des serfs et des revenus de cette abbaye, vers le milieu du ixe siècle de notre ère, par M. B. Guérard. *Paris, Impr. impér.*, 1853, in-4, demi-rel. chagr. brun.

1619. Histoire de la ville de Troyes et de la Champagne méridionale, par T. Boutiot. *Troyes, Dufey-Robert, et Paris, Aug. Aubry,* 1870, gr. in-8, carte et planches, demi-rel. v. f. (*Tome I*er.)

1620. Histoire de l'abbaye de Morimond, diocèse de Langres.... par M. l'abbé Dubois, *Dijon, Loireau-Feuchot,* 1852, in-8, demi-rel. v. ant. dos orné.

1621. Costumes, mœurs et usages de la cour de Bourgogne sous le règne de Philippe III dit le Bon (1453-1460). *S. l. n. d.*, 25 fac-simile sur chine en 5 livraisons in-fol. dans un cart.

1622. Histoire des ducs de Bourgogne de la maison de Valois, 1364-1477, par M. de Barante. *Paris, Ladvocat,* 1824-1826, 13 vol. in-8, demi-rel. v. vert, dos orné.

1623. Histoire de la Bourgogne pendant la période monarchique, par M. Rossignol. *Dijon, Lamarche et Drouelle,* 1853, gr. in-8, demi-rel. chagr. la Vall.

1624. Une Province sous Louis XIV, situation politique et administrative de la Bourgogne, de 1661 à 1715.... par

Alexandre Thomas. *Paris, Joubert,* 1844, in-8, demi-rel. v. ant.

1625. L'Histoire de Châtillon, par Gustave Lapérouse. *Châtillon-sur-Seine, C. Cornillac,* 1837, in-8, fig. demi-rel. v. viol. dos orné. (*Envoi d'auteur.*)

1626. Les Châteaux d'Ancy-le-Franc, de Saint-Fargeau, de Chastellux et de Tanlay, par le baron Chaillou des Barres. *Paris, Aug. Vaton,* 1845, in-4, avec planches, rel. en v. f. fil. tr. dor. (*Chiffre de M. Guizot sur les plats.*)

1627. Alaise, Alise, ni l'une ni l'autre ne peut être Alésia, études critiques d'histoire et de topographie, par Victor Revillout. *Paris, A. Durand,* 1856. — Alésia, autrement dit Alaise-les-Salines, ou Alise-Sainte-Reine, par un Gaulois. *Paris,* 1859. — Découverte des plaines de Marengo, à propos de la découverte d'Alésia (par Rossignol). *Dijon,* 1858. — Note incomplète à propos de l'étude complète sur Alaise de M. le président Clerc (par A. Delacroix). *Besançon, s. d.* — Question d'Alise. Lettre sur la valeur historique de Dion Cassius dans le récit de la conquête de la Gaule, par C. Rossignol. *Paris,* 1860. — En 1 vol. in-8, demi-rel. v. ant.

1628. Essais historiques sur la ville de Valence, avec des notes et des pièces justificatives inédites (par Jules Ollivier). *Valence, L. Borel, et Paris, F. Didot,* 1831, in-8, demi-rel. v. ant.

1629. Histoire de Lyon, depuis sa fondation jusqu'à nos jours, par P. Clerion, ornée de figures d'après les dessins de F.-F. Richard. *Lyon, Théod. Laurent,* 1829-1837, 6 vol. in-8, portr. et figures, demi-rel. v. viol. fil.

1630. L'Histoire de Palanus, comte de Lyon, mise en lumière par Alfred de Terrebasse. *Lyon, L. Perrin,* 1833, in-8, pap. de Holl. cart. n. rog.

Tiré à petit nombre.

1631. Monographie de l'église Notre-Dame de Lyon, par M. L. Vitet, plans, coupes, élévations et détails par Daniel Ramée. *Paris, Impr. royale,* 1845, in-4, v. ant. fil. dos orné. Avec atlas.

1632. Aperçu sur l'histoire de la ville de Saint-Étienne, par Isidore Hedde. *Saint-Etienne, F. Gonin,* 1840, in-8, cart. (*Envoi d'auteur.*)

1633. L'Angoumois en l'année 1789, ou Analyse des documents authentiques qui ont constaté, à cette époque, les assemblées, les délibérations, la situation respective des

HISTOIRE.

trois ordres de la province.... par Ch. de Chancel. *Angouléme,* 1847, in-8, demi-rel. chagr. r.

1634. Essai historique et descriptif sur les émailleurs et les argentiers de Limoges, par M. l'abbé Texier. *Poitiers, de l'impr. Saurin,* 1843, gr. in-8, demi-rel. v. bleu. (*Envoi d'auteur.*)

1635. Chroniques de Saint-Martial de Limoges, publiées par H. Duplès-Agier. *Paris, Ve J. Renouard,* 1874, in-8, br.

1636. Cartulaire de l'abbaye de Beaulieu (en Limousin), publié par Maximin Deloche. *Paris, Impr. impér.*, 1859, in-4, avec une grande carte, v. ant. fil.

1637. Cartulaire de l'abbaye de Beaulieu (en Limousin), publié par Maximin Deloche. *Paris, Impr. impér.*, 1859, in-4, cart. n. rogn.

Exemplaire en grand papier vélin.

1638. Histoire des ducs de Bourbon et des comtes de Forez, par Jean-Marie de la Mure. *Paris, L. Potier (Lyon, impr. de L. Perrin),* 1860-68, 3 vol. in-4, fig. dans le texte, demi-rel. mar. bl. tête dor. n. rogn.

Un des 50 exemplaires sur papier vergé teinté.

1639. Histoire du Bourbonnais, par M. de Coiffier-Demoret. *Paris, L.-G. Michaud,* 1814-1816, 2 vol. in-8, cartes, demi-rel. v. ant. dos orné.

1640. Antoine de Laval et les historiens bourbonnais de son temps, par H. Faure. *Moulins, Martial Place,* 1870, in-8, demi-rel. v. f.

1641. Cartulaire de l'abbaye de Savigny, suivi du petit cartulaire de l'abbaye d'Ainay, publiés par Aug. Bernard. *Paris, Impr. impériale,* 1853, 2 vol. in-4, cart. non rogn.

Exemplaire en grand papier vélin.

1642. Recherches historiques et archéologiques sur l'église de Brou, par J. Baux. *Paris, Techener, s. d.* (1844), gr. in-8, avec vues lithogr. demi-rel. v. f. dos orné.

1643. Histoire des comtes du Perche de la famille des Rotrou, de 943 à 1231.... par M.-O. des Murs. *Noyent-le-Rotrou,* 1856, in-8, avec deux vues color. demi-rel. v. viol. (*Envoi d'auteur.*)

1644. Histoire du Forez, par Aug. Bernard jeune. *Montbrison,* 1835, 2 vol. in-8, demi-rel. mar. viol.

1645. Statistique du département du Lot, par M. J.-A. Delpon. *Paris, Bachelier,* 1831, 2 vol. in-4, pap. vél. demi-rel. v. vert, dos orné.

1646. Histoire de Montauban, par H. le Bret... édition revue et annotée par MM. l'abbé Marcellin et Gabriel Ruck. *Montauban, Rethoré*, 1841, 2 vol. gr. in-8. demi-rel. v. viol. dos orné.

1647. Histoire politique, civile et religieuse de la Saintonge et de l'Aunis depuis les premiers temps historiques jusqu'à nos jours, précédée d'une introduction, par M. D. Massiou. *Paris, E. Pannier*, 1838, 3 vol. in-8, demi-rel. v. bleu, dos orné.

1648. Chroniques des églises d'Anjou, recueillies et publiées par MM. Paul Marchegay et Emile Mabille. *Paris, V° J. Renouard*, 1869, gr. in-8, demi-rel. v. f. fil.

1649. Les Invasions anglaises en Anjou aux xiv° et xv° siècles, par André Joubert avocat. *Angers, Barassé*, 1872, in-12, demi-rel. v. f.

1650. Histoire de René d'Anjou, roi de Naples, duc de Lorraine et comte de Provence, par M. le vicomte F.-L. de Villeneuve-Bargemont. *Paris, J.-J. Blaise*, 1825, 3 vol. in-8, portrait, figures et fac-simile, demi-rel. v. ant. dos orné.

1651. Histoire politique, religieuse et littéraire du midi de la France, depuis les temps les plus reculés jusqu'à nos jours, par M. Mary-Lafon. *Paris, Ch. Gosselin*, 1843-45, 4 vol. in-8, chagr. noir, compart. à froid, tr. dor.

1652. Archives municipales de Bordeaux. *Bordeaux, impr. G. Gounouilhou*, 1867-1873, 2 vol in-4, br.

Tomes I et III contenant :
Livre des Bouillons. — Registres de la Jurade, délibérations de 1406 à 1409.

1653. Archives municipales de Bordeaux. Bordeaux vers 1450, description topographique par Léo Drouyn. *Bordeaux, impr. G. Gounouilhou*, 1874, in-4, pap. de Holl. plan à l'eau-forte, br.

1654. Monographie de la commune de Saint-Loubès (Gironde), par M. A. de Comet. *Bordeaux, impr. G. Gounouilhou*, 1869, in-8, demi-rel. v. f. (*Envoi d'auteur.*)

1655. HISTOIRE GÉNÉRALE de Languedoc, avec des notes et les pièces justificatives... par deux religieux bénédictins de la Congrégation de S.-Maur. *Paris, Jacq. Vincent*, 1730-1745, 5 vol. in-fol. avec planches, v. m.

1656. Histoire générale du Languedoc, avec des notes et les pièces justificatives, par Dom Cl. Devec et Dom J. Vaissette. *Toulouse, Ed. Privat*, 1872, 3 vol. in-4, cart. non rogné.

Tome I, 1re partie. — Tome III et tome IV, 1re partie.

HISTOIRE.

1657. Histoire des guerres civiles, politiques et religieuses dans les montagnes du Velay, pendant le xvi⁰ siècle, par Francisque Mandet. *Paris, Louis Janet*, 1840, gr. in-8, demi-rel. v. ant. dos orné.

1658. Statistique du département du Gard, par M. Hector Rivoire. *Nîmes, Ballivet et Fabre*, 1842, 2 vol. in-4, avec planches lithogr. demi-rel. chagr. viol.

1659. Lettres sur Nismes et le Midi, histoire et description des monuments antiques du midi de la France, par J.-F.-A. Perrot. *Nismes*, 1840, 2 vol. gr. in-8, nombr. planches, demi-rel. v. ant. dos orné.

1660. Histoire de la commune de Montpellier, depuis ses origines jusqu'à son incorporation définitive à la monarchie française, par A. Germain. *Montpellier, de l'impr. de J. Martel aîné*, 1851, 3 vol. in-8, demi-rel. veau f. dos orné.

1661. Histoire du commerce de Montpellier, par A. Germain. *Montpellier*, 1861, 2 vol. in-8, demi-rel. maroq. v. (*Envoi d'auteur.*)

1662. Cartulaire et Archives des communes de l'ancien diocèse et de l'arrondissement administratif de Carcassonne, par M. Mahul. *Paris, V. Didron et Dumoulin*, 1857-67, 5 vol. in-4, cartes, demi-rel. chagr. bleu tr. jasp.

1663. Annales de la ville de Toulouse, depuis la réunion de la comté de Toulouse à la couronne, avec un abrégé de l'histoire de cette ville... par M. G. Lafaille. *Toulouse, G.-L. Colomyez*, 1687, in-fol. v. f. dos orné. (*Exemplaire de Soubise.*)

1664. Histoire de la ville de Toulouse, depuis la conquête des Romains jusqu'à nos jours, par J.-B.-A. d'Aldéguier. *Toulouse, J.-B. Paya*, 1843-35, 4 vol. in-8, veau ant. fil. compart. à froid, dos orné, tr. dor.

1665. Histoire des comtes de Toulouse, par le général Moline de Saint-Yon. *Paris, Arthus Bertrand, s. d.*, 4 vol. gr. in-8, cartes, demi-rel. v. f.

1666. Histoire de Roussillon, comprenant l'histoire du royaume de Majorque, par M. D.-M.-J. Henry. *Paris, Impr. royale*, 1835, 2 vol. gr. in-8, pap. vél. demi-rel. v. bleu, dos orné.

1667. Histoire de Béarn et Navarre, par Nicolas de Bordenave (1517-1572), publiée par P. Raymond. *Paris, veuve J. Renouard*, 1873, in-8, br.

1668. Histoire de Bagnères-de-Luchon, contenant des détails très-circonstanciés sur ses bains, sur les plaisirs qu'on y rencontre, sur les Pyrénées et la Haute-Garonne... par J.-F. Hureau-Bachevillier. *Paris, Pourrat*, 1842, 2 vol. in-12, demi-rel. chagr. vert, dos orné.

1669. Aigues-Mortes. Entrevue de François 1er et de Charles-Quint, par Topin. — Aigues-Mortes, son passé, son présent, son avenir, par Ch. Martins. — La Chambre de l'édit de Languedoc, par de Lavalette. — Le Royaume de la Petite-Arménie à l'époque des croisades, par Éd. Dulaurier. — La France et la Saint-Barthélemy, par G.-G. Soldau. — Le Parlement de Paris à Troyes en 1787, par M. A. Babeau. *Paris*, 1855-72, 6 broch. in-8. (*Envois d'auteurs.*)

1670. Notes historiques sur la place d'Aigues-Mortes, par le chev. L. d'A., chef de bataillon, ancien lieutenant du roi de ladite place. *Paris*, 1831, in-4, fig. maroq. r. fil. dos ornés, tr. dor. (*Avec une couronne ducale sur le dos de la reliure et une couronne royale sur les plats.*)

Avec trois plans et dessins au lavis.

1671. Protidas, ou Fondation de Marseille par les Phocéens, par A.-G. Baldy. *Paris, L. Hachette*, 1832, in-8, bas. dent. (*Envoi d'auteur.*)

1672. Cartulaire de l'abbaye de Saint-Victor de Marseille, publié par M. Guérard. *Paris, typ. de Ch. Lahure*, 1857, 2 vol. in-4, cart. non rog.

Exemplaire en papier vélin.

1673. Histoire raisonnée du commerce de Marseille, appliquée aux développements des prospérités modernes, par M. Fouque. *Paris, Roret*, 1843, 2 vol. in-8, demi-rel. veau ant. fil.

1674. Essai sur les anciennes institutions autonomes ou populaires des Alpes Cottiennes-Briançonnaises... précédé d'un Aperçu pittoresque et romantique sur le Briançonnais, par M. Alex. Fauché-Prunelle. *Grenoble, et Paris, Dumoulin*, 1856-57, 2 vol. in-8, demi-rel. v. viol. fil. (*Envoi d'auteur.*)

1675. Études historiques sur l'établissement hospitalier du grand Saint-Bernard, par Mgr J.-F.-O. Luguet. *Paris*, 1849, in-8, demi-rel. mar. br.

1676. Histoire, topographie, antiquités, usages, dialectes des Hautes-Alpes, avec un atlas, par J.-C.-F. Ladoucette. *Paris, Fantin*, 1834, in-8, demi-rel. v. ant.

1677. Cartulaire municipal de Saint-Maximin, suivi de documents puisés dans les archives de cette ville, publié par M. L. Rostan. *Paris, H. Plon*, 1862, in-4, demi-rel. v. f.

1678. Institutions diocésaines, ou Recueil des Règlements publiés par Mgr l'évêque de Digne. *Digne*, 1845, in-8, demi-rel. chagr. vert, tr. jasp.

1679. Histoire de la conquête d'Alger, par M. Alfred Nettement. *Paris, J. Lecoffre*, 1856, in-8, demi-rel. v. f. (*Envoi d'auteur.*)

1680. Mélanges sur l'Algérie, 1832-1850. Environ 50 pièces en 7 vol. in-8, demi-rel.

1681. De l'Établissement des Français dans la régence d'Alger et des moyens d'en assurer la prospérité, par M. P. Genty de Bussy. *Paris, Firmin Didot*, 1835, 2 vol. in-8, demi-rel. veau f.

1682. Colonisation de l'Algérie, par Enfantin. *Paris, P. Bertrand*, 1843, gr. in-8, demi-rel. mar. br.

1683. L'Algérie, par le baron Baude. *Paris, Arthus Bertrand*, 1841, 2 vol. in-8, demi-rel. v. ant.

1684. La Grande Kabylie, études historiques, par M. Daumas et M. Fabar. *Paris, L. Hachette*, 1847, in-8, demi-rel. mar. bleu.

1685. Le Sahara algérien, études géographiques, statistiques et historiques sur la région au sud des établissements français en Algérie, par le colonel Daumas. *Paris, Langlois*, 1845; in-8, demi-rel. v. br.

1686. Solution de la question de l'Algérie, par le général Duvivier. *Paris, impr. et libr. de Gauthier-Laguionie*, 1841, in-8, demi-rel. v. ant.

1687. Armée d'Algérie. Du Dromadaire comme bête de somme et comme animal de guerre, par le général J.-L. Carbuccia. Le régiment des dromadaires à l'armée d'Orient (1798-1801). *Paris, J. Dumaine*, 1853, gr. in-8, demi-rel. chagr. viol. dos orné.

1688. O-Taïti, histoire et enquête, par Henri Lutteroth. *Paris, Paulin*, 1843, in-8, demi-rel. v. bl.

1689. Les Colonies et la politique coloniale de la France, par M. Jules Duval. *Paris, Arthus Bertrand*, in-8, cartes, demi-rel. chagr. vert.

C. Histoire d'Angleterre.

a. *Histoire générale.*

1690. Venerabilis Bedæ Historia ecclesiastica gentis Anglorum ad fidem codicum manuscriptorum recensuit Josephus

Stevenson. *Londini, sumpt. societatis,* 1838, gr. in-8, pap. vél. Avec fac-simile, vél. non rog.

1691. Matthæi Paris monachi albanensis Angli historia major, juxta exemplar Londinense 1571, verbatim recusa... editore Willielmo Wats. *Parisiis, apud viduam Guilielmum Pelé,* 1644, in-fol. v. br. (*Forte piqûre de vers dans la marge.*)

1692. A Chronicle of the Kings of England, by sir Richard Baker. *London,* 1665, in-fol. titre gravé, veau.

1693. A complete History of England, by Robs Brady. *In the Savoy Samuel Lowndes,* 1685, in-fol. veau, portrait.

1694. The History of England, or Memorials to the end of the reign of king James the first, by sir Bulstrode Whitlocke. *London,* 1713, in-fol. v. portrait.

1695. The History of England, by Laurence Echard. *London, Tonson,* 1718, 3 vol. in-fol. v. titre gravé.

1696. A complete History of England with the Lives of all the Kings and Queens. *London,* 1719, 3 vol. in-fol. v.

1697. A general History of England, by Thomas Carte. *London,* 1747, 4 vol. in-fol. v. (*Reliure anglaise cassée.*)

1698. An Introduction to the history of Great Britain and Ireland, by James Macpherson. *London,* 1771, in-4, br.

1699. The History of Great Britain, by James Macpherson. *Dublin,* 1775, 2 vol. in 8, v.

1700. The History of Great Britain, by Robert Henry. *London,* 1788, 12 vol. in-8, rel.

1701. Hume. The History of England. *Basiel,* 1789, 12 vol. in-8, rel.

1702. Hume. The History of England. *London,* 1810, 3 vol. in-8, rel.

Édition compacte. La suite de Hume, par Smollet, forme le 3º vol.

1703. Lingard (John). A History of England. *Paris, Baudry,* 1826, 14 vol. in-8, demi-rel.

1704. An historical View of the english government, from the settlement of the Saxons in Britain to the Revolution in 1688... by John Millar. *London, printed for J. Mawman,* 1812, 4 vol. in-8, demi-rel. v. vert. dos orné.

1705. A History of the british Empire, by George Brodie. *Edinburgh,* 1822, 4 vol. in-8, demi-rel.

1706. Lives of the Queens of England, by Agnès Strickland. *London, Colburn,* 1840, 12 vol. in-8, cartonnés, portraits et vignettes.

HISTOIRE.

1707. History of England, by lord Mahon. *Paris, Baudry,* 1841, 2 vol. in-8, demi-rel.

1708. A descriptive and statistical Account of the British Empire, by J. R. Mc Culloch. *London, Longman,* 1847, 2 vol. in-8, cart. n. rog. (*Envoi d'auteur.*)

1709. The History of England and of Normandy, by sir Francis Palgrave. *London, John Parker,* 1851, 4 forts vol. in-8, cartonnés. (*Envoi autographe de l'auteur.*)

1710. The chronometrical Chart of the History of England from B. C. 55-70 A. D. 1860. *London, w. y.* in-fol. cart.

1711. THE PICTORIAL HISTORY of England. *London,* 1847, 8 vol. très-grand in-8, cart.

Standard edition. — Cet ouvrage est illustré de plusieurs centaines de gravures sur bois.

1712. H. T. Buckle. History of civilization in England. *London,* 1857, gr. in-8, cart.

Tome Ier.

1713. Anchiennes Chroniques d'Engleterre, par Jehan de Wavrin, seigneur du Forestel. Choix de chapitres inédits annotés et publiés par Mlle Dupont. *Paris, veuve J. Renouard,* 1858-1863, 3 vol. gr. in-8, demi-rel. v. f. fil.

Recueil devenu rare.

1714. Histoire d'Angleterre depuis les temps les plus reculés, par M. Emile de Bonnechose. *Paris, Didier,* 1857-59, 4 vol. in-8, demi-rel. v. f. (*Envoi d'auteur.*)

1715. Geschichte der englischen Staats Umwaälzung, von der Thronbesteigung Karls des Ersten bis zu dem Sturze Jacobs des Zweiten, von Guizot. *Paris, F.-G. Levrault,* 1827, 2 vol. gr. in-8, cart. non rog.

b. *Matériaux pour l'histoire d'Angleterre.*

1716. General Introduction to the materials for the history of Britain. *S. l. n. d.*, in-fol. demi-rel.

1717. Reports from the commissioners appointed by his Majesty to execute the measures respecting the Public Records of the Kingdom. *London,* 1819, 2 vol. in-fol. cartonnés non rogné.

1718. General Report to the King in council from the commissioners on the Public Records, with an appendix and an index. 1837, in-fol. cart. non rog.

1719. Rotulorum originalium in curia Scaccarii abbreviatio. *London,* 1805, 2 vol. in-fol. cart. n. rog.

1720. Calendarium inquisitionum port mortem, sive Escætarum. *London*, 1806, 4 vol. in-fol. cart. n. rog.

1721. Testa de Nevill sive liber feodorum in Curia Scaccarii temp. Henr. III et Edw. I. *London*, 1807, in-fol. cart. non rogné. (*Taches d'humidité.*)

1722. Nonarum Inquisitiones in curia Scaccarii, temporibus regis Edwardi III. *Londini*, 1807, in-fol. cart. n. rog.

1723. Valor ecclesiasticus temporibus Henrici VIII auctoritate regia institutus. *London*, 1810-1834, 6 vol. in-fol.

1724. Inquisitionum ad Capellam Domini Regis retornatarum, quæ in publicis archivis Scotiæ adhuc servantur, abbreviatio. 1811-1816, 3 vol. in-fol. cart. n. rog.

1725. Placitorum in domo Capitularii Westmonasteriensi asservatorum abbreviatio. *London*, 1811, in-fol. cart. (*Mouillures.*)

1726. Rotuli Hundredorum temporibus Henrici III et Edw. I, in Turri Londinensi asservati. *London*, 1812-1818, 2 vol. in-fol. cart. n. rog.

1727. Registrum magni Sigilli regum Scotorum in archivis publicis asservatum (1306-1424). *Londini*, 1814, in-fol. cart. n. rog.

1728. Rotuli Scotiæ in Turri Londinensi asservati. *London*, 1814-1819, 2 vol. in-fol. cart.

1729. The Acts of the parliaments of Scotland (vol. II à XI). *London*, 1814-1824, 10 vol. in-fol. cart. n. rog.

Quelques volumes sont atteints par l'humidité.

1730. Domesday Book, seu libri censualis Willelmi I, regis Angliæ, indices et additamenta. *Londini*, 1816, 2 vol. in-fol. cart. n. rog.

1731. The Statutes of the Realm (from original records), 1816-1824, 8 tomes en 9 vol. et 2 vol. de supplément.

Manque le tome Ier.

1732. Placita de quo Warranto, temporibus Edw. I, II, III, in curia receptæ scaccarii Westm. asservata. *London*, 1818, in-fol. cart.

1733. A Catalogue of the Landsdowne Manuscrits in the British Museum, with indexes of persons, places, and matters, printed by command of his Majesty king George III. *London, A. Taylor*, 1819, in-fol. pap. vél. cart. n. rog.

1734. Ducatus Lancastriæ Calendarium Inquisitionum post mortem. *Londini*, 1823, 4 part. en 3 vol. in-fol. cart. non rog. (*Mouillures.*)

1735. Inquisitionum in officio Rotulorum Cancellariæ Hiberniæ asservatarum repertorium. *London*, 1826-29, 2 vol. in-fol. cart. n. rog.

1736. The Parliamentary Writs and Writs of Military summons, collected by Francis Palgrave. *London*, 1827-34, 4 vol. in-fol. cart. n. rog.

1737. Calendars of the proceedings in Chancery, in the reign of Queen Elisabeth. *London*, 1827-1832, 3 vol. in-fol. cart. n. rogné.

1738. Rotuli litterarum clausarum. *Londini*, 1833, vol. 1.— Rotuli Chartarum. Vol. 1, pars 1. — Rotuli patentium et clausorum cancellariæ Hiberniæ calendarium 1828.Vol. 1, pars 1. — Rotuli litterarum patentium in Turri Londinensi asservati 1835. Vol. 1, pars 1. 4 vol. in-fol. cart. (*Mouillures.*)

1739. PUBLIC RECORDS OF THE KINGDOM. *Londini*, 1834, gr. in-8, cart.

Cette collection, qui ne s'est jamais vendue dans le commerce, contient :
1º Excerpta è rotulis finium, 2 vol. in-8, cart.
2º Rotuli Normanniæ, 1 vol.
3º Records concerning the history of Scotland, 1 vol.
4º Proceedings and ordinances of the privy council of England, 7 vol.
5º Rotuli curiæ Regis, 2 vol.
6º The ancient Kalendars and inventories of the treasury of His Majesty's exchiquer, 3 vol.
7º Rotuli selecti en Westm.
8º Rotulus cancellarii.
9º Rotulus magnus.
10º Fines, 1 vol.

1740. Rotuli, de oblatis et finibus, in Turri Londinensi asservati, accurante T. D. Hardy. 1835, gr. in-8, cart.

1741. A Description of Close Rolls in the tower of London, by Thomas Duffus Hardy. 1833, in-8, cart.

1742. CAMDEN SOCIETY'S PUBLICATIONS. *London*, 1843-52, 6 vol. pet. in-4, cart.
1º Proceedings against Dame Alyce Kyteler.
2º Verney papers, 3 vol.
3º Rutland papers.
4º Mapes de Nugis curialium.

1743. Transactions of the British and foreign Institute. *London, Fisher*, 1845, in-8, marbr. fig. sur acier.

1744. The parliamentary or constitutional History of England (1072-1651). 24 vol. in-8, rel.

1745. Journal of the house of Commons (1547-1667). 8 vol. in-fol. (*Rel. angl.*)

Exemplaire fortement atteint par l'humidité.

1746. PARLIAMENTARY DEBATES. — Cobbett's parliamentary History of England (1066-1803). *London*, 1806-1820, 36 vol. — Hansard. The parliamentary Debates (1803-1820), 41 vol. — New series (1820-1827). Ensemble 93 vol. gr. in-8, rel. v. (les 2 derniers vol. cart.)

Ex libris de Broglie.

1747. PARLIAMENTARY DEBATES. *London*, 1836-1861. Ensemble 66 vol. pet. in-fol. demi-rel.

Collection très-importante de documents pour l'histoire d'Angleterre et ses relations avec la France. — Affaires d'Orient en 1840. — Irlande. — Traite des Esclaves. — Éducation. — Affaires d'Espagne, 1834-39, etc., etc.

1748. COBBETT's complete Collection of state trials (1163-1820). *London*, 1809-1826, 33 vol. gr. in-8, v.

Ex libris de Broglie.

1749. State trials, or a Collection of the most interesting trials, prior to the revolution of 1688, illustrated by Samuel M. Philipps. *London*, 1826, 2 vol. in-8, demi-rel.

Envoi autographe de lady Holland.

1750. Criminal trials. *London, Ch. Kingt*, 1832, 2 vol. in-12, cartonnés.

Envoi autographe de Lady Holland.

1751. The extraordinary black Book, an exposition of abuses in Church and State, courts of law, corporate bodies, etc., by an original editor. *London, Wilson*, 1832, in-8, cart. portr.

1752. THE HARLEIAN MISCELLANY. A Collection of scarce pamphlets and tracts selected from the library of Edward Harley, second earl of Oxford. *London*, 1808, 10 vol. gr. in-4, demi-rel. n. rog.

1753. A COLLECTION OF SCARCE AND VALUABLE TRACTS, on the most interesting subjects : but chiefly such as relate to the history and constitution of these kingdoms; selected from an infinite number in print and manuscript, in the royal, Cotton, Sion, and other public, as well as private, libraries; particularly that of the late lord Somers. The second edition, revised, augmented and arranged by Walter Scott. *London, printed for T. Cadell and William Davies*, 1809-1815, 13 vol. in-4, v. f. fil. dos orné.

Bel exemplaire.

1754. Miscellaneous State papers (1501-1726). *London*, 1778, 2 vol. in-4, v. (*Mouillures.*)

HISTOIRE.

1755. A Collection of original letters and papers concerning affairs of England (1641-1660), by Th. Carte. *London, 1739*, 2 vol. in-8, reliés.

1756. Original letters illustrative of english history, by Henry Ellis. *London, Harding*, 1825-27, 7 vol. in-8, fig. v. fil. tr. rouge.

1757. Henry Ellis. A general Introduction to Domesday book, accompagnied with indexes of the tenants in chief, and under tenants. 1833, 2 vol. in-8, cart. n. rog.

1757 *bis*. Notes of materials for the history of public departments. *London*, 1846, in-fol. cart.

Envoi de l'auteur (F.-S. Thomas). Non mis dans le commerce.

1758. Clarendon. State papers (1621-1661), *Oxford*, 1767, 3 vol. in-fol. v.

1759. Tracts relatings to the army (1647-1659). 20 pièces en 1 vol. in-4, demi-rel.

1760. A History of the royal navy, by sir Nicolas. *London*, 1847. 2 vol. in-8, cart.

1761. Monumenta juridica. The black block of the admiralty, with an appendice edited by sir Travers Twis. *London, Longman*, 1871, tome Ier, gr. in-8, demi-rel.

1762. Lives of the british admirals, by Dr Campbell. **W. V.** 2 vol. in-8, rel.

Titre remonté.

1763. Lives of british statesmen, by John Macdiarmid. *London*, 1820, 2 vol. in-8, rel.

1764. The Lives of the Chancellors and Keepers of the great seal of England, from the earliest times till the reign of king George IV, by John lord Campbell. *London, John Murray*, 1845-47, 7 vol. gr. in-8, cart. en percal. non rog.

1765. The political Songs of England from the reign of John to that of Edward II, edited by Thomas Wright. *London, Camden Society*, 1839, pet. in-4, cart.

Envoi de l'éditeur.

1766. A Volume of vocabularies, illustrating the condition and manners of our forefathers (xth-xvth cent.), by Thomas Wright. *Privately printed*, 1857, gr. in-8, cartonné.

Envoi d'auteur.

1767. Origines patriciæ, or a Deduction of european titles of nobility and dignified offices from their primitive sources, by Hampson. *London*, 1846, gr. in-8, cart.

1768. Debrett's Peerage of the united kingdom of Great Britain and Ireland. *London*, 1829, 2 vol. pet. in-8, cartonnés. (*Armoiries.*)

1769. Tfie Peerage of British empire as at present existing, arranged and printed from the personal communications of the nobility, by Edmund Lodge. *London, Saunders and Otley*, 1840, tr.-gr. in 8, nombr. blas. dans le texte, cart. en percal. non rog.

1770. A genealogical and heraldic Dictionary of the peerage and baronetage of the British empire, by sir Bernard Burke. *London, Harrison*, 1858, gr. in-8, nombr. blas. cart. en percal. non rog.

1771. The Record of the house of Gournay, compiled from original documents by Daniel Gurney. *London, privately printed*, 1848, 3 vol. — Supplément, 1858. — Ensemble 4 vol. in-4, cuir de Russie, tr. dor.

Cet ouvrage, très-rare, est orné d'un grand nombre de figures dans le texte et hors texte.

1772. Memoirs containing a genealogical and historical account of the ancient house of Stanley. *Manchester*, 1783, in-8, demi-rel.

1773. Allen. On the royal Prerogative. *London*, 1849. — Palgrave. Prerogative of the king's Council. 1834. — The Lords and people, by G. Grey. 1834. — 3 vol. in-8, cart. (*Envois d'auteur.*)

1774. Parliamentary Government considered with reference to a reform of Parliament, by carl Grey. *London, Bentley*, 1858, iu-8, cart.

1775. Whiteloke's Notes upon the kings... being disquisitions on the government of England, by king, lords and commons, published by Charles Morton. *London*, 1766, 2 vol. in-4, v.

1776. The british Constitution, its history, structure and working, by Henry, lord Brougham. *London*, 1861, in-12, cart.

1777. Manners and household expenses of England, illustrated by original records. *London, William W. Nicol*, 1841, in-4, demi-rel. mar. br. n. rog. (*Envoi d'auteur.*)

1778. Constitution de l'Angleterre (étude par M. de Lolme). *Amsterdam, E. van Arrevelt*, 1771, in-8, bas.

1779. Constitution de l'Angleterre, ou État du gouvernement anglais comparé avec la forme républicaine et avec les autres monarchies de l'Europe, par de Lolme. *Paris, Delarue*, 1822, 2 vol. in-8, demi-ref. v. f.

1780. Histoire des causes de la grandeur de l'Angleterre depuis les origines jusqu'à la paix de 1763, par Ch. Gouraud. *Paris, Paulin et Lechevalier*, 1856, in-8, demi-rel. v. f. fil. noirs, tr. jasp. (*Envoi d'auteur.*)

1781. De l'Avenir politique de l'Angleterre, par le comte de Montalembert. *Paris, Didier*, 1856, in-12, demi-rel. v. bl.

1782. L'Angleterre au xviiie siècle. Études et portraits, par M. Charles de Rémusat. *Paris, Didier*, 1856, 2 vol. in-8, demi-rel. v. f.

1783. L'Angleterre au xviiie siècle. Études et portraits, par M. Charles de Rémusat. *Paris, Didier*, 1856, 2 vol. in-8, demi-rel. v. f. fil.

1784. La Constitution d'Angleterre. Exposé historique et critique des origines, du développement successif et de l'état actuel de la loi et des institutions anglaises, par Ed. Fischel. *Paris, C. Reinwald*, 1864, 2 vol. in-8, demi-rel. chagr. viol. tr. jasp.

1785. Exposé de l'administration générale et locale des finances du royaume uni de la Grande-Bretagne et d'Irlande, par M. A. Bailly. *Paris, Firmin Didot*, 1837, 2 vol. in-8, v. rac. tr. marbr.

1786. Statistique de la Grande-Bretagne et de l'Irlande, par Alex. Moreau de Jonnès. *Paris*, 1837-38, 2 vol. in-8, demi-rel. v. vert, tr. jasp. carte col.

1787. Essai sur l'économie rurale de l'Angleterre, de l'Écosse et de l'Irlande, par Léonce de Lavergne. *Paris, Guillaumin*, 1854, in-8, demi-rel. chagr. brun, tr. jasp.

1788. Histoire de la réforme commerciale en Angleterre, par Henri Richelot. *Paris, Capelle*, 1853-55, 2 vol. in-8, demi-rel. v. bleu, tr. jasp. (*Envoi d'auteur.*)

1789. L'Angleterre politique et sociale, par Auguste Laugel. *Paris, Hachette*, 1873, in-12, demi-rel. v. bl. (*Envoi d'auteur.*)

c. *Histoire particulière de l'Angleterre.*

1790. An Introduction to the old English history, comprehended in three several tracts with an appendix and a glossary, by Robert Brady. *London*, 1684, in-fol. bas.

1791. The History of the Anglo-Saxons, by Sharon Turner. *Paris, Baudry*, 1840, 3 vol. in-8, demi-rel.

1792. Kemble. The Saxons in England, till the period of the norman conquest. *London*, 1849, 2 vol. in-8, cart.

1793. Tableau de mœurs au dixième siècle, ou la Cour et les lois de Howel le Bon, roi d'Aberfraw de 907 à 948, suivi de cinq pièces de la langue française aux XIe et XIIIe siècles, etc., précédé d'une lettre par G. Peignot. *Paris, impr. de Crapelet*, 1832, gr. in-8, pap. vél. cart. n. rog.

1794. The History of the Norman conquest of England, its causes and its results, by Edward A. Freeman. *Oxford, at the Clarendon Press*, 1867-69, 3 vol. in-8, cart. anglais.

1795. Histoire de la conquête de l'Angleterre par les Normands, par Augustin Thierry. *Paris, F. Didot*, 1825, 3 vol. in-8, demi-rel. v. ant.

1796. Histoire de la conquête de l'Angleterre par les Normands, de ses causes et de ses suites jusqu'à nos jours... par Augustin Thierry. *Paris, Just Tessier*, 1838, 4 vol. in-8, demi-rel. v. ant. fil. (*Envoi autographe de l'auteur.*)

1797. Essays on the literature, superstitions and history of England in the middle ages, by Thomas Wright. *London, J. Russell Smith*, 1846, 2 vol. in-8, cart. toile, n. rog.

1798. Édouard III et le Régent, ou les Mœurs du XIVe siècle, par M. Aug. Vidalin. *Paris, Féret*, 1843, in-8, demi-rel. v. viol. (*Envoi d'auteur.*)

1799. Richard II, épisode de la rivalité de la France et de l'Angleterre, par H. Wallon. *Paris, L. Hachette*, 1864, 2 vol. in-8, demi-rel. mar. br. (*Envoi d'auteur.*)

1800. Remarks on the manner of the death of king Richard the second... by P. W. Dillon. *London, printed by J.-B. Nichols and son*, 1839, br. in-4.

1801. Règne de Richard III, ou Doutes historiques sur les crimes qui lui sont imputés, par M. Horace Walpole, traduit de l'anglais par Louis XVI, avec des notes. *Paris, Lerouge*, 1800, in-8, frontisp. demi-rel. v. ant.

1802. History of England and France under the house of Lancaster. *London, Murray*, 1852, in-8, cart. (Envoi d'auteur.)

1803. History of England and France under the house of Lancaster; with an introductory of the early Reformation, by Henry lord Brougham. *London, Griffin*, 1861, gr. in-8, portrait, cart. en percal. non rog.

1804. Englische Geschichte (XVI und XVII jahrh.), von Leopold Ranke. *Leipzig*, 1868, 7 vol. in-8, demi-rel. v. f.

1805. The constitutional History of England from the accession of Henri VII to the death of George II, by Henry Hallam. *Paris*, 1827, 4 vol. in-8, demi-rel. v.

1806. The constitutional History of England, by Heny Hallam. *London, John Murray*, 1827, 2 vol. in-4, d.-rel. v. f.

1807. Histoire constitutionnelle d'Angleterre depuis l'avénement de Henri VII jusqu'à la mort de Georges II, par Henri Hallam, traduction revue et publiée par M. Guizot. *Paris, Guibert*, 1828-29, 5 vol. in-8, demi-rel. v. viol.

1808. Histoire de Henri VIII et du schisme d'Angleterre, par M. Audin. *Paris, L. Maison*, 1850, 2 vol. in-12, demi-rel. v. ant. tr. jasp.

1809. Letters and papers foreign and domestic of the reign of Henri VIII, catalogued by Brewer (vol. 1). *London, Longman*, 1862, gros in-8, cart.

1810. The Life of cardinal Wolsey, by George Cavendish. *London*, 1852, in-4, cart.

1811. History of England from the fall of Wolsey to the death of Elizabeth, by Froude. *London*, 1856, 12 vol. in-8, cart. n. rogn.

1812. Three Letters relating to the suppression of monasteries; edited from the originals in the British Museum, by Thomas Wright. *London, printed for the Camden Society by John Bowyer Nichols and Son*, 1843, pet. in-4, cart. en percal. non rog.

1813. Histoire de Jane Grey, par J.-M. Dargaud. *Paris, L. Hachette*, 1863, in-8, demi-rel. mar. v. (*Envoi d'auteur.*)

1814. Letters and memorials of State in the reigns of queen Mary, queen Elizabeth, etc., collected by Arthur Collins. *London*, 1746, 2 vol. in-fol. v. (*Portrait.*)

1815. Annales rerum Anglicarum et Hibernicarum, regnante Elizabetha, authore Camdeno. *Lugd.-Bat. ex officina Elzeviriana*, 1625, in-8, titre gravé, v. br. (Portr. d'Elizabeth.)

1816. Queen Elizabeth and her times. A series of original letters selected from the inedited private correspondence, edited by Thomas Wright. *London, Colburn*, 1838, 2 vol. in-8, cart. portrait.

1817. Aikin. Memoirs of the court of queen Elizabeth, James I and Charles I. *London*, 1826-33, 6 vol. in-8, v. f. portraits.

1818. Lives and letters of the Devereux, earls of Essex, in the reigns of Elizabeth, James I and Charles I, 1540-1646, by the hon. Walter Bourchier Devereux. *London, John Murray*, 1853, 2 vol. gr. in-8, avec 2 portr. cart. en percal. non rog.

1819. Memorials of the rebellion in 1569. *London*, 1840, in-8, cart.

<small>Envoi autographe de l'éditeur.</small>

1820. Sir John Eliot, a biography, 1590-1632, by John Forster. *London*, 1864, 2 vol. in-8, cart. portrait.

1821. Memoirs of the court of England during the reign of Stuarts, *London*, 1840. 2 vol. in-8, cart.

1822. The History of England during the reigns of the royal house of Stuart. *London*, 1730, in-fol. v.

1823. The History of England from the accession of James I to the elevation of the house of Hanover. *London*, 1771, 9 vol. in-4, demi-rel. — Macaulay's letters (vol. 1), in-4, demi-rel.

1824. An historical and critical Account of the lives and writings of James Ier and Charles Ier, and of the lives of Oliver Cromwell and Charles II, by William Harris, *London, J. Rivington*, 1814, 4 vol. in-8, v. rose, fil.

1825. The Court and times of James the first. *London, Colburn*, 1848, 2 vol. in-8, cart.

1826. The Progress, processions and magnificent festivities of king James the first, his royal consort, family, and court; collected from original manuscripts, scarce pamphlets..... illustrated with notes, ... by John Nichols. *London, printed by J.-B. Nichols*, 1828, 4 vol. in-4, avec portraits, cart. en percal. non rog. (*Fortes mouillures.*)

1827. An History of the life of James, duke of Ormonde, from 1610 to 1688, by Th. Carte. *London*, 1736, 3 vol. in-fol. demi-rel.

<small>Le 3e volume est composé des lettres écrites par les rois Charles Ier et II au duc d'Ormonde durant les troubles.</small>

1828. Historical Collections of private passages of State, weighty matters in law, etc. (1618-1629), now published by John Rushworth. *London*, 1721, 8 vol. in-fol. v. br. portr.

<small>Bon exemplaire.</small>

1829. The Autobiography and correspondence of sir Simonds d'Ewes, during the reigns of James I and Charles I, edited by Halliwell. *London*, 1845, 2 vol. in-8, cart.

1830. Historical and biographical Memoirs of Georges Villiers I, duke of Buckingham. *London*, 1819, in-4, portr.

1831. History of Charles the first and the english revolution, by M. Guizot, translated by Scoble. *London*, 1854, 2 vol. in-8, cart.

HISTOIRE.

1832. A Narrative by John Asburnham, of his attendance on king Charles the first, never before printed. *London*, 1830, 2 vol. gr. in-8, demi-rel.

1833. Memoirs and reflexions upon the reign and government of king Charles I, written by sir Rich. Bulstrode. *London*, 1721, in-8, rel.

1834. Commentaries on the life and reign of Charles the first, king of England, by Isaac Disraeli. A new edition, revised by the author, and edited by his son. *London, Henry Colburn*, 1851, 2 vol. gr. in-8, cart. en percal. non rog.

1835. Letters of queen Henrietta Maria, her correspondence with Charles the first, edited by Mary A. Ev. Grenn. *London, Bentley*, 1857, in-8, cart.

1836. Memorials of the english affairs from Charles I to king's Charles II restauration, by Whitelock. *London*, 1732, in-fol. v.

1837. Some memorials of John Hampden (1625-1643). *London*, 1832, 2 vol. in-8, rel. portrait.

1838. Letters and Journal written by Robert Baillie (1637-1662). *Edinburgh*, 1775, 2 vol. in-8, rel.

1839. Relations and observations, historical and politick, upon the Parlement begun anno 1640..... together with an appendix, touching the procedings of the independent faction in Scotland, (by Clement Walker). *S. l.*, 1648. — The high court of justice, or Cromwell new Slaughter-House in England..... *S. l.*, 1660. — En 1 vol. pet. in-4, demi-rel. dos et coins de mar. violet.

1840. The History of the Parliament of England (1640), written by Thomas May. *London*, 1647, in-4, v. portrait.
Réimprimé en 1812.

1841. History of the English revolution, from the accession of Charles I, translated from the french of M. Guizot, by Louise Coutier. *Oxford, D. A. Talboys*, 1838, 2 vol. gr. in-8, cart. en percal. non rog.

1842. History of the English revolution of 1640 : from the accession of Charles I to his death, by F. Guizot, translated by William Hazlitt. *London*, 1846, pet. in-8, portr. cart. en percal. non rog.

1843. History of the English revolution of 1640..... by F. Guizot, translated by William Hazlitt. *London*, 1851, pet. in-8, portr. cart. non rog.

1844. Memoirs of Edmond Ludlow (1640-1660). *Switzerland*, 1698, 3 vol. in-8, rel.

1845. Memoirs of the life of colonel Huchinson, to which is added an account of the siege of Lathom house defended by the countess of Derby, against sir Thomas Fairfax. *London, H. Bohn*, 1848, in-12, cart.

1846. A brief Chronicle of the late intestine war, compiled by James Heath. *London,* 1663, pet. in-8, c. de R.

<small>Bel exemplaire auquel on a ajouté 31 portraits anciens remontés in-8.</small>

1847. The Life of Edward lord Herbert of Cherbury, written by himself. *London,* 1826, in-8, cart. portrait.

1848. Memoirs of lord Holles (1641-1648). *London,* 1699, in-8, v.

1849. The Autobiography of Bradford, in Yorkshire, edited by Th. Wright. *London,* 1842, in-8, cart.

1850. Historical Discourses upon several occasions (1644-1651), by sir Edw. Walker. *London,* 1705, in-fol. bas.

1851. Arrest of the five Members by Charles the first; by John Forster. *London, John Murray,* 1860, in-8, cart.

1852. Memorials of the great civil war in England, from 1646 to 1652; edited from original letters..... by Henri Cary. *London, Henry Colburn,* 1842, 2 vol. gr. in-8, cart. en percal. non rog.

1853. Select Tracts relating to the civil wars in England, in the reign of King Charles I. *London,* 1815, 2 vol. in-8, demi-rel.

1854. Memoirs of James Graham, marquis of Montrose, translated from the latin of the R. G. Wishart. *Edinburgh,* 1819, in-8, v. portrait.

1855. The Life and times of Montrose, by Mark Napier. *Edinburgh,* 1840, pet. in-8, cart. portraits.

1856. Memoirs of the marquis of Montrose, by Mark Napier. *Edinburgh,* 1856, 2 vol. in-8, cart. portrait.

1857. Essai sur la vie de T. Wentworth, comte de Strafford, par le comte Lally-Tolendal. *Paris, H. Nicolle,* 1814, in-8, demi-rel. v. gr.

1858. The Life and death of sir Henry Vane, 1662.— 2 part. en 1 vol. in-4, demi-rel.

1859. The Fairfax correspondence, memoirs of the reign of Charles the first; edited by George W. Johnson. *London, Rich. Bentley,* 1848, 2 vol. — Memorials of the civil war...; edited by Robert Bell. *London, Rich. Bentley,* 1849, 2 vol. avec portrait; — ensemble 4 vol. gr. in-8, cart. en percal. non rog.

1860. The Life of Edward earl of Clarendon, lord high chancellor of England, and chancellor of the University of Oxford; in which is included a continuation of his history of the grand rebellion, written by himself. *Oxford, of the Clarendon press,* 1827, 3 vol. gr. in-8, cart. non rog.

1861. Life and administration of Edward, first earl of Clarendon; with original correspondence and authentic papers never before published, by T.-H. Lister. *London, Longmann,* 1837-38, 3 vol. gr. in-8, portrait, cart. en percal. non rog.

1862. The History of the rebellion and civil wars in England, together with an historical view of the affairs of Ireland, by Edward earl of Clarendon. *Oxford, at the University press,* 1849, 7 vol. gr. in-8, cart. en percal. non rog.

1863. Lives of the friends and contemporaries of lord chancellor Clarendon, illustrative of portraits in his gallery; by lady Theresa Lewis. *London, John Murray,* 1852, 3 vol. gr. in-8, portraits, cart. en percal. non rog.

1864. A Narrative of the attempted escapes of Charles the First, by George Hillier. *London,* 1852, in-12, cart. toile, n. rog. — Historical essays, by lord Mahon. *London, J. Murray,* 1849, in-12, cart. toile, n. rog.

1865. George Hillier. A Narrative of the attempted escapes of Charles the first from Carisbrook castle and of his detention in the isle of Wight, including the letters of the king to colonel Titus. *London, B. Bentley,* 1852, pet. in-8, cart.

1866. King Charles the first, the author of *Icon Basilike* further proved, by Christopher Wordsworth. *Cambridge,* 1828, in-8, demi-rel. v. f.

1867. Histoire entière et véritable du procez de Charles Stuart, roy d'Angleterre..... *Londres, impr. par J.-G.* l'an 1650, tr. pet. in-8, demi-rel. v. gran.

1868. Recueil de pièces originales en français sur la mort de Charles Ier et sur la Révolution d'Angleterre, 1649. — 33 pièces en 1 vol. in-4, demi-rel.

1º La Royauté de Charles second reconnue au Parlement d'Escosse. *Paris, Coulon,* 6 pages.
2º Les intérêts qui doivent obliger à rétablir le roy de la Grande-Bretagne, 50 pages.
3º Relation de la mort barbare du roi d'Angleterre, 8 pages.
4º Relation du procès de Charles Ier, 16 pages.
5º La déplorable mort de Charles Ier, 8 pages.
6º Le procez de Charles Ier, 14 pages.
7º Les dernières paroles du roy d'Angleterre, 8 pages.
8º Les sanglots de l'affligée reine d'Angleterre, 8 pages.

9° Les larmes et complaintes de la reyne d'Angleterre, à l'imitation des Quatrains de Pibrac, 8 pages.
10° Lettre véritable du prince de Galles, 8 pages.
11° Réponse au prince de Galles, 7 pages.
12° Le transport et les pleurs de Hieremie Anglois sur les misères de ce siècle, en vers burlesques. *Paris*, 8 pages.
13° Lettre de la reyne régente, 8 ff.
14° Consolation à la reyne, etc., etc. On a ajouté à ce volume quelques gravures et une pièce : Apologie du roy d'Angleterre, par R. G. prestre Tourangeau.

1869. The Lives of the English regicides and other commissioners of the pretended high court of justice, by the R. Mark Noble. *London*, 1798, 2 vol. in-8, rel.

Biographies des juges de Charles Ier.

1870. Histoire des troubles de la Grand'Bretagne (par Montete de Salmonet). *Paris, Ant. Vitré*, 1649, in-4, v. gr.

1871. Histoire de la Révolution d'Angleterre, par M. Guizot. *Paris, Leroux*, 1826, 2 vol. in-8, demi-rel. v. f.

1872. COLLECTION DE MÉMOIRES relatifs à la Révolution d'Angleterre (publiés par M. Guizot). *Paris, Béchet*, 1823-1825; 26 vol. in-8, demi-rel. v. r. dos orné, non rog.

Bel exemplaire en papier vélin.

1873. Recueil de 66 pièces originales sur les affaires d'Angleterre (1641-1660), in-4, rel.

Recueil important, contenant des pièces originales données par le Roi, de 1641 à 1649, d'autres sur l'établissement de l'Église presbytérienne. — Les déclarations de sir Thomas Fairfax. — La déclaration du général Monk, etc.
Plusieurs de ces pièces sont imprimées en gothique.

1874. Étude sur les pamphlets politiques et religieux de Milton, par A. Geffroy. *Paris, Dezobry*, 1848, in-8, pap. fort, demi-rel. v. ant. (*Envoi d'auteur.*)

1875. A Declaration to the powers of England, and to all the powers of the world, or the state of community opened. *London, Giles Calvert*, 1649. — A true copy of sir Henry Hide's speech on the scaffold before his execution. *London, Peter Cole*, 1650. — A declaration of the parliament of the commonwealth of England. *London*, 1652. — A declaration or manifest of the high and mighty lords the states general of the united provinces. *Amsterdam*, 1652. — The case stated between England and united provinces, 1652. — 5 pièces en 1 vol. pet. in-8, demi-rel.

1876. Recueil de 75 pièces sur Lilburne et ses procès, imprimées de 1648 à 1650. — 3 vol. in-4, v. br.

Recueil rare de pièces originales, sur l'une des figures les plus accentuée de la révolution d'Angleterre.

1877. The Trial of lieut.-col. John Lilburne at the Guild Hall of London published by Theodorus Verax (1649), in-4. — A just reproof to Haberdashers hall or an epistle writ by lieut.-col. John Lilburn (1651). — The oppressed maris outcry (1651). — 3 part. en 1 vol. in-4, demi-rel.

1878. Cromwelliana, a chronological detail of events in which Oliver Cromwell was engaged; from the year 1642 to his death 1658 : with a continuation of other transactions, to the Restoration. *Westminster, printed for Machell Stace, by George Smeeton,* 1810, in-fol. pap. vél. cart. non rog.

Tiré à 250 exemplaires.

1879. History of Oliver Cromwell and the commonwealth, by M. Guizot, translated by Scoble. *London, Bentley,* 1854, 2 vol. in-8, cart.

1880. The perfect Politician, or a full view of the life and actions of Oliver Cromwell. *London,* 1680, pet. in-8, v. portrait. — Flagellum, or the life and death of Ol. Cromwell the late usurper. *London,* 1665, pet. in-8, bas. — Scutum regale, the royal Buckler. *London,* 1680, pet. in-8, figures. — A Catalogue of lords that have compounded for their estates. *London,* 1655, pet. in-8, cart.

1881. La Tyrannie heureuse, ou Cromwell politique, par le sieur de Gallard. *A Leyde, chez Jean Pauwels,* 1671, pet. in-12, v.

1882. Histoire de Cromwell d'après les mémoires du temps et les recueils parlementaires, par M. Villemain. *Paris, Maradan,* 1819, 2 vol. in-8, demi-rel. v. ant.

1883. Précis historique sur Cromwell, par M***. (de Langeac). *S. l.,* 1789, in-8, demi-rel. mar. n.

1884. Historia di Oliviero Gromvele, scritta da Gregorio Leti. *Amsterdamo, G. Blaeu,* 1692, 2 vol. in-8, portr. bas.

1885. Dargaud (J.-M.). Histoire d'Olivier Cromwell. — Histoire d'Elisabeth d'Angleterre. *Paris, Lacroix-Verbœckhoven,* 1866-67, 2 vol. in-8, br.

1886. Memoirs of the life and actions of Oliver Cromwell, by Francis Peck. *London,* 1740, in-4, v. portrait.

1887. A short critical Review of the political life of Oliver Cromwell, by the late John Banks. *London,* 1769, in-12, v. portrait.

1888. The protectorate of Oliver Cromwell and the state of Europe, illustrated in a series of letters, edited by Robert Vanghan. *London, Colburn,* 1838, 2 vol. in-8, cartonnés.

1889. Original letters and papers of State adressed to Oliver Cromwell (1649-1658), found among the political collections of John Milton, now first published, by John Nickolls. *London*, 1743, in-fol. cart. n. rogn.

1890. Oliver Cromwell's letters and speeches, with elucidations, by Thomas Carlyle. *London, Chapman and Hall*, 1845, 2 vol. in-8, cart. et supplément.

1891. The Protector. A Vindication, by Merle d'Aubigné. *Edinburgh*, 1847, in-8, cartonné.

1892. Memoirs of the protector Oliver Cromwell, and of his sons Richard and Henry, illustrated by original letters. *London, Longman*, 1820, in-4, rel. portraits.

1893. A Journal of the Swedish Ambassy in the years 1653-1654, written by the ambassador Whitelocke. *London*, 1772, 2 vol. in-4, v.

1894. Memorials of the professional life and times of sir William Penn (1644-1670). *London*, 1833, 2 vol. in-8, cart. portrait.

1895. The Statesmen of the commonwealth of England, by John Forster. *London*, 1840, 5 vol. in-12, v. f. (*Envoi autogr. de l'auteur.*)

1896. The Statesmen of the commonwealth of England; with a treatise on the popular progress in english history, by John Forster. *London*, 5 vol. in-12, portraits, cart. en percal. non rog.

1897. Robert Blake, admiral and general at sea, by Hepworths Dixon. *London*, 1852, in-8, cart.

1898. History of the commonwealth of England, from its commencement to the restoration of Charles the second, by William Godwin. *London, Henry Colburn*, 1824-28, 4 vol. in-8, demi-rel. v. f. dos orné.

1899. Political Ballads, published in England during the commonwealth, edited by Th. Wright. *London, Percy society*, 1841, in-8, demi-rel.

1900. Political Ballads, published in England during the commonwealth, edited by Th. Wright. *London, Percy society*, 1841, in-8, demi-rel.

Dédié à M. Guizot.

1901. Mercurius Cambro-Britannicus, or news from Wales touching the glorious propagation of the Gospel. *London*, 1652. — An Answer to the several petitions, and to his excellency the lord general Cromwell. *London*, 1652. —

HISTOIRE.

M. Lov's case. *London*, 1651. — 3 part. en 1 vol. in-4, demi-rel.

1902. Recueil de 15 pièces sur l'histoire d'Angleterre, de 1650 à 1668, in-4, demi-rel. mar.

Colonel Grey's portmanteau opened. — Mola Asinaria, by Will Prynne, 1659. — The Long Parliament revived, 1661, etc., etc.

1903. The Diary of sir Henry Slingsby, of Scriven, edited by Parsons. *London, Longman*, 1836, in-8, cart.

1904. Diary of Thomas Burton, member in the Parliaments of Oliver and Richard Cromwell, from 1656 to 1659; with an introduction containing an account of the Parliament of 1654, from the Journal of Guibon Goddard... edited and illustrated with notes historical and biographical by John Towill Rutt. *London, Henry Colburn*, 1828, 4 vol. in-8, frontisp. gr. demi-rel. v. f. dos orné.

1905. Memoirs, letters and speeches of the first earl of Shaftesbury, from his birth to the restoration, edited by Christie. *London, Murray*, 1859, in-8, cart. portrait.

1906. History of Richard Cromwell and the restoration of Charles II, by M. Guizot, translated by Scoble. *London, Bentley*, 1856, 2 vol. in-8, cart.

1907. Modern policy compleated, or the publick actions of the lord general Monk. *London*, 1660, in-12.

1908. The Life of general Monk, by Thomas Gumble. *London*, 1671, in-8. *Portrait*.

1909. Observations upon military and political affairs, written by George Monk duke of Albermale. *London*, 1671, in-fol. v. portr.

1910. La Vie du général Monk, traduite de l'anglais de Gumble. *Londres*, 1672, in-12, v. f.

1911. The Art of restoring, or the piety and probity of general Monk. *London*, 1714. — The Life and reign of Edward the sixth. — 2 part. en 1 vol. in-8, v.

Le titre de la seconde partie manque.
Ex libris Walter Wilson.

1912. The Life of general Monk, by W. Webster. *London*, 1722, in-8, v. portr.

1913. The History of political transactions and of parties from the restoration of king Charles II to the death of king William, by Thomas Sommerville. *London*, 1792, in-4, demi-rel.

1914. Memoirs of George Monk, from the french of M. Guizot, translated by J. Stuart Wortley. *London, Bentley*, 1838, in-8, cart.

1915. Monk : or the fall of the republic and the restoration of the monarchy in England, in 1660, by M. Guizot, translated from the french by Andrew R. Scoble. *London, Henry G. Bohn*, 1851. — Monk's contemporaries. Biographic studies on the english revolution, by M. Guizot, translated by And. R. Scoble. *London*, 1851, en 1 vol. pet. in-8, cart. n. rog.

1916. Vie du général Monk, duc d'Albermarle, restaurateur de Sa Majesté Britannique Charles II, par M. Desvaulx, un des otages de S. M. Louis XVI. *Paris*, 1815, in-8, demi-rel. v. ant.

1917. Musarum Cantabrigiensum threnodia in obitum ducis Albæmarlæ (general Monk). *Cantabrigiæ*, 1670, in-4, v.

1918. Elenchi motuum nuperorum in Anglia, auth. G. Bathio. *Londini*, 1661, in-8, 2 p. en 1 vol. vélin, portrait de Charles Ier.

1919. Histoire de la Contre-Révolution en Angleterre, sous Charles II et Jacques II, par Armand Carrel. *Paris, A. Sautelet*, 1827, in-8, demi-rel. v. viol. (*Envoi d'auteur.*)

1920. Histoire des deux derniers rois de la maison de Stuart, par Ch.-J. Fox, suivie de pièces originales et justificatives, ouvrage traduit de l'anglais... *Paris, H. Nicolle*, 1809, 2 vol. in-8, demi-rel. v. ant. dos orné.

1921. Charles the second in the channel Islands, a contribution to his biography and to the history of his age, by S. Elliott Hoskins. *London, Rich. Beatley*, 1854, 2 vol. gr. in-8, cart. en percal. n. rog.

1922. The Boscobel tracts, relating to the escape of Charles the second after the battle of Worcester and his subsequent adventures, edited by Hughes. *William Blackwood, Edinburgh*, 1830, in-8, cart.

1923. Memoirs of Samuel Pepys, secretary to the admiralty in the reigns of Charles II and James II, comprising his diary from 1659 to 1669, deciphered by the Rev. John Smith... and a selection from his private correspondence edited by Richard lord Braybrooke. *London, Henry Colburn*, 1828, 5 vol. in-8, avec 5 portr. et fig. v. f. fil. dos ornés. (*Bonne rel. angl.*)

1924. Burnet's History of his own time, from the restoration of king Charles II. *London*, 1818, 4 vol. in-8, rel.

1925. An impartial Examination of Burnet's History of his own times, containing considerable transactions in the reigns of Charles II and James II, by M. Salmon. *London*, 1724, 2 vol. in-8, rel.

1926. Memoirs of lady Fanshawe, written by herself. *London*, 1830, pet. in-8, cart. portr.

1927. Vita Johannis Barwick, à Petro scripta; adjicitur : appendix epistolarum Regis Caroli II; nunc primum edita. *Londini*, 1713, in-8, rel. portr.

1928. Diary of the times of Charles the second, by the honorable Henry Sidney, edited, with notes, by Blencowe. *London, Colburn*, 1843, 2 vol. in-8, cart.

1929. The Memoirs of the honourable sir John Reresby, Bart. *London, Harding*, 1735, in-8, demi-rel.

1930. Memoirs of Great Britain and Ireland from the dissolution of the last parliament of Charles II, until the sea battle of la Hogue, by sir John Dabrymple. *London*, 1771, 2 vol. in-4, demi-rel.

1931. Cabala. Mysteries of State, in letters of the great ministers of king James and king Charles, faithfully collected by a noble hand. *London*, 1654. — Scrinia sacra, a supplement of the Cabala. *London*, 1654. — 2 vol. pet. in-4, cart.

1932. The Eife of William lord Russell; with some account of the times in which he lived, by lord John Russell. *London, Longman*, 1820, 1 vol. avec portr. — Some account of the life of Rachel Wriothesley lady Russell, by miss Berry. *London, Longman*, 1820, 1 vol. — Ensemble 2 vol. in-8, demi-rel. v. f.

1933. The Life of the R. H. and religious lady Christian, late countess of Devonshire. *London*, 1685, in-8, v.

1934. Memoirs of the life, works and correspondence of sir W. Temple, by Peregrine Courtenay. *London*, 1836, 2 vol. in-8, cart. portr.

1935. Arlington's Letters to sir W. Temple (1665-1670). *London*, 1701, 2 vol. in-8, v. portr.

1936. Lettres de M. le chevalier Guil. Temple et autres, ministres d'Etat, tant en Angleterre que dans les pays étrangers... de 1665 à 1672, traduites de l'anglais. *La Haye, H. van Bulderen*, 1700, 2 tomes en 1 vol. in-12, v. br.

1937. Reliquiæ Baxterianæ, or Richard Baxter's narrative of the most memorable passages of his life and times, faithfully published from original manuscript, by Matthew Silvester. *London*, 1696, in-fol. v. br. portr.

1938. The Life of the first earl of Shaftesbury, by Martyn and Kippis, edited by G. Wingrove Cooke. *London*, 1866, 2 vol. in-8, cart.

1939. History of the Revolution in England, in 1688, by sir James Mackintosh. *Paris, Baudry's*, 1834, 2 vol. in-8, demi-rel. v. f.

1940. Histoire de la Révolution de 1688, en Angleterre, par F.-A.-J. Mazure. *Paris, Ch. Gosselin*, 1825, 3 vol. in-8, demi-rel. v. ant.

1941. La Source des malheurs d'Angleterre et de tous les maux dont ce roïaume a été affligé depuis le règne de Jacques Ier, et qui ont causé la perte de Charles Ier et la désertion de Jacques II, cy-devant roi de la Grande-Bretagne, France et Irlande. *A Cologne, chez Pierre Marteau (à la Sphère)*, 1689, pet. in-12, maroq. rouge, fil. tr. dor. (*Anc. reliure.*)

1942. Private Memoirs of sir Kenelm Digby, written by himself, now first published. *London*, 1827, in-8, cart. portrait.

<small>L'auteur est connu en France, surtout comme bibliophile distingué.</small>

1943. Historical recollections of the reign of William III, by A.-J. Maley. *London, Hope*, 1859, 2 vol. in-12, cart.

1944. An historical History of my own life with some reflexions on the times (1671-1731), by Edmund Calamy, edited by J.-T. Rutt. *London, Colburn*, 1830, 2 vol. in-8, cart.

1945. A Selection from the papers of the earls of Marchmont (1685-1750). *London, Murray*, 1831, 3 vol. in-8, cart.

1946. Essai historique sur le docteur Swift, et sur son influence dans le gouvernement de la Grande-Bretagne. *Paris*, 1808, in-8, tiré in-4, portr. cart. n. rog.

1947. The Works of lord Bolingbroke, with a life. *Philadelphia*, 1841, 4 vol. in-8, cart. n. rog. portr.

1948. History of England (reign of queen Anne), by earl Stanhope. *London, John Murray*, 1870, in-8, cart.

1949. The History of Great Britain during the reign of queen Anne; with a dissertation concerning the danger of the protestant succession... by Thomas Somerville. *London, printed for A. Strahan*, 1798, in-4, demi-rel. v. f.

1950. Memoirs of John duke of Marlborough, with his original correspondence, by William Coxe. *London, 1820,* 6 vol. in-8, demi-rel. port.

1951. The Letters and dispatches of John Churchill, first duke of Marlborough, from 1702 to 1712, edited by the right hon. sir George Murray. *London, John Murray, 1845,* 3 vol. gr. in-8, portrait, cart. en percal. n. rogn.

1952. Thomas Wright. England under the house of Hanover, its history illustrated from the caricatures of the day. *London, Bentley,* 1848, 2 vol. in-8, cart. (*Envoi d'auteur.*)

1953. Histoire de Charles-Édouard, précédée d'une histoire de la rivalité de l'Angleterre et de l'Ecosse, par Amédée Pichot. *Paris, Amyot,* 1845, 2 vol. in-8, demi-rel. v. ant.

1954. Histoire de Charles-Édouard, précédée d'une histoire de la rivalité de l'Angleterre et de l'Ecosse, par Amédée Pichot. *Paris, Ch. Gosselin,* 1833, 2 vol. in-8, demi-rel. v. viol.

1955. The Letters of Horace Walpole (1735-1796). *London, Bentley,* 6 vol. in-8, cart. portraits.

1956. Memoirs of the life and administration of sir Robert Walpole, earl of Orford, by William Coxe. *London, Longman,* 1816, 3 vol. in-8, bas. portrait.

1957. Memoirs from 1754 to 1758, by James earl Waldegrave. *London, John Murray,* 1821, in-4, portrait, rel. en chag. n. fil. tr. dor. (*Mouillures.*)

1958. Diaries and correspondence of James Harris, first earl of Malmesbury, containing an account of his missions to the courts of Madrid, Frederick the Great, Catherine the second, and his special missions to Berlin, Brunswick, and the french republic; edited by his Grandson. *London, Richard Bentley,* 1844, 4 vol. gr. in-4, portrait, cart. en percal. non rogn.

1959. The Life and administration of Robert Banks, second earl of Liverpool... by Charles, Duke Yonge. *London, Macmillan,* 1868, 3 vol. gr. in-8, cart. en percal. bl. non rog.

1960. Memoirs of the marquis of Rockingham and his contemporaries, by Georges Thomas, earl of Albemarle. *London, Bentley,* 1852, 2 vol. in-8, cart. n. rogn. portrait.

1961. Memoirs and Correspondence of George, lord Lyttelton, by Robert Phillimore. *London, John Ridgway,* 1845, 2 vol. in-8, cart.

1962. Lives of men of letters and science who florished in the time of George III, by Henry lord Brougham. *London,*

1846, 2 vol. in-8. cart. et mar. bl. tr. dor. (*Envoi d'auteur.*)

Tomes II et III ; le dernier volume est dédié à M. Guizot.

1963. Memoirs of the life of sir Samuel Romilly, written by himself, with his correspondence (1757-1811). *London*, 1840, 3 vol. in-8, cart. portrait.

1964. Memoirs of the life of sir Stephen Fox. *London*, 1717, in-8, demi-rel. v. f. portrait.

Réimpression.

1965. The Speeches of the right honourable Charles James Fox in the house of Commons. *London, printed for Longman.* 1815, 6 vol. in-8, v. f. fil. dos orné. (*Bonne rel. angl.*)

1966. The Speeches of the right honourable William Pitt, in the house of Commons. *London, printed for Longman,* 1817, 3 vol. in-8, v. f. fil. dos orné. (*Bonne rel. angl.*)

1967. A History of the right honourable William Pitt, earl of Chatam, by the Rev. Francis Thackeray. *London, J. Rivington,* 1827, 2 vol. in-4, portr. cart. toile, n. rog.

1968. Memoirs of the life of the right honourable W. Pitt by G. Tomline. *London, John Murray,* 1822, 3 vol. in-8, v. ant.

1969. Correspondence of William Pitt, earl of Chatham. *London, John Murray,* 1838, 4 vol. in-8, cart.

1970. Essai historique sur les deux Pitt, par le baron Louis de Viel-Castel. *Paris, Labitte,* 1845, 2 tom. en 1 vol. in-8, demi-rel. v. ant.

1971. Memoir of sir Thomas Fowell Buxton (1786-1845). *London, Murray,* 1840, in-8, cart.

1972. Memoirs of J.-J. Gurney (1788-1846). *London,* 1854, 2 vol. in-8, cart.

1973. A Memoir of the R. Sydney Smith, by his daughter lady Holland, edited by Mrs Austin. *London, Longman,* 1855, 2 vol. in-8, cart.

1974. Memoir of the life of Elisabeth Fry, with journal and letters. *London,* 1847, 2 vol. in-8, cartonnés, portrait.

1975. Histoire du duc de Wellington, par A. Brialmont. *Paris, Ch. Tanera,* 1856, 3 vol. in-3, portr. demi-rel. v. f.

1976. Reminiscences of a septuagenarian (1802-1815), by countess Brownlow. *London, Murray,* 1868, in-8, cart.

1977. Memoirs and Correspondence of Francis Horner. *London, Murray,* 1843, 2 vol. in-8, cart. portrait.

1978. Memoirs of the whig party during my time, by H. Richard lord Holland. *London, Longman*, 1852, 2 vol. in-8, cart.
Envoi autographe de lord Holland.

1979. The Life of Henry John Temple, viscount Palmerston, with selections from his diaries and correspondence, by the right hon. sir Henry Lytton Bulwer. *London, Rich. Bentley*, 1870, 2 vol. in-8, pap. fort, portr. cart. en percal. non rogn.

1980. Memoirs by sir Robert Peel, published by lord Mahon. *London*, 1856, 2 vol. in-12, cart. = A Sketch of the life and character of sir Robert Peel, by sir Lawrence Peel. *London, Longman*, 1860, in-12, cart.

1981. Memoirs by the right honourable sir Robert Peel. *London, J. Murray*, 1856, 2 vol. in-8, cart. toile, n. rog.

1982. Memoirs of sir Robert Peel, by M. Guizot. *London, Bentley*, 1857, in-8, cart.

1983. Memoirs of sir Robert Peel, by M. Guizot. *London*, 1857, in-8, cart.

1984. Sir Robert Peel. Étude d'histoire contemporaine, par M. Guizot. *Paris, Didier*, 1856, in-8, demi-rel. mar. viol.

1985. Life and times of sir Robert Peel, by Cooke Taylor. *London*, w. y. 4 vol. in-8, cart.

1986. The early Years of his royal highness the Prince consort, by C. Grey. *London, Smith*, 1867, in-8, portr. cart. toile, n. rogn.

1987. The Thanks of the united kingdom of Great Britain and Ireland, voted by the houses of Parliament to the army and navy (1801-1843). *London*, 1844, gr. in-8, c. de R. fil. tr. dor.

1988. Diplomatic Correspondence. *London*, 1863   1865, 6 vol. in-8, cart.
L'année 1865 est en double.

1989. Narrative of the earl of Elgin's mission to China and Japan (1857-59), by Lawrence Oliphant, *London*, 1859, 2 vol. gr. in-8, cart. figures.

d. *Histoire des provinces, des villes et des colonies de l'Angleterre.*

1990. LONDON, edited par Ch. Knight. *Published by Charles Knight*, 1841, gr. in-8, cart. *Nombreuses planches.*
Belle publication.

1991. A Letter to the electors of Westminster from a conservative. *London, J. Hearne*, 1847, in-8, cart. n. rogn.

1992. Historical Memorials of Westminster abbey, by Arthur Penrhyn Stanley. *London, John Murray*, 1868, gr. in-8, cart. en percal. bl. non rogn.

1993. Holland House by princess Marie Lichtenstein. *London*, 1874, 2 vol. in-8, fig. cart. anglais.

1994. The History and antiquities of the Parish of Hammersmith, with biographical notices by Thomas Faulkner. *London*, 1839, gr. in-8, cart. fig.

1995. A Booke of the foundacion and Antiquitye of the towne of Greate Yermouthe, from the original manuscript, with notes and appendix, edited by Ch. J. Palmer. *Yarmouth*, 1847, in-4, cartonné.

1996. Chronicon monasterii de Bello, nunc primum typis mandatum. *Londini*, 1846, in-8, cartonné.

1997. The History of Portsmouth, by Henry Slight, 1838, in-8, cartonné.

1998. The Life and correspondence of Thomas Arnold, by Arthur Penrhyn Stanley, *London*, 1845, 2 vol. in-8, cart.

1999. Historical Memorials of Canterbury, by Arthur Stanley. *London, Murray*, 1855, in-8, cartonné, figures. (*Envoi d'auteur.*)

2000. The Story of Corfe Castle and of many who have lived there, by the R. H. Georges Bankes. *London, Murray*, 1853, in-12, cart.

2001. Memoir of Jared Sparks, by George E. Ellis. *Cambridge, press of John Wilson*, 1869, in-4, portr. cart. en perc. non rog. (*Envoi d'auteur.*)

2002. Inventaire chronologique des documents relatifs à l'histoire d'Ecosse, conservés aux archives du royaume à Paris. *Edimbourg, imprimé par la société d'Abbotsford*, 1839, 2 vol. in-4, cart. n. rog.

Envoi de M. Teulet. Tiré à petit nombre.

2003. The Scottish Chronicle, or a complete history of Scotland, by the reverend Raphael Hollinshead. *Arbroat*, 1805, in-4, demi-rel.

2004. The History of Scotland, from the union of the crowns, by Malcolm Laing. *London, J. Mawman*, 1819, 4 vol. in-8, v. f. fil.

2005. Tytler. History of Scotland. *Edinburgh*, 1828, 9 vol. in-8, cart. n. rog.

2006. Histoire d'Écosse, racontée par un grand-père à son petit-fils (par W. Scott), trad. par M. Defauconpret. *Paris, Furne,* 1831, 3 vol. in-8, carte, demi-rel. bas. bl.

2007. Presbytery examined, an essay critical and historical on the ecclesiastical history of Scotland since the reformation, by the duke of Argyll. *London, Moxon,* 1848, in-8, cartonné.

2008. Domestic annals of Scotland, from the Reformation to the Revolution, by Robert Chambers. *Edinburgh,* 1858, 2 vol. gr. in-8, cart.

2009. Traditions of Edinburgh, by Robert Chambers. *Edinburgh,* 1825, 2 vol. in-12, cart.

2010. The historical Works of sir James Balfour of Deumylne and Kinnaird, knight and baronnet. *London, printed for Hurst,* 1825, 4 vol. in-8, portr. v. f. fil. dos orné.

2811. A History of the Highlands, or the highland Clans; by James Browne. *Glascow, A. Fullarton,* 1840, 4 vol. gr. in-8, fig. cart. en percal. n. rog.

2012. The Memoirs of H. Guthry, relation of the affairs of Scotland (1637-1649). *Glascow,* 1847, pet. in-8, bas.

Ex libris duchesse de Gordon.

2013. Lord Melville papers. Letters and state papers chiefly addressed to George earl of Melville, secretary of State for Scotland, 1689-1691. *Printed at Edinburgh,* 1843, gr. in-8, pap. fort, veau f. fil. dent. à froid, dos orné. (*Papier vélin fort.*)

2014. Mary Queen of Scots vindicated, by John Whitaker. *London,* 1788, 3 vol. in-8, rel.

2015. Letters of Mary, queen of Scots, now first published by Agnès Strickland. *London, Colburn,* 1843, 2 vol. in-8, cart.

Envoi autographe de l'auteur.

2016. Marie Stuart et le comte de Bothwell, par L. Wiesener. *Paris, L. Hachette,* 1863, in-8, demi-rel. v. bl.

2017. Histoire de Marie Stuart, par Jules Gauthier. *Paris, A. Lacroix,* 1869, 3 vol. in-8, demi-rel. v. f.

2018. Histoire de Marie Stuart, par M. Mignet, *Paris, Paulin,* 1851, 2 vol. in-8, demi-rel. v. f.

2019. Hiberniæ leges et institutiones antiquæ (vol. 1). *S. a.,* gr. in-8, cart.

Ce volume contient le : *Senchus Mor.*

2020. An Introduction to the study of the history and antiquities of Ireland, by Sylvester O. Halloran. *London*, 1772, in-4, demi-rel.

2021. Histoire d'Irlande, traduite de l'anglais de M. J. Gordon, par Pierre Lamontagne. *Paris, Parsons*, 1808, 3 vol. in-8, demi-rel. v. viol.

2022. The History of Ireland, by Thomas Leland. *Dublin*, 1814, 3 v. in-8, demi-rel.

2023. Rambles in the south of Ireland, during the year 1838, by lady Chatterton. *London*, 1839, 2 vol. in-8, cart.

2024. Past and present policy of England towards Ireland. *London, Moxon*, 1845, pet. in-8, cart. — English misrule and Irish misdeeds, by Aubrey de Vere. *London, Murray*, 1848, in-12, cart.

2025. Irish history and Irish character, by Godwin Smith. *Oxford, Parker*, 1862, in-8, cart.

2026. On the Manners and Customs of the ancient Irish, by the Eug. O'Currz. *London*, 1873, 3 vol. in-8, fig. cart. toile non rog. (*Envoi d'auteur.*)

2027. Négociations de M. le comte d'Avaux en Irlande, 1689-90 (publié par lord Aberdeen). *S. l. n. d.*, gr. in-8, cart. n. rog.

Avec une *note autographe signée* de M. Guizot, indiquant que cet ouvrage n'a été tiré qu'à DIX exemplaires.

2028. L'Irlande et le pays de Galles, esquisses de voyages, d'économie politique, etc., par Amédée Pichot. *Paris, Guillaumin*, 1850, 2 vol. in-8, portr. demi-rel. v. f.

2029. Histoire légendaire de l'Irlande, par L. Tachet de Barneval. *Paris, H. Plon*, 1856, in-8, demi-rel. v. f.

2030. The British empire in the east, by count Bjornstjerna. *London, Murray*, 1840, in-8, demi-rel.

2031. Histoire de la conquête et de la fondation de l'empire anglais dans l'Inde, par le baron Barchou de Penhoën. *Paris, Ladrange*, 1840-41, 6 vol. in-8, demi-rel. v. f.

2032. Memorials of service in India, from the correspondence of the late major Samuel Charters Macpherson; edited by his brother William Macpherson. *London, John Murray*, 1865, gr. in-8, portr. cart. en percal. n. rog.

2033. Les Anglais et l'Inde, par E. de Valbezen. *Paris, Mich. Lévy*, 1857, in-8, demi-rel. chagr. bleu tr. jasp.

2034. L'Angleterre, la Chine et l'Inde, par don Sinibaldo de Mas. *Paris, Mich. Lévy frères*, 1857, grand in-8, cart. percaline.

2035. Question anglo-chinoise (4 lettres par A. Banon). *Macao*, 1842, in-8, v. bl. compart. tr. dor. (*Envoi d'auteur*.)

2036. Histoire de la colonisation pénale et des établissements de l'Angleterre en Australie, par le marquis de Blosseville. *Evreux, impr. d'Aug. Hérissey*, 1859, 2 vol. in-8, demi-rel. v. viol.

2037. British America, b. John M' Gregor. *Edinburgh*, 1833, 2 vol. in-8, demi-rel.

e. Pays-Bas.

2038. Analectes Belgiques, ou Recueil de pièces inédites, mémoires, notices, faits et anecdotes concernant l'histoire des Pays-Bas, publié par L.-P. Gachard. *Bruxelles*, 1830, in-8, demi-rel. v. r.

2039. Recueil des anciennes coutumes de Belgique. *Bruxelles*, 1871-1874, 5 vol. in-4, br.

Coutumes du comté de Looz, par L. Crahay, tome I. — Coutumes du pays et comté de Hainaut, par M. Ch. Fader, tome I. — Coutumes du pays et duché de Brabant, quartier d'Anvers, par G. de Longé, tom. II, III et IV.

2040. Collection de documents inédits concernant l'histoire de la Belgique, publiée par L.-P. Gachard. *Bruxelles*, 1833-34, 2 vol. in-8, demi-rel. v.

2041. Haræi Annales ducum Brabantiæ totiusque Belgii. *Antuerpiæ*, 1623, 3 parties en 2 vol. in-fol. rel. (*figures*.)

2042. Histoire de Flandre (par M. de Kervyn de Lettenhove). *Bruxelles, A. Vandale*, 1847-1850, 6 vol. gr. in-8, demi-rel. v. ant. dos orné.

2043. Les Vrayes Chroniques de Jehan le Bel, chanoine de St-Lambert de Liége, retrouvées et publiées par M. L. Polain. *S. l.*, 1850, gr. in-8, goth. papier de Holl. cart. non rogné.

Tiré à 125 exemplaires et non mis dans le commerce. Celui-ci porte le n° 19.

2044. Les Vrayes Chroniques de messire Jehan le Bel, publiées par M. L. Polain. *Bruxelles*, 1863, 2 vol. in-8, demi-rel. v. f. tr. jasp.

2045. Chronique rimée de Philippe Mouskes, publiée par le baron de Reiffenberg. *Bruxelles, M. Hayez*, 1836, 2 tomes en 1 vol. in-4, fig. demi-rel. v. f. dos orné.

2046. De Brabantsche Yeesten of rymkronik van Braband, uitgegeven door J. F. Willems. *Brussel, M. Hayez*, 1843, in-4, fig. et fac-simile, demi-rel. v. f. dos orné.

2047. Flandrische Staat und Rechtsgeschichte bis zum Jahr 1305, von L. A. Warnkönig. *Tubingen*, 1835, 2 tomes en 3 vol. in-8, cart.

2048. Histoire de la Flandre, depuis le comte Gui de Dampierre jusqu'aux ducs de Bourgogne, 1280-1383, par Jules van Praet. *Bruxelles, H. Tarlier*, 1828, 2 vol. in-8, demi-rel. chagr. vert.

2049. Notice sur le dépôt des archives du royaume de Belgique, par L.-P. Gachard. *Bruxelles, impr. de H. Remy*, 1831, in-8, demi-rel. v. f.

2050. Correspondance de l'empereur Maximilien Ier et de Marguerite d'Autriche, sa fille, gouvernante des Pays-Bas, de 1507 à 1519, publiée par M. le Glay. *Paris, J. Renouard*, 1839, 2 vol. gr. in-8, demi-rel. v. f. fil.

2051. Correspondance d'Alexandre Farnèse, prince de Parme, gouverneur général des Pays-Bas, avec Philippe II, dans les années 1578, 1579, 1580 et 1581, publiée par M. Gachard. *Bruxelles, Gand et Leipzig*, 1853. — Correspondance du duc d'Albe.... en 1568, publiée par le même. *Bruxelles*, 1850.

2052. Correspondance de Philippe II sur les affaires des Pays-Bas, publiée d'après les originaux... précédée d'une notice historique... par M. Gachard. *Bruxelles*, 1848-1858; 3 vol. in-4, beau portr. gravé, cart. non rog.

2053. Histoire du soulèvement des Pays-Bas sous Philippe II, roi d'Espagne, traduite de l'allemand, de F. Schiller, par le marquis de Châteaugiron. *Paris, A. Sautelet*, 1827, 2 vol. in-8, demi-rel. v. ant.

2054. Histoire de la fondation de la république des Provinces-Unies, par Lothrop Mottey, traduction nouvelle, précédée d'une introduction par M. Guizot. *Paris, M. Lévy*, 1859-60, 4 vol. in-8, demi-rel. v. f.

2055. Archives ou Correspondance inédite de la maison d'Orange-Nassau. Recueil publié par M. G. Groen van Prinsterer. Première série, 1552-1584. *Leide*, 1835-47, 8 vol. — Deuxième série, 1584-1599. *Utrecht*, 1857-61, 5 vol. Ens. 13 vol. in-8, demi-rel. v. v.

2056. Avant et Après. Guillaume III. Jules-César, par C.-F., baron Sirtema de Grovestius. *S. l.*, 1868, in-8, br.

2057. Documents politiques et diplomatiques sur la révolution belge de 1790, publiés avec des notes et des éclaircissements, par L.-P. Gachard. *Bruxelles, H. Remy*, 1834, in-8, v. r. compart.

2058. Collection des protocoles des conférences tenues à Londres depuis le 4 novembre 1830, jusqu'au 1er octobre 1832 au sujet des affaires de Belgique. *Paris, Impr. royale*, 1833, in-4, cart.

2059. Essai historique et politique sur la révolution belge, par M. Nothomb. *Paris, L. Tenré*, 1833, in-8, fac-simile, demi-rel. v. r.

2060. La Belgique et la révolution de juillet, par Ch.-L. de Bécourt. *Paris, Moutardier*, 1835, in-8, demi-rel. v. ant.

2061. Recueil des traités et conventions conclus par le royaume des Pays-Bas avec les puissances étrangères, depuis 1813 jusqu'à nos jours, par E.-G. Lagemans. *La Haye, A. Belinfante*, 1858, 1859, 4 tom. en vol. gr. in-8, demi-rel. v. f.

2062. Liége pittoresque, ou Description historique de cette ville et de ses principaux monuments, par M. L. Polain. *Bruxelles*, 1842, gr. in-8, demi-rel. v. vert.

2063. Esquisses ou Récits historiques sur l'ancien pays de Liége, par M. Polain. *Bruxelles, Hauman*, 1842, in-8, demi-rel. v. v. (*Taches d'humidité.*)

2064. Récits historiques sur l'ancien pays de Liége, par M. L. Polain. *Bruxelles*, 1866, in-8, demi-rel. v. viol. tr. jasp.

2065. Histoire de Liége, depuis César jusqu'à Maximilien de Bavière, par E.-C. de Gerlache. *Bruxelles, M. Hayez*, 1843, gr. in-8, demi-rel. v. bleu.

2066. Documents relatifs aux troubles du pays de Liége, sous les princes-évêques Louis de Bourbon et Jean de Horne, publiés.... par C.-F.-X. de Ram. *Bruxelles, M. Hayez*, 1844, in-4, portraits et figures, demi-rel. v. f. dos orné.

2067. Liste chronologique des édits et ordonnances de la principauté de Liége, de 1684 à 1794. *Bruxelles, Em. Devroye*, 1851, gr. in-8, demi-rel. v. f. dos orné.

2068. Recueil des ordonnances de la principauté de Liége. Deuxième série, 1507-1684, par M. L. Polain. *Bruxelles*, 1871, tom. II, in-fol. br.

2069. Recueil des ordonnances de la principauté de Liége. Troisième série (1684-1794). Premier volume (1684-1744); par M. L. Polain. *Bruxelles, Emm. Devroye*, 1855, in-fol. demi-rel. v. f. dos orné. (*Mouillures.*)

2070. Mémoires de Hollande, histoire particulière en forme de roman, par Mme la comtesse de la Fayette, édition revue par Mme J.-P.-A. Parison, et publiée avec des notes par A.-T. Parison. *Paris, J. Techener*, 1856, pet. in-16, avec 2 portr. demi-rel. v. f.

2071. Coup d'œil général sur les possessions néerlandaises dans l'Inde archipélagique, par C.-J. Temminck. *Leide*, 1846-47, 2 vol. in-8, demi-rel. chagr. noir, tr. jasp.

f. *Italie.*

2072. RERUM ITALICARUM SCRIPTORES collegit Muratori. *Mediolani*, 1723-1751, 25 vol. in-fol. v.

2073. GRÆVIUS. Thesaurus antiquitatum et historiarum Italiæ. *Lugd. Bat.*, 1704-23, 9 tomes en 30 vol. in-fol. v. (*Mouillures.*)

2074. Della Istoria d'Italia antica e moderna del cav. Luigi Bossi. *Milano*, 1819-23, 19 vol. in-8, portr. et carte, demi-rel. v. ant.

2075. Histoire de Théodoric le Grand, roi d'Italie, par L.-M. du Roure. *Paris, Techener*, 1846, 2 vol. in-8, cart. n. rog. (*Envoi d'auteur.*)

Exemplaire en grand papier vélin.

2076. Histoire des conquêtes des Normands en Italie, en Sicile et en Grèce, accompagnée d'un atlas, par E. Gauthier d'Arc. *Paris, L. de Bure*, 1830, in-8, v. vert, dent. à froid, dos orné, tr. dor. (*Envoi d'auteur.*)

2077. Histoire des révolutions d'Italie, ou Guelfes et Gibelins, par J. Ferrari. *Paris, Didier*, 1858, 4 vol. in-8, demi-rel. mar. r.

2078. Della Storia d'Italia di M. Francesco Guicciardini. *In Venezia, presso Giambatista Pasquali*, 1738, 2 vol. in-fol. vélin.

Exemplaire en grand papier.

2079. Histoire d'Italie, de l'année 1492 à l'année 1532, par Francesco Guicciardini, avec notice biographique par J.-A.-C. Buchon. *Paris, A. Desrez*, 1836, gr. in-8 à 2 col. demi-rel. v. f. dos orné.

2080. Storia d'Italia, continuata da quella del Guicciardini sino al 1789, di Carlo Botta. *Parigi, Baudry*, 1832, 10 vol. in-8, portr. demi-rel. ant.

2081. Storia d'Italia dal 1789 al 1814, scritta da Carlo Botta. *Parigi, Baudry*, 1832, 4 vol. in-8, demi-rel. v. ant.

HISTOIRE. 175

2082. De l'Italie dans ses rapports avec la liberté et la civilisation moderne, par M. André-Louis Mazzini. *Paris, Amyot,* 1847, 2 vol. in-8, demi-rel. maroq. viol. (*Envoi d'auteur.*)

2083. L'Italie de 1847 à 1865. Correspondance politique de Massimo d'Azeglio, accompagnée d'une introduction et de notes, par Eug. Rendu. *Paris, Didier,* 1867, in-8, demi-rel. v. f. tr. jasp.

2084. Histoire de la renaissance politique de l'Italie (1812-1861), par Rodolphe Rey. *Paris, Mich. Lévy fr.,* 1864, in-12, demi-rel. chagr. rouge, tr. jasp.

2085. Young Italy, by Alexandre Cochrane. *London, Parker,* 1850, in-8, cart.

2086. L'Italie, l'Allemagne, le Congrès, par M. Martin Doisy. *Paris, Sempé,* 1860, in-8, demi-rel. v. bl.

2087. Histoire de l'invasion des États pontificaux en 1865, par le baron de Mévius. *Louvain,* 1872, in-8, demi-rel. v. bleu, tr. jasp. (*Envoi d'auteur.*)

2088. Les Tribuns et les Révolutions en Italie, par J. Zeller. *Paris, Didier,* 1874, in-12, br. — De la Polémomanie, ou Folie de la guerre dans l'Europe actuelle, par M. L. Mézières. *Paris,* 1872, in-12, br. (*Envoi d'auteur.*)

2089. Le Comte de Cavour, récits et souvenirs, par W. de la Rive. *Paris, J. Hetzel,* 1862, in-8, demi-rel. v. vert. *Envoi d'auteur.*)

2090. L'Italie. Études historiques, par Alphonse Dantier. *Paris, Didier,* 1874, 2 vol. in-8, br. (*Envoi d'auteur.*)

2091. Italie pittoresque. Tableau historique et descriptif de l'Italie, du Piémont, de la Sardaigne, de Malte, de la Sicile et de la Corse, par MM. de Norvins, Ch. Nodier, Alex. Dumas, Ch. Didier, Walckenaër, Legouvé, etc. *Paris, Amable Coste,* 1837, 2 vol. in-4, illustrations, cart. tr. dor.

2092. Rome moderne depuis l'établissement du christianisme jusqu'à nos jours, par Mary Lafon. *Paris, Furne,* 1853, 2 vol. in-8, br. fig. sur acier.

2093. Sixte-Quint, par M. le baron de Hubner. *Paris, A. Franck,* 1870, 3 vol. in-8, demi-rel. v. f. (*Envoi d'auteur.*)

2094. Journal d'un diplomate en Italie, notes intimes pour servir à l'histoire du second Empire. Rome (1862-1866), par Henry d'Ideville. *Paris, Hachette,* 1873, in-12, demi-rel. v. f. (*Avec envoi d'auteur pour M. Guizot.*)

2095. Storia Fiorentina, di messer Varchi. *In Colonia*, 1721, in-fol. v.

2096. Storie Fiorentine, di messer Bernardo Segni. *In Augusta*, 1723, in-fol. portr. vél.

2097. Geschichte von Florenz. *Hamburg*, 1844, gr. in-8, cart.

2098. Historia della Republica Veneta, di Battista Nani. *In Venetia*, 1663, in-4, mar. r. fil. t.. dor. (*Rel. anc.*)

2099. Histoire de la république de Venise, par P. Daru. *Paris, F. Didot*, 1819, 7 vol. in-8, cart. demi-rel. v. ant.

2100. Souvenirs d'une mission. Les archives de la Sérénissime république de Venise, par M. Armand Baschet. *Paris, Amyot*, 1857, gr. in-8, demi-rel. mar. v. (*Envoi d'auteur.*)

2101. Les Archives de Venise. Histoire de la chancellerie secrète. Le sénat, le conseil des Dix et les inquisiteurs d'Etat, dans leurs rapports avec la France... par Armand Baschet. *Paris, H. Plon*, 1870, in-8, demi-rel. v. f. (*Avec dédicace imprimée à M. Guizot.*)

2102. La Diplomatie vénitienne. François Ier. — Philippe II. — Catherine de Médicis, les papes, les sultans, etc., d'après les rapports des ambassadeurs vénitiens, par Armand Baschet. *Paris, Henri Plon*, 1872, in-8, fac-simile, demi-rel. v. f. tr. jasp.

2103. Documents et pièces authentiques laissés par Daniel Manin, président de la république de Venise, traduits sur les originaux et annotés par F. Planat de la Faye. *Paris, Furne*, 1860, 2 vol. in-8, demi-rel. mar. br. (*Envoi d'auteur.*)

2104. Histoire de Savoie, d'après les documents originaux, depuis les origines les plus reculées jusqu'à l'annexion, par Victor de Saint-Genis. *Chambéry*, 1868-69, 3 vol. gr. in-12, demi-rel. v. f. tr. jasp. (*Envoi d'auteur.*)

2105. Souvenirs de la guerre de Lombardie pendant les années 1848 et 1849, par M. de Talleyrand-Périgord. *Paris, J. Dumaine*, 1851, in-8, demi-rel. mar. br. (*Envoi d'auteur.*)

2106. Histoire des communes lombardes, depuis leur origine jusqu'à la fin du XIIIe siècle, par M. Prosper de Haudeville. *Paris, Didier*, 1857, 2 vol. demi-rel. v. ant.

2107. Istoria di Torino, del conte Tesauro, proseguita da Giroldi. *Torino*, 1679, 2 vol. in-fol. rel.

HISTOIRE. 177

2108. Une Page d'histoire du gouvernement représentatif en Piémont, par M. Louis Chiala. *Turin, Botta*, 1858, in-8, demi-rel. v. ant.

2109. Chroniques siennoises, traduites de l'italien, précédées d'une introduction et accompagnées de notes par le duc de Dino. *Paris, L. Curmer*, 1846, gr. in-8, demi-rel. v. viol.

2110. Archivio Muratoriano, preceduto da una lettera inedita di Lodovico Ant. Muratori, edizione consacrata da Pietro Muratori a celebrare il secondo centenario dalla nascità del grande Antenato. *In Modena, per Nicolò Zanichelli*, 1872, gr. in-8, portrait et fac-simile photograph. demi-rel. v. bleu, tr. jasp. (*Avec envoi autographe signé de l'auteur à M. Guizot.*)

2111. Verona illustrata, contiene l'istoria della città dell' antica Venezia (par le marquis Scipion Maffei). *In Verona*, 1732, 4 vol. in-8, vél.

2112. Nuovi Studj sulle memorie della città di Milazzo e nuovi principj di scienza e pratica utilità, per Giuseppe Piaggia. *Palermo*, 1866, gr. in-8, demi-rel. mar. br.

2113. Histoire de la conquête de Naples par Charles d'Anjou, frère de saint Louis, par le comte Alexis de Saint-Priest. *Paris, Amyot* (1847), 4 vol. in-8, demi-rel. v. ant. dos orné, (*Envoi d'auteur.*)

2114. Histoire du royaume de Naples, depuis Charles III jusqu'à Ferdinand IV, 1734 à 1825, par le général Colletta ; trad. de l'italien par Ch. Lefèvre et L. B. *Paris, Ladvocat*, 1835, 4 vol. in-8, demi-rel. v. vert, dos orné.

2115. Le Duc de Guise à Naples, ou Mémoires sur les Révolutions de ce royaume de 1617 et 1648. *Paris, Ladvocat*, 1825, in-8, cart. non rog.

2116. GRÆVIUS. Thesaurus antiquitatum et historiarum Siciliæ. *Lugd. Bat.*, 1723-25, 15 vol. in-fol. rel. fig.

2117. Michele Amari. Un Periodo delle istorie siciliane del secolo XIII. *Palermo*, 1842, gr. in-8, demi-rel.

2118. Leggende storiche Siciliane dal XIII al XIX secolo, raccontate da Vincenzo Mortillaro. *Palermo*, 1862, gr. in-8, demi-rel. v. ant.

2119. Histoire de la révolution de 1860 en Sicile, de ses causes et de ses effets dans la révolution générale de l'Italie, par l'abbé Paul Bottalla, par J. Gavard. *Bruxelles, H. Goemaere*, 1861, 2 tomes en 1 vol. in-8, carte, demi-rel. v. f. viol.

2120. Histoire de Malte, par M. Miége. *Paris, Paulin*, 1840, 3 vol. in-8, demi-rel. v. ant.

G. 12

g. *Suisse.*

2121. Histoire de la Confédération suisse dans les XVIe et XVIIe siècles, continuation de J. de Müller, de Cloutz et de Hottinger, par L. Vulliemin. *Paris, Th. Ballimore*, 1841-47, 7 vol. in-8, demi-rel. v. ant.

2122. Les Origines de la Confédération suisse, histoire et légende par Albert Rilliet. *Genève et Bâle, H. Georg*, 1868, in-8, demi-rel. dos et coins de v. f. tr. jasp.

2123. De la Démocratie en Suisse, par A.-E. Cherbuliez, *Paris, Ab. Cherbuliez*, 1843, 2 vol. in-8, demi-rel. v. ant.

2124. Müller. Geschichte der Schweitz. *Leipzig*, 1806, 5 vol. in-8, demi-rel.

2125. Johan von Müller. Geschichte der Schweizerischer Eidgenossenschaft. *Reutlingen*, 1824, 5 vol. in-8, reliés.

2126. Die Schweiz in ihren Kampfen und Umgestaltungen, von 1830 bis 1850, duch Baumgartner. *Zurich*, 1853, 4 vol. in-8, v. f.

2127. Correspondence relative to the affairs of Switzerland, presented to both Houses of parliament by command of Her Majesty, 1847-1848. *London, printed by T. R. Harrison, s. d.*, in-8, br. — Papers respecting the affairs of southern Italy. *London*, 1861, br. in-4.

2128. Les Actes et gestes merveilleux de la cité de Genève... redigez par escript en fourme de chroniques, annales ou hystoyres, commençant l'an 1532, par Anthoine Fromment, mis en lumière par Gustave Revillod. *Genève, impr. par J.-G. Fick*, 1854, gr. in-8, pap. chamois, figures grav. à l'eau forte, cart. en vél. non rog.

Ouvrage tiré à petit nombre et recherché. Exemplaire avec envoi de l'éditeur à M. Guizot.

2129. Annales de la cité de Genève, attribuées à Jean Savyon, syndic. *Genève, impr. par J.-G. Fick*, 1858, in-8, cart. non rog. (*Envoi de l'imprimeur.*)

Tiré à petit nombre.

2130. Advis et devis de l'ancienne et nouvelle police de Genève, par Fr. Bonivard. *Genève, Fick*, 1865, in-8, vélin.

2131. Tableaux historiques et politiques des anciens gouvernements de Zurich et de Berne. *Paris. Ant.-Aug. Renouard*, 1710, in-8, demi-rel. v. viol.

h. *Espagne.*

2132. Histoire générale d'Espagne, du P. Jean de Mariana, de la Compagnie de Jésus, traduite en françois avec des notes et des cartes par le P. Joseph-Nicolas Charenton, de la même Compagnie. *Paris*, 1725, 5 vol. in-4, v. ant.

2133. Histoire d'Espagne, depuis la découverte qui en a été faite par les Phéniciens jusqu'à la mort de Charles II, traduite de l'_ _ _ _ _ _ Adam, p. P.-C. Briand. *Paris, L. Col-*, 1808, 4 vol. in-8, demi-rel. v. f.

2134. Chroniques chevaleresques d'Espagne et de Portugal, suivies du Tisserand de Ségovie, ome du XVIIe siècle, publiées par Ferdinand Denis. *Paris, ʳedoyen*, 1839, 2 vol. in-8, demi-rel. v. viol. dos ornés. (L roi d'avteur.)

2135. Histoire d'Espagne, par M. Rossₑ w Saint-Hilaire. *Paris, Furne*, 1844-1852, 6 vol. in-8, deₗ -rel. v. bl.

2136. Histoire d'Espagne, depuis les premierₓ temps jusqu'à nos jours, par Mary Lafon. *Paris, Furne*, 1865, 2 vol. in-8, br. figures.

2137. Jacme Ier le Conquérant, roi d'Aragon, comte de Barcelone, seigneur de Montpellier, d'après les chroniques et les documents inédits, par Ch. de Tourtoulon. *Montpellier*, 1863-67, 2 vol. in-8, demi-rel. v. f. tr. jasp. (*Envoi d'auteur.*)

2138. Memorable expulsion y justissimo destierro de los Moriscos de España, por Marco de Guadalajara. *En Pamplona*, 1613, in-4, vélin.

2139. Histoire de la domination des Arabes et des Maures en Espagne et en Portugal, par de Merlès. *Paris, Eymery*, 1825, 3 vol. in-8, demi-rel.

2140. Essai sur l'histoire des Arabes et des Mores d'Espagne, par Louis Viardot. *Paris, Paulin*, 1833, 2 vol. in-8, demi-rel. v. vert, dos orné.

2141. Histoire de la conquête de Grenade, par Washington Irving, traduit de l'anglais par J. Cohen. *Paris, Timothée Dehay*, 1829, vol. in-8, demi-rel. v. ant.

2142. Charles-Quint. Chronique de sa vie intérieure et de sa vie politique, de son abdication et de sa retraite dans le cloître de Yuste, par Amédée Pichot. *Paris, Furne*, 1854, gr. in-4, demi-rel. v. f. dos orné. — Une élection à l'Empire en 1519. Rivalité de François Ier et de Charles-Quint, par M. Mignet (extrait de la Revue des Deux-Mondes) .... 1858, in-8, demi-rel. v. f. fil.

2143. Charles-Quint. Son abdication, son séjour et sa mort au monastère de Yuste, par M. Mignet. *Paris, Paulin,* 1854, in-8, demi-rel. mar. br. (*Envoi d'auteur.*)

2144. Charles-Quint. Son abdication, son séjour et sa mort au monastère de Yuste, par M. Mignet. *Paris, Paulin, Lheureux,* 1854, in-8, demi-rel. v. f. dos orné. (*Envoi autographe de l'auteur.*)

2145. Retraite et mort de Charles-Quint au monastère de Yuste. Lettres inédites publiées d'après les originaux par M. Gachard. *Bruxelles, M. Hayez,* 1854, in-8, demi-rel. v. f. dos orné. (*Envoi d'auteur.*)

2146. Relations des ambassadeurs vénitiens sur Charles-Quint et Philippe II, par M. Gachard. *Bruxelles, M. Hayez,* 1855, in-8, demi-rel. v. f.

2147. History of the reign of Philipp the second, king of Spain, by W. Prescott. *Boston,* 1856, 3 vol. gr. in-8, cartonnés, n. rog.

2148. Elisabeth de Valois, queen of Spain, and the court of Philip II, by Martha Walker Freer. *London,* 1857, 2 vol. pet. in-8, cart.

2149. Don Carlos et Philippe II, par M. Gachard. *Paris, Michel Lévy fr.,* 1867, in-8, portrait gr. sur acier, demi-rel. v. f. n. r.

2150. Elogio de la reina cathólica doña Isabel, por Diego Clemencin. *Madrid,* 1821, in-4, demi-rel. v. f.

2151. De la Constitucion y del Gobierno de los Reinos de Leon y Castella, por el doctor don Manuel Colmeira. *Madrid y Santiago,* 1855, 2 vol. in-8, demi-rel. veau fauve, tr. jasp.

2152. Los Condes de Barcelona vindicados, y chronologia y genealogia de los reyes de España, por D. Prospero de Bofarull y Mascaro. *Barcelona,* 1836, 2 vol. in-8, portr. chagr. r. dent. tr. dor.

2153. Historia de las alteraciones de Aragon en el reinado de Felipe II, por el marqués de Pidal. *Madrid, J. Martin Alegica,* 1862-63, 3 vol. in-8, demi-rel. veau fauve. (*Envoi d'auteur.*)

2154. Souvenirs de la guerre d'Espagne, dite de l'Indépendance, 1809-1813, par A.-L. Fee. *Paris, veuve Berger-Levrault,* 1856, in-12, demi-rel. v. f. (*Envoi d'auteur.*)

2155. Histoire du soulèvement, de la guerre et de la révolution d'Espagne, par M. le comte de Toreno. *Paris. Paulin,* 1836-38, 5 vol. in-8, demi-rel. v. f.

2156. Essai historique sur la révolution d'Espagne et sur l'intervention de 1823, par M. le vicomte de Martignac. *Paris, A. Pinard,* 1832, in-8, demi-rel. v. f.

2157. Histoire générale de Portugal, depuis l'origine des Lusitaniens jusqu'à la régence de don Miguel, par le marquis de Fortia d'Urban. *Paris, Gauthier,* 1829, 9 vol. in-8, portr. et carte, demi-rel. v. ant.

2158. Historia de Portegal, por A. Herculano. *Lisboa,* 1853, 4 vol. in-8, demi-rel. v. ant.

2159. Le Maréchal duc de Saldanha (Portugal). *Genève, s. d.,* in-fol. portr. br,

i. *Allemagne, Russie et autres États de l'Europe.*

2160. Joannis Schilteri... Thesaurus antiquitatum teutonicarum, ecclesiasticarum, civilium, litterariarum... opus diu desideratum, nunc ex autographis B. autoris datum e museo Joannis Christiani Simonis. *Ulmæ, sumpt. Danielis Bartholomæi,* 1728, 3 vol. in-fol. demi-rel. bas.

Le 3ᵉ volume est composé d'un *Glossarium ad scriptores linguæ francicæ et alemannicæ veteris.*

2161. Il. von Bünau. Teutsche Kayser und Reichs-Historie. *Leipzig,* 1728, 4 vol. in-4, rel.

Ex libris Gruberi.

2162. K. G. Anton. Geschischte der Teutschen Landwirthschaft. *Gorlstry,* 1799. 3 vol. in-8, demi-rel.

2163. Schmidt's Geschichte der Deutschen. *Ulm,* 1808, 22 vol. in-8, demi-rel.

2164. K. Fr. Eichhorn. Deutsche Staats und Rechtsgeschichte, von Eichorn. *Gottingen,* 1821, 4 vol. in-8, demi-rel. v.

2165. Histoire d'Allemagne, Origines de l'Allemagne et de l'empire germanique... par Jules Zeller. *Paris, Didier,* 1872, in-8, demi-rel. v. bleu.

2166. Histoire d'Allemagne. Fondation de l'empire germanique. Charlemagne. Otton le Grand. Les Ottonides, par Jules Zeller. *Paris, Didier,* 1873, in-8, avec carte, demi-rel. v. bleu.

2167. Germany from 1760 to 1814, by Mʳˢ Austin. *London, Longman,* 1854, in-8, cart. n. rog.

2168. Histoire de l'empire d'Autriche, depuis les temps les plus reculés jusqu'au règne de Ferdinand Iᵉʳ, par le chevalier Charles de Coeckelberche de Dutzele. *Vienne, Ch. Ge-*

rold, 1644-46, 6 vol. in-8, portr. color. chagr. n. compart. dor. tr. dor.

2169. Histoire de la maison d'Autriche, depuis Rodolphe de Hapsbourg jusqu'à la mort de Léopold II (1218-1792), par William Coxe, traduit de l'anglais par P.-F. Henry. *Paris, H. Nicolle*, 1809, demi-rel. v. ant.

2170. L'Autriche et ses institutions militaires, par Edmond Favre. *Paris, Dumaine*, 1866. — Le Général de la Marmora et l'Alliance prussienne. *Paris, Dumaine*, 1868. — La Guerre, l'organisation de l'armée. — La Guerre de Montagne. — Les Brienne, par Fernand de Sassenay. — 5 vol. in-8 et in-12, br.

2171. Historia diplomatica Friderici Secundi, sive constitutiones, privilegia, mandata, instrumenta quæ supersunt istius imperatoris et filiorum ejus.... cum notis illustravit J.-L.-A. Huillard-Bréholles, auspiciis et sumptibus H. de Albertis de Luynes. Préface et introduction. *Parisiis, Henri Plon*, 1859-1861, 6 tomes en 12 vol. in-4, demi-rel. v. f. dos orné.

2172. Histoire de la lutte des Papes et des Empereurs de la maison de Souabe, de ses causes et de ses effets, par C. de Cherrier. *Paris, Furne*, 1858, 3 vol. in-8, demi-rel. v. f.

2173. Histoire de Joseph II, empereur d'Allemagne, par M. Camille Paganel. *Paris, F. Didot*, 1843, in-8, demi-rel. veau fauve.

2174. Thugut Clerfayt und Wurmser. Original Documente, von Dr Alfred Ritter von Vivenot. *Wien*, 1869, in-8, demi-rel. v. f.

2175. Histoire religieuse des peuples slaves, par le comte Valérien Krasinski, avec une introduction par M. Merle d'Aubigné. *Paris, J. Cherbuliez*, 1853, in-8, demi-rel. veau fauve.

2176. La Hongrie, son génie et sa mission, étude historique suivie de Jean de Hunyad, récit du XVe siècle, par Charles-Louis Chassin. *Paris, Garnier*, 1856, in-8, demi-rel. v. gr. (*Envoi d'auteur.*)

2177. Histoire des Hongrois et de leur littérature politique de 1790 à 1815, par Edouard Sayous. *Paris, Germer-Baillière*, 1872, in-12, demi-rel. v. f.

2178. Georgii Bartal de Belehaza commentariorum ad historiam status jurisque publici Hungariæ ævi medii libri XV. *Posinii, typis Car. Frid. Wigand*, 1847, 3 vol. in-8, cart.

2179. Relation des opérations de l'armée russe en Hongrie, précédée d'un aperçu historique sur la Hongrie, par

J. Tolstoy. *Paris, impr. de Cosson*, 1850, gr. in-8, carte, demi-rel. v. viol. (*Envoi d'auteur.*)
Exemplaire en grand papier vélin.

2180. Geschichte der Magyaren, von J. G. Mailath. *Wien,* 1828, 5 vol. in-8, demi-rel.

2181. Tchèques et Magyars, Bohême et Hongrie, par Saint-René Taillandier. *Paris, Didier,* 1869, in-8, demi-rel. v. f.

2182. Études sur la Révolution en Allemagne, par M. Saint-René Taillandier. *Paris, A. Franck,* 1853, 2 vol. in-8, demi-rel. v. bl.

2183. De l'Allemagne, par Henri Heine. *Paris, Mich. Lévy frères,* 1855, 2 vol. in-12, demi-rel. maroq. bleu, tr. jasp.

2184. L'Allemagne et les Allemands, par Hermann Ewerbeck. *Paris, Garnier frères,* 1851, in-8, demi-rel. mar. br.

2185. Preussens ältere Geschichte, von Aug. von Kotzebue. *Riga,* 1808, 4 vol. in-8, demi-rel.

2186. Histoire militaire de la Prusse avant 1756, ou Introduction à la guerre de Sept-Ans, par le capitaine Ed. de la Barre-Duparcq. *Paris, Ch. Tanéra,* 1858, in-8, avec plans, demi-rel. chagr. brun. (*Envoi d'auteur.*)

2187. History of Friedrich II of Prussia called the Great, by Thomas Carlyle. *London,* 1858, 2 vol. in-8, cart.

2188. Mes Souvenirs de vingt ans de séjour à Berlin, ou Frédéric le Grand, par Dieudonné Thiébault. *Paris, F. Buisson,* 1804, 5 vol. in-8, demi-rel. v. viol.

2189. Histoire de Frédéric le Grand, par Camille Paganel. *Paris, Desauges,* 1830, 2 vol. in-8, demi-rel. maroq. br.

2190. Histoire des principaux événements du règne de Guillaume II, roi de Prusse, par L.-P. Ségur. *Paris, F. Buisson,* 1800, 3 vol. in-8, portr. demi-rel. bas.

2191. Quelques Traits de la vie privée de Frédéric-Guillaume II, roi de Prusse, par A.-H. Dampmartin. *Paris, Renard,* 1811, in-8, demi-rel. v. ant.

2192. Les Trois Provinciales, suivies du Parallèle des Germains de Tacite et des Allemands de nos jours, par Pierre Mancel, de Bacilly. *Paris, E. Dentu,* 1870, in-12, demi-rel. veau f.

2193. Histoire chronologique, généalogique et politique de la maison de Bade, par M. Vitou. *Paris, Millet,* 1807, 2 vol. in-8, demi-rel. v. f.

2194. Geschichte Wallensteins, von Leopold von Ranke. *Leipzig,* 1869, in-8, demi-rel. v. f.

2195. Geschichte der Hohenstaufen und ihrer Zeit, von Friedrich von Raumer. *Neutlingen*, 1828, 6 vol. in-8, demi-rel.

2196. Philipp der Grossmüthige, Landgraf von Hessen, von Rommel. *Giessen*, 1830, 2 vol. in-8, demi-rel.

2197. Frédéric II, Catherine et le partage de la Pologne, d'après des documents authentiques, par Frédéric de Smitt. *Paris, Franck*, 1861, in-8, demi-rel. chagr. viol. tr. jasp.

2198. Lettres d'un vétéran russe de l'année 1812, sur la question d'Orient, publiées par F. d'Ostafievo. *Lausanne*, 1855, in-8, demi-rel. v. f.

2199. Codex diplomaticus Poloniæ, studio et opera Leonis Rzyszczewski et Antonii Muczkowski. *Varsovie*, 1847, in-4, demi-rel. mar. br.

2200. Lettres du roi de Pologne Jean Sobieski, à la reine Marie-Casimire, pendant la campagne de Vienne, traduites par M. le comte Plater, et publiées par N.-A. de Salvandy. *Paris, L.-G. Michaud*, 1826, in-8, portr. demi-rel. v. f.

2201. Seconde Guerre de Pologne, ou Considérations sur la paix publique du continent et sur l'indépendance maritime de l'Europe, par M. M. de Montgaillard. *Paris, Lenormant*, 1812, in-8, cart.

2202. Historica Russiæ monumenta, ex antiquis exterarum gentium archivis et bibliothecis deprompta ab A.-J. Turgenevio. *Petropoli, typ. Eduardi Pratzi*, 1841-1842, 2 vol. in-4, le 1er rel. en mar. v. compart. à fr. et dorés, tr. dor., et le 2e cart.

2203. La Chronique de Nestor, traduite en français par Louis Paris. *Paris, Heidchoff*, 1834, 2 vol. in-8, portr. demi-rel. bas. v.

2204. Histoire de l'empire de Russie, par M. Karamsin, traduite par MM. Saint-Thomas et Jauffret, et par M. de Divoff. *Paris, de l'impr. de A. Belin*, 1819-1826, 11 vol. in-8, demi-rel. v. ant. demi-rel.

2205. Essai sur l'histoire de la civilisation en Russie, par Nicolas de Gerebtzoff. *Paris, Amyot*, 1858, 1 vol. in-8, demi-rel. v. f. (*Envoi d'auteur.*)

2206. Histoire des Kosaques, précédée d'une introduction.... par M. Lesur. *Paris, H. Nicolle*, 1814, 2 vol. in-8, demi-rel. v. ant. fil.

2207. Der General und Admiral Franz Lefort, sein Leben und sein Zeit, von Moritz Posselt. *Frankfurt*, 1866, 2 vol. gr. in-8, demi-rel. v. f. n. rogn. (*Portrait.*)

HISTOIRE.

2208. Histoire de Catherine II, impératrice de Russie, par J. Costéra. *Paris, Arthus-Bertrand*, 1809, 4 vol. in-12, avec portraits et cartes, demi-rel. v. ant. dos orné.

2209. L'Année la plus remarquable de ma vie, suivie d'une réfutation des Mémoires secrets sur la Russie, par Auguste de Kotzbuë, traduit de l'allemand par G.... d P.....c et J.-B. D....s. *Paris, Buisson*, 1802, 2 tom. en 1 vol. in-8, portr. demi-rel. bas.

2210. La Russie en face de Constantinople et de l'Europe, depuis son origine jusqu'à nos jours, son histoire diplomatique....., par M. Fr. Combes. *Paris, E. Dentu*, 1854, in-8, demi-rel. v. f. fil.

2211. La Vérité sur la Russie, par le prince Pierre Dolgoroukow. *Paris, A. Franck*, 1860, in-8, demi-rel. v. viol.

2212. Études sur les forces productives de la Russie, par M. L. de Tegoborski. *Paris, Jules Renouard*, 1852-55. 4 vol. in-8, v. viol. fil. tr. dor.

2213. Schedo-Ferroti. Études sur l'avenir de la Russie. *Berlin*, 1859-1863. — 7 parties in-8, br.

2214. L'Empire des tsars au point actuel de la science, par M. J.-H. Schnitzler. *Paris et Strasbourg*, 1862-1866, 3 vol. in-8, demi-rel. v. f. tr. jasp.

2215. Schlozer. Allgemeine nordische Geschichte. *Halle*, 1771, in-4, demi-rel.

2216. Suhm. Historie of Danmark (803-1400). Kiobenhaven (1782-1828), 14 vol. pet. in-4, v. — et autres ouvrages sur l'histoire du Danemark par le même auteur, 14 vol.—Ens. 28 vol. in-4, rel. et atlas in-fol.

Bel exemplaire d'une collection rare.

2217. Suhms samlede schrifter. *Kiobenhavn*, 1798, 16 vol. pet. in-8, v.

Collection, rare en France, des petits écrits de l'historien le plus remarquable du Danemark.

2218. La Suède au seizième siècle. Histoire de la Suède pendant la vie et sous le règne de Gustave Ier, par A. de Flaux. *Paris, F. Didot*, 1861, in-8, chagr. rouge, fil. dos et coins ornés, tr. dor.

Exemplaire en papier fort, avec envoi d'auteur, et le chiffre de M. Guizot sur les plats.

2219. Den konges Christian den Vierdes historie (histoire de Christian IV, roi de Danemark et de Norvége, (1588-1645), par Niels Slauge. 1749. (*Riche reliure danoise.*)

2220. Historia regum Norvegicorum conscripta à Suorrio, Sturlæ filio, edidit Schöning. *Hauniæ*, 1777, 3 t. en 1 vol. in-fol. v. dor. tr. dor.

<small>Riche reliure danoise.</small>

2221. Histoire des révolutions de Norwége, par J.-P.-G. Catteau-Calleville. *Paris, Pillet*, 1818, 2 vol. in-8, carte, demi-rel. v. v.

2222. Correspondance du comte J. Capodistrias, président de la Grèce, comprenant les lettres diplomatiques, administratives et particulières..., 1827-1831, recueillies, mises en ordre et publiées par E.-A. Bétant. *Genève, Abr. Cherbuliez*, 1839, 3 vol. in-8, portrait, demi-rel. v. viol. dos orné.

2223. Histoire de l'île de Chypre sous le règne des princes de la maison de Lusignan, par M. L. de Mas-Latrie. *Paris, Imprimerie impériale*, 1861-65, 3 vol. gr. in-8, demi-rel. v. f. tête jasp. n. rog.

2224. Turquie, par M. J.-M. Jouannin et par M. Jules Van Gaver. *Paris, Firm. Didot fr.*, 1840, in-8, carte, demi-rel. v. f. tr. jasp.

2225. Histoire de l'empire ottoman depuis son origine jusqu'à nos jours, par J. de Hammer, traduit de l'allemand par J.-J. Hellert. *Paris, Bellizard*, 1835-42, 18 vol. in-8, demi-rel. v. v.

2226. La Turquie, ses ressources, son organisation municipale, son commerce, suivis de considérations sur l'état du commerce anglais dans le Levant, par D. Urquhart, traduit de l'anglais par Xav. Raymond. *Paris, Arthus Bertrand*, 1836, 2 vol. in-8, carte, demi-rel. v. vert, tr. jasp.

2227. Précis historique de la guerre des Turcs contre les Russes, depuis l'année 1769 jusqu'à l'année 1774, ... par P.-A. Caussin de Perceval. *Paris, Lenormant*, 1822, in-8, v. viol. fers à froid.

2228. The Negotiations for the peace of the Dardanelles, in 1808-1809, by the R. H. sir Robert Adair. *London, Longman*, 1845, 2 vol. in-8, cart.

2229. Précis historique de la destruction du corps des janissaires par le sultan Mahmoud, en 1826, traduit du turc par A.-P. Caussin de Perceval. *Paris, F. Didot*, 1833, v. viol. compart.

2230. Histoire politique et sociale des principautés danubiennes, par M. Elias Regnault. *Paris, Paulin et le Chevalier*, 1855, in-8, carte, demi-rel. v. f. fil. noir.

2231. Le Balkan et l'Adriatique; les Bulgares et les Albanais; l'administration en Turquie; la vie des campagnes; le panslavisme et l'hellénisme; par Albert Dumont. *Paris, Didier*, 1873, in-8, demi-rel. v. violet.

2232. Histoire de Scanderbeg, ou Turks et Chrétiens au quinzième siècle, par M. Camille Paganel. *Paris, Didier*, 1855, in-8, demi-rel. v. f.

2233. Chrétiens et Turcs, scènes et souvenirs de la vie politique, militaire et religieuse en Orient, par M. Eugène Poujade. *Paris, Didier*, 1859, in-8, demi-rel. chagr. violet. (*Envoi d'auteur.*)

2234. Chrétiens et Turcs, scènes et souvenirs de la vie politique, militaire et religieuse en Orient, par Eugène Poujade. *Paris, Didier*, 1867, in-8, demi-rel. v. f. tr. jasp.

2235. Études diplomatiques et économiques sur la Valachie, par Thiébault-Lefebure. *Paris, Guillaumin, s. d.*, in-8, demi-rel. mar. orange.

2236. Recueil des communications princières à l'Assemblée générale de Moldavie, et des adresses de cette dernière depuis l'année 1834 jusqu'à 1848. *Yassi*, 1848, in-8, demi-rel. chagr. br.

2237. Histoire des Bohémiens, ou Tableau des mœurs, usages et coutumes de ce peuple nomade, par H.-M.-G. Grellmann, trad. de l'allemand par M. J. *Paris, J. Chamerot*, 1810, in-8, demi-rel. v. r.

k. *Asie et Afrique.*

2238. De l'Asie, ou Considérations religieuses, philosophiques et littéraires sur l'Asie, par Mme V^e de C***. *Paris*, 1832, 4 vol. in-8, demi-rel. v. f. tr. jasp.

2239. Histoire d'Arménie, par le patriarche Jean VI, dit Jean Catholicos, traduite de l'arménien en français par M. J. Saint-Martin. *Paris, Impr. royale*, 1841, in-8, demi-rel. v. viol. dos orné.

2240. Recherches sur la chronologie arménienne technique et historique, ouvrage formant les prolégomènes de la collection intitulée *Bibliothèque historique arménienne*, par M. Edouard Dulaurier. *Paris, Impr. impér.*, 1859, in-4, demi-rel. v. f.

2241. Chronique géorgienne, traduite par M. Brosset jeune. *Paris, Impr. royale*, 1831, in-8, demi-rel. v. r.

2242. Mémoires relatifs à l'histoire des pays géorgiens dans les dix-septième et dix-huitième siècles, d'après deux manuscrits de la Société asiatique de Paris, écrit par Brosset. — Documents originaux sur les relations diplomatiques de la Géorgie avec la France vers la fin du règne de Louis XIV, recueillis par M. Brosset. *Paris, Imprimerie royale*, 1832. Ens. deux ouvr. en 1 vol. in-8, cart. n. rog.

2243. Histoire des révolutions de Perse, par Ch. Picault. *Paris, A. Égron*, 1810, 2 vol. in-8, demi-rel. v. ant.

2244. Memoirs of a Babylonian princess (daughter of emir Abdallah Asmar). *London, Colburn*, 1844, 2 vol. in-8, cart.

2245. Das Britische Reich in Ostindien, von Bjornstjerna. *Stockholm*, 1839, in-8, pap. vélin, cart. portrait. (*Envoi de l'auteur.*)

2246. État actuel des Indes anglaises, par M. A.-D. de Jancigny. *Paris*, 1840, in-8, cart. (*Envoi d'auteur.*)

2247. Une Page inédite de l'histoire des Indes. Le général de Boigne (1751-1830), par Victor de Saint-Genis. *Poitiers*, fort in-8, portrait-photographie, demi-rel. v. viol. tr. jasp.

2248. Tableau politique et statistique de l'Empire britannique dans l'Inde, par M. le général comte de Biornstierna, traduit de l'allemand par M. Petit de Baroncourt. *Paris, Amyot*, 1842, in-8, demi-rel. v. ant.

2249. Relation des Mongols ou Tartares, par le frère Jean du Plan de Carpin, publié par d'Avezac. *Paris, Arthus Bertrand*, 1834, in-4, demi-rel. v. f.

2250. La Chine et les Chinois, dessins exécutés d'après nature par Auguste Borget, et lithographiés à deux teintes par Eugène Ciceri. *Paris, Goupil*, in-fol. demi-rel. maroq. viol.

2251. Mémoires sur la Chine, histoire, religion, coutumes, par le comte d'Escayrac de Lauture. *Paris*, 1864, 6 vol. in-4, br. cartes et figures.

2252. Observation sur le caractère des Japonais, par Van Overmeer Fisscher. *Paris*, 15 décembre 1843, in-4 mar.

Manuscrit très-bien exécuté et renfermant deux dessins à l'encre de Chine.

2253. Les Philippines, histoire, géographie, mœurs, agriculture, industrie et commerce des colonies espagnoles dans l'Océanie, par J. Mallat. *Paris, Arthus Bertrand*, 1846, 2 vol. gr. in-8. demi-rel. chagr. vert.

2254. Essai sur l'histoire des Arabes avant l'islamisme, pendant l'époque de Mahomet, par A.-P. Caussin de Perceval. *Paris, F. Didot*, 1847-48, 3 vol. in-4, cartes, demi-rel. v. f.

2255. Étude sur la conquête de l'Afrique par les Arabes, et recherches sur les tribus berbères qui ont occupé le Maghreb central, par Henri Fournel. *Paris, Impr. impér.*, 1857, in-4, demi-rel. chagr. viol.

2256. Histoire de l'Afrique sous la dynastie des Aghlabites et de la Sicile sous la domination musulmane, texte arabe d'Ebn-Khaldoun, accompagné d'une traduction française et de notes par A. Noël des Vergers. *Paris, Firmin Didot*, 1841, in-8 maroq. bleu foncé fil. tr. dor.

2257. Aperçu général sur l'Égypte, par A.-B. Clot-Bey. *Paris, Fortin-Masson*, 1840, 2 vol. in-8, portrait et cartes, demi-rel. v. bleu.

2258. Histoire sommaire de l'Égypte sous le gouvernement de Mohammed-Aly, par M. Félix Mengin. *Paris, F. Didot*, 1839, in-8, demi-rel. mar. br.

2259. L'Égypte et la Turquie de 1829 à 1836, par M. Ed. de Cadalvène et J. de Breurery. *Paris, Arthus Bertrand*, 1836, 2 vol. in-8, demi-rel. chagr. viol. tr. jasp.

2260. Sénégambie et Guinée, Nubie, Abyssinie. *Paris, Firm. Didot fr.*, 1847, in-8, demi-rel. dos et coins de maroq. vert. dos orné, fil. tête dor. n. rog.

2261. Histoire de Tunis, par J.-J. Marcel. *Paris, F. Didot*, 1851, in-8, demi-rel. mar. br. (*Envoi d'auteur.*)

2262. Roudh El-Kartas. Histoire des souverains du Maghreb (Espagne et Maroc), et Annales de la ville de Fez, traduit de l'arabe par A. Beaumier. *Paris, Impr. impériale*, 1860, in-8, demi-rel. v. f. (*Envoi d'auteur.*)

l. *Amérique et Océanie.*

2263. Examen critique de l'histoire et de la géographie du nouveau continent et des progrès de l'astronomie nautique aux XVe et XVIe siècles, par Alexandre de Humboldt. *Paris, Gide*, 1836-37, 2 vol. in-8, demi-rel. v. f. tr. jasp.

2264. Étude sur les rapports de l'Amérique et de l'ancien continent avant Christophe Colomb, par Paul Gaffarel. *Paris, Thorin*, 1869, in-8, demi-rel. v. f.

2265. Découverte de l'Amérique par les Normands, au Xe siècle, par Gabriel Gravier. *Rouen, E. Cagniard*, 1874, in-8, pl. br.

2266. An original History of ancient America, founded upon the ruins of antiquity, by George Jones. *London, Longman,* 1843, gr. in-8. mar. bl. tr. dor. (*Envoi d'auteur.*)

2267. L'Amérique devant l'Europe, principes et intérêts, par le comte Agénor de Gasparin. *Paris, Mich. Lévy fr.*, 1862. in-8, demi-rel. maroq. vert foncé, tr. jasp.

2268. Derecho international teórico y práctico de Europa y América, por Carlos Calvo. *Paris, Amyot et Durand et Pedone-Lauriel,* 1868, 2 vol. très-gr. in-8, demi-rel, v. f.

2269. Archæology of the United States, by Samuel Haven. *Washington City,* 1846, in-4, br. — Observations on mexican history and archæology, 1856, in-4, br. fig.

2270. FRANCE AND ENGLAND in north America, a Series of historical narratives, by Francis Parkman. *Boston,* 1871, 3 vol. in-8, mar. br. tr. dor. (*Envoi d'auteur.*)

Ces trois volumes comprennent : les Pionniers de la France dans le Nouveau-Monde ; — les Jésuites dans l'Amérique du Nord ; — Découverte de l'extrême Occident.

2271. Tableau statistique et politique des deux Canadas, par M. Isidore Lebrun. *Paris, Treuttel et Würtz,* 1833, in-8, demi-rel. v. ant.

2272. France and England in north America, a series of historical narratives, by Francis Parkman. *Boston, Little,* 1867, in-8, cart. n. rog. (*Envoi d'auteur.*)

2273. Bancroft. History of the United States. *Boston,* 1839, 9 vol. gr. in-8, cart. non rogn. portrait.

2274. Précis de l'histoire des États-Unis d'Amérique depuis leur colonisation jusqu'à ce jour, par le comte Pelet de la Lozère. *Paris, Firmin Didot fr.*, 1845, in-8, demi-rel. v. f. fil. noirs, tr. jasp.

2275. De la Démocratie en Amérique, par Alexis de Tocqueville. *Paris, Pagnerre,* 1850, 2 vol. in-12, demi-rel, v. ant. tr. jasp.

2276. Storia della guerra dell' independenza degli Stati Uniti d'America, scritta da Carlo Botta. *Parigi, D. Colas,* 1809, 4 vol. in-8, demi-rel. v. ant.

2277. Histoire de la guerre de l'indépendance des États-Unis, par Odet-Julien Leboucher. *Paris, Anselin,* 1830, 2 vol. in-8, portr. et atlas, demi-rel. v. bl.

2278. Vie de George Washington, par John Marshall, traduite de l'anglais par P.-F. Henry. *Paris, Dentu,* 1807, 1 vol. in-8, portr. demi-rel. v. ant.

2279. Vie de Georges Washington, par David Ramsay. *Paris, Parsons*, 1809, in-8, portr. demi-rel. v. gr.

2280. The Life of George Washington, by Jared Sparks. *Boston*, 1839, in-8, cartonné. *Figures*.

2281. Washington, by M. Guizot, translated by Henry Reeve. *London, John Murray*, 1840, pet. in-8, cart. en percal. non rog.

2282. Washington, by M. Guizot, translated by Reeve. *London, Murray*, 1840, in-8, cart.

2283. Histoire de Washington et de la fondation de la république des États-Unis, par Cornelis de Witt, précédée d'une étude historique sur Washington par M. Guizot. *Paris, Didier*, 1855, gr. in-8, demi-rel. maroq. vert foncé, dos orné, tr. jasp.

2284. The diplomatic Correspondence of the american revolution, edited by Jared Sparks. *Boston*, 1829, 12 vol. in-8, cart. n. rogn.

2285. Memoirs, correspondence and private papers of Thomas Jefferson, late president of the United States, by Thomas Jefferson Randolph. *London*, 1829, 4 vol. in-8, demi-rel. v. portrait.

2286. Life of Th. Jefferson, third president of the United States, by Georges Tucker. *London*, 1837, 2 vol. in-8 cart. portrait.

2287. The Life and times of Thomas Jefferson, by Samuel Smuker. *Philadelphia*, 1857, pet. in-8 cart. — The Life of Georges Washington, by Edward Everett. *New-York*, 1860, in-12, cartonné.

2288. Jefferson and the american democracy, an historical study, by Cornelis de Witt. *London, Longman*, 1862, in-8, cart. toile, n. rog.

2289. Mémorial de Gouverneur Morris, homme d'État américain, traduit de l'anglais de Jared Sparks, avec annotations par Augustin Gaudais. *Paris, J. Renouard*, 1842. 2 vol. in-8, mor. viol. fil. tr. dor.

2290. Life and letters of John Winthrop, governor of the Massachusetts-Bay company at their emigration to New England, 1588-1649, by Robert C. Winthrop. *Boston, Ticknor and Fields*, 1864-67, 2 vol. in-8, cart. portr. gr. envoi autographe signé de l'auteur à M. Guizot.

2291. Sketches of the life and correspondence of Nathanael Greene in the war of the revolution, by Will. Johnson. *Charleston*, 1822. in-4, demi-rel.

2292. The revised Statutes of the State of New-York. *Albany,* 1836, 3 vol. — Revised Statutes of Massachusetts, 1836. — General Assembly of Connecticut. 1853-55, 2 vol.— Ensemble, 6 vol. gr. in-8, bas.

2293. Documents relating to the colonial history of the State of New-York, procured in Holland, England and France. *Albany,* 1856, 11 vol. in-4, cart.

2294. The public Records of the colony of Connecticut, 1636 1689, by Ammoud Trumbull. *Hartford,* 1850, 3 vol in-8, cartonnés.

2295. A historical Collection of the part sustained by Connecticut during the war of the revolution. *Hartford,* 1842, gr. in-8, cart.
Hommage du gouvernement de l'État de Connecticut.

2296. Chronicles of the first planters of the colony of Massachussetts Bay (1623-1636), by Alexander Young. *Boston,* 1846, gr. in-8, cart.

2297. Memoir of the life of Josiah Quincy of Massachusetts, by his son Josiah Quincy. *Boston,* 1825. in-8 cart.
Envoi d'auteur.

2298. Records of the colony and plantation of New-Haven from 1638 to 1649, edited by Ch. Hoadly, *Hartford,* 1857, gr. in-8, cart.
Envoi du gouvernement du Connecticut.

2299. Chronicles of the Pilgrim fathers of the colony of Plymouth (1602-1625), by Alexander Young. *Boston,* 1841, gr. in-8 cart. portrait.

2300. The Oregon question examined in respect to facts and the law of nations, by Travers Twiss. *London, Longman,* 1846, gr. in-8, cart. n. rog.

2301. Les États-Unis et l'Angleterre, ou Souvenirs et réflexions d'un citoyen américain. *Bordeaux, P. Coudert,* 1814, in-8, demi-rel. v. viol.

2302. Indian Captivities, being a collection of the most remarquable narratives of persons taken captive by the north american Indians, by Samuel Drake. *Boston,* 1839, in-8, cart. fig.

2303. The Diplomacy of the revolution : an historical study, by William Henry Trescot. *New-York,* 1852, pet. in-8, cart anglais.

2304. Contributions to american history. *Philadelphie,* 1858, gr. in-8, cart.
Tome IV. Historial Society of Penns Sylvania.

2305. Le Mariage aux États-Unis, par Aug. Carlier. *Paris, 1860.* — Esquisse sur le Canada, par J.-C. Taché. *Paris,* 1855. Ens. 2 vol. in-12, demi-rel. chagr. tr. jasp.

2306. Population of the United States in 1860; compiled from the original returns of the eighth census... by Joseph C. G. Kennedy. *Washington,* 1864, in-4, demi-rel. dos et coins de chagr. vert.

2307. Les États-Unis d'Amérique en 1863, par John Bigelow. *Paris, L. Hachette,* 1863, in-8, demi-rel. tr. jasp.

2308. Historical View of the american revolution, by G. Washington Greene. *Boston,* 1865, in-12, cart.

2309. The Origin of the late war, by George Lunt. *New-York,* 1867, in-8, cart.

2310. History of the conquest of Mexico, by W. Prescott. *Paris, Baudry,* 1844, 3 vol. in-8, demi-rel.

2311. A new History of the conquest of Mexico, in which Las Casa's denunciations of the popular historians of that war are fully vindicated; by Robert Anderson Wilson. *Philadelphia, James Challen,* 1859, très-gr. in-8, figures, cart. en percal. n. rog.

2312. Memorandum des négociations pendantes entre le Mexique et l'Espagne. *Poissy, typ. de J. Arbien,* 1857, in-8, demi-rel. v. ant. (*Mouillures.*)

2313. Saint-Domingue. Étude et solution nouvelle de la question haïtienne, par M. R. Lepelletier de Saint-Remy. *Paris, Arthus Bertrand,* 1846, 2 vol. in-8, avec planches, mar. r., fil. tr. dor. (*Gruel.*)

Avec le chiffre de M. Guizot sur les plats. Envoi d'auteur.

2314. Histoire de la révolution de Saint-Domingne... suivie d'un Mémoire sur le rétablissement de cette colonie, par M. Dalmas. *Paris, Mame,* 1844, 2 vol. in-8, demi-rel. v. ant.

2315. De la Colonisation au Brésil, mémoire historique, descriptif, statistique et commercial sur la province de Sainte-Catherine, par Ch. Lede. *Bruxelles,* 1843, gr. in-8, demi-rel. v. bleu.

2316. Considérations géographiques sur l'histoire du Brésil, examen critique d'une nouvelle histoire générale du Brésil, récemment publiée en portugais, à Madrid, par M. Fr. Ad. de Varnhagen. *Paris, Martinet,* 1857, gr. in-8, demi-rel. chagr. vert.

2317. Le Budget du Brésil, ou Recherches sur les ressources de cet empire dans leurs rapports avec les intérêts européens du commerce et de l'émigration, par le comte Aug. van der Straten-Ponthoz. *Paris, Amyot*, 1854, 3 vol. gr. in-8, portrait, cart. n. rog. Aux armes de l'empire du Brésil.

2318. Considérations historiques et politiques sur les républiques de la Plata, dans leurs rapports avec la France et l'Angleterre, par M. Alf. de Brossard. *Paris, Guillaumin,* 1850, in-8, demi-rel. v. f. tr. jasp.

2319. Resúmen de la historia de Venezuela desde el año de 1737 hasta el de 1830, por Rafael Maria Baralt y Ramon Diaz. *Paris, H. Fournier*, 1841, 2 vol. in-8, portrait, bas.

2320. Histoire du Paraguay, par le P. Charlevoix. *Paris,* 1756, 3 vol. in-4, v.

2321. History of the conquest of Peru, by Will. Prescott. *New-York*, 1847, 2 vol. gr. in-8, cart.

2322. Les Polynésiens et leurs migrations, par M. de Quatrefages. *Paris, Arthus Bertrand, s. d.*, in-4, avec 4 cartes, br.

2323. History of the Hawaiian or Sandwich islands, by J. Jarves. *Boston,* 1843, gr. in-8, demi-rel. mar. *Figures.*

2324. History of the Havaiian or Sandwich islands, by James J. Jarves. *Boston*, 1843, in-8, cart. fig.

2325. A Narrative of missionary enterprises in the south sea islands, by the Rev. John Williams. *London*, 1843, in-8, cart. portr. — The Right of the United States of America to the north eastern boundary. *New-York*, 1840, in-8, cart.

2326. The New Zealand Question and the rights of aborigines, by Louis-Alexis Chameronzow. *London*, 1848, in-8, cart. (*Envoi d'auteur.*)

NOBLESSE.

2327. Histoire de l'ordre de la Toison d'or, par le baron de Reiffenberg. *Bruxelles*, 1838, in-4, cart. et atlas in-fol. cart. fig. color.

2328. Instituzione e Statuti del Real ordine di S. Gennaro. *Napoli, dalla Stamperia reale*, 1831, pet. in-fol. planch., demi-rel. v. viol.

2329. STATUTS DE L'ORDRE du Saint-Esprit au droit désir, ou du Nœud institué à Naples en 1352 par Louis d'Anjou, premier du nom, roi de Jérusalem, etc., avec une notice sur la peinture des miniatures et la description du manuscrit, par M. le comte Horace de Viel-Castel. *Paris, Eugelmann et Graf*, 1853, in-fol. pap. vél. mar. br. compart. à froid, sem. de fleurs de lis, tr. r.

Ouvrage orné de miniatures et ornements en or et en couleur.

ARCHÉOLOGIE.

2330. Études d'archéologie et d'histoire, par M. H. Fortoul. *Paris, F. Didot*, 1854, 2 vol. in-8, demi-rel. v. f.

2331. Exposé des progrès de l'archéologie, par A. Maury. *Paris*, 1867. — Mémoires sur les Agésinates de Pline l'Ancien, par E. Castaigne. *Angoulême*, 1866.— De l'Éloquence judiciaire à Athènes, par Morillot. *Paris*, 1874. — Études de mythologie grecque, par Cerquand. *Paris*, 1873. — Mémoire sur l'île d'Egine, par E. About. *Paris*, 1854. — Mémoire sur l'île de Thasos, par Perrot. *Paris*, 1864. — Etude sur l'aéropage athénien, par E. Dugit. *Paris*, 1867. — De la Condition des artistes dans l'antiquité grecque, par H. Bazin. — Der Gott zu Pytho, von Wather. *Leipzig*, 1871. — Recherches sur les origines du cabinet des médailles, par A. Chabouillet. *Paris*, 1874, 10 brochures in-8. (*Envois d'auteur*.)

2332. Les Premières Civilisations, études d'histoire et d'archéologie, par François Lenormant. *Paris, Maisonneuve*, 1874, 2 vol. in-8, br.

2333. Mélanges archéologiques, par Minoïde Mynas, Revillout, de Rougé, etc. 10 parties en 2 vol. in-8, demi-rel.

2334. Mélanges archéologiques et littéraires, par M. Edélestand du Méril. *Paris, Franck*, 1850, in-8, demi-rel. v. ant.

2335. Études sur quelques points d'archéologie et d'histoire littéraire, par Édélestand du Méril. *Paris*, 1862, in-8, demi-rel. chagr. brun, tr. jasp.

2336. Mémoires et documents publiés dans la Revue archéologique, par J.-A. Letronne. *Paris, A. Leleux*, 1849, gr. in-8, avec planches, demi-rel. chagr. brun.

2337. Mélanges archéologiques, 10 pièces, par M. Rouard, Vincent, Soulier, François Lenormant, H. Martin, etc. En 1 vol. in-8, demi-rel. figures.

2338. Mémoires lus à la Sorbonne en 1868. *Paris, Imprimerie impériale*, 1868, gr. in-8, demi-rel. chagr. rouge, tr. jasp.

2339. The Journal of the British archæological association. *London,* 1846-48, 3 vol. in-8, cart. — Second annual Congress. 1846, in-8, cart.

2340. The archæological Album, or Museum of national antiquities, edited by Thomas Wright, the illustrations by F.-W. Fairholt. *London,* 1845, in-4, fig. n. et color. cart. n. rog.

2341. Monuments et ouvrages d'art antiques, restitués d'après les descriptions des écrivains grecs et latins, et accompagnés de dissertations archéologiques, par M. Quatremère de Quincy. *Paris, J. Renouard,* 1829, 2 vol. gr. in-4, pap. vél. avec planches, cart. n. rog.

2342. Description des antiquités et objets d'art contenus dans les salles du Palais-des-Arts de la ville de Lyon, par le Dr Comarmond. *Lyon, impr. de F. Dumoulin,* 1855-1857, in-4, 28 planches, contenant de nombr. fig. demi-rel. chag. vert.

2343. ANTIQUITÉS du Bosphore Cimmérien, conservées au musée impérial de l'Ermitage, ouvrage publié par ordre de Sa Majesté l'empereur. *Saint-Pétersbourg,* 1854-55, 2 vol. de texte et 1 vol. atlas, in-fol. cart. 86 planches chromo et fac-simile, plus 2 cartes.

2344. Monumente des K. K. Münz-und Antiken-Cabinettes in Wien beschrieben von Joseph Arneth. *Wien, Leop. Sommer,* 1849, in-fol. 25 grandes planches grav. cart. n. rog.

2345. Das classische Alterthum fur Deutschlands Jugend von Weill. *Berlin,* 1843, in-8, mar. bl.

2346. Studien hersgg. von Creuzer. *Frankfurt,* 1805, 2 vol. in-8, demi-rel.

2347. Archéologie. — Les Muses, par Decharme.— Edmond Labatut. Les Édiles et les mœurs. — Le Vrai et le faux Pluton. — Expéditions gauloises en Italie. — La Médecine dans Homère, par Daremberg. — Oppert. Chronologie biblique. — Le Bas-Empire et Venise. 1868. — Notice sur la mosaïque de Lillebonne. 15 broch. in-8.

2348. Archéologie navale, par A. Jal. *Paris, Arthus Bertrand,* 1840, 2 vol. in-8, demi-rel. v. viol. (*Envoi d'auteur.*)

2349. Droit municipal dans l'antiquité, par Ferdinand Béchard. *Paris, Durand,* 1860, in-8, demi-rel. mar. brun, tr. jasp. (*Envoi d'auteur.*)

2350. Essai sur le droit public d'Athènes, par Georges Perrot. *Paris, Ern. Thorin,* 1867, in-8, demi-rel. v. f. tr. jasp.

2351. Recherches sur les véritables noms des vases grecs et sur leurs différents usages, d'après les auteurs et les monuments anciens, par M. Théodore Panofka. *Paris, chez Debure frères, libraires du Roi,* 1829, in-folio, cart. n. rog. pap. vélin, planches.

2352. Observations philologiques et archéologiques sur les noms des vases grecs, à l'occasion de l'ouvrage de M. Théodore Panofka, intitulé : *Recherches sur les véritables noms des vases grecs et sur leur différents usages...,* par M. Letronne. *Paris, Impr. royale,* 1833, avec une planche. — Sur quelques points de la géographie ancienne de l'Asie mineure, par M. Letronne. *Paris, Impr. royale,* 1845. — Examen archéologique sur la croix-anse égyptienne, par le même. *Paris,* 1846, et planche. — Deux Inscriptions votives dédiées au soleil Mithra..., par le même. *Paris,* 1848. — Notice des manuscrits de quelques bibliothèques des départements, par M. G. Libri. *Paris,* 1842, avec fac-simile. — Mémoires sur les mystères de Cérès et de Proserpine et sur les mystères de la Grèce en général, par M. Guigniault. *Paris,* 1856 ; et autres pièces en 1 vol. in-4, demi-rel. v. ant.

2353. Études sur les vases peints, par J. de Witte. *Paris,* 1865, gr. in-8, fig. br. (*Envoi d'auteur.*)

Tiré à petit nombre.

2354. Notice sur divers manuscrits grecs relatifs à la musique, comprenant une traduction française et des commentaires, par M. A.-J.-H. Vincent. *Paris, Impr. royale,* 1847, in-4, demi-rel. chag. vert (*Envoi d'auteur.*)

2355. Le Palais impérial de Constantinople et ses abords, Sainte-Sophie, le forum Augustéon et l'Hippodrome, tels qu'ils existaient au dixième siècle, par Jules Labarte. *Paris, V. Didron,* 1861, gr. in-4, avec 3 pl. color. demi-rel. mar. bleu.

2356. Fouilles à Carthage, aux frais et sous la direction de M. Beulé. *Paris, Impr. impér.,* 1861 ; in-4, avec 6 planches, demi-rel. v. ant. dos orné.

2357. The Topography and antiquities of Rome, by the B. Richard Burgess. *London,* 1831, 2 vol. in-8 cart. figures.

2358. Antiquités romaines, ou Tableau des mœurs, usages et institutions des Romains, par Alexandre L.-L. D., recteur de la grande école d' ,dimbourg, traduit de l'anglais. *Paris, chez Verdière,* 1818, 2 vol. in-8, demi-rel. v. vert, tr. marbr.

2359. Mémoire sur la police chez les Romains, par M. Naudet. *Paris, F. Didot,* 1844, in-4, cart. (*Envoi d'auteur.*)

2360. Antiquités gauloises et romaines du palais du Sénat, par Grivaud, 1807, in-4, demi-rel. — Atlas en langue catalane de 1374, par Buchon. Monographie du coffret du duc de Blacas, par Mignard, 1852. — Notice sur le fauteuil de Dagobert, par Lenormant. *Paris,* 1849, in-4, br. etc., 7 part. in-4, rel. et br. figures.

2361. Essai sur l'origine du tombeau gaulois ou gallo-romain de Neuvy-Pailloux, par M. Thabaud de Linetière, précédé du rapport de M. des Méloizes, inspecteur des monuments historiques de l'arrondissement d'Issoudun, sur la découverte de ce monument. *Châteauroux,* 1845, plaquette in-4, cart. figures.

2362. Dictionnaire des antiquités chrétiennes, par M. l'abbé Martigny. *Paris, L. Hachette,* 1865, gr. in-8; 270 gravures intercalées dans le texte, demi-rel. v. f.

2363. Mélanges d'épigraphie, par Léon Renier. *Paris, F. Didot,* 1854, gr. in-8, figure, demi-rel. chagr. bleu.

2364. Recueil des inscriptions grecques et latines de l'Égypte, étudiées dans leur rapport avec l'histoire politique, l'administration intérieure, les institutions...., depuis la conquête d'Alexandre jusqu'à celle des Arabes, par M. Letronne. *Paris, Impr. royale,* 1842, 2 vol. in-4, demi-rel. dos de toile, non rogné, et atlas gr. in-4.

L'un des DIX exemplaires en papier vélin. Avec envoi d'auteur.

2365. Musée de sculpture antique et moderne. Inscriptions grecques et romaines du musée royal du Louvre, par M. le comte de Clarac. *S. l.,* 1839, in-8, cart.

2366. Description du musée lapidaire de la ville de Lyon. Épigraphie antique du département du Rhône, par le docteur A. Comarmond. *Lyon, impr. de F. Dumoulin,* 1846-1854, in-4, avec 19 planches, demi-rel. v. f. dos orné.

2367. Des Journaux chez les Romains, par J. Vict. Le Clerc. *Paris, F. Didot,* 1838, in-8, demi-rel. mar. br.

2368. Édit de Dioclétien, établissant le maximum, par W. Waddington. *Paris,* 1864. — Recherches sur le lieu de la bataille d'Attila en 451, par Peigné-Delacourt. *Paris,* 1860. — Étude sur le lieu de la défaite d'Attila, par G. Lapérouse. *Troyes,* 1862. — Les Légions du Rhin, par Ch. Robert. *Paris,* 1867. — Recherches sur les figures de femmes voilées dans l'art grec, par L. Heuzey. *Paris,* 1873, 5 brochures in-4, planches. (*Envois d'auteurs.*)

2369. INSCRIPTIONS CHRÉTIENNES de la Gaule, antérieures au VIII° siècle, réunies et annotées par Edmond Leblant. *Paris, Impr. impériale*, 1856 ; 2 vol. in-4, avec 92 planches et figures dans le texte, demi-rel. chag. brun. (*Envoi d'auteur.*)

2370. Études paléographiques et historiques sur des papyrus du VI° siècle, en partie inédits, renfermant des homélies de saint Avit et des écrits de saint Augustin. *Genève*, 1866, in-4, demi-rel. maroq. vert foncé, tr. jasp.

2371. Coins of the Romans relating to Britain described and illustrated by J. Y. Akermann. *London, J. Russel Smith*, 1844, in-8, cart., 7 planches.

2372. Numismatique de la Gaule narbonnaise, par de la Saussaye. *Blois*, 1842, in-4, br. (23 planches).

2373. Description des monnaies mérovingiennes du Limousin, par Deloche. *Paris,* 1863, in-8, br. 13 pl. et autres broch. de numismatique, 4 p. in-8, br.

2374. Description des monnaies mérovingiennes du Limousin, par Maximin Deloche. *Paris, C. Rollin*, 1863, in-8, planches, demi-rel. mar. r. (*Envoi d'auteur.*)

2375. Intorno alle zecche ed alle monete battute nel reame di Napoli da re Carlo VIII di Francia, ragionamento di Giovan Vincenzo Fusco. *Napoli*, 1846, in-4, pl. cart. tr. dor.

2376. Collection de plombs historiés trouvés dans la Seine et recueillis par Arthur Forgeais. *Paris, Aubry,* 1862-63, 2 séries en 1 vol. in-8, demi-rel. v. f.

2377. Grammaire égyptienne, par Champollion le jeune, publiée par l'ordre de M. Guizot. *Paris, Didot*, 1836, 3 parties in-folio, br.

2378. Précis du système hiéroglyphique des anciens Égyptiens, ou Recherches sur les éléments premiers de cette écriture sacrée, etc., par M. Champollion le jeune. Seconde édition. *Paris, Impr. royale,* 1828, in-8, pap. de Holl., et 1 vol. de planches, demi-rel., dos et coins de chagr. r. n. rog.

Avec une lettre autographe de l'auteur. Envoi de la famille de l'auteur à M. Guizot.

2379. Caillaud. Sur les arts et métiers des anciens peuples de l'Égypte. Gr. in-4, 66 planches en couleurs.

Atlas.

2380. Lettres de M. Botta sur ses découvertes à Khorsabad, près de Ninive, publiées par M. J. Mohl. *Paris, Imprimerie royale*, 1845, in-8, 55 planches, demi-rel. chagr. violet.

2381. Essai de déchiffrement de l'écriture assyrienne, pour servir à l'explication du monument de Khorsabad, par Isidore Löwenstern. *Paris, A. Franck,* 1845, in-4, avec 3 planches d'écriture, chag. r. fil. doublé de tabis, tr. dor.

2382. Exposé des éléments constitutifs du système de la troisième écriture cunéiforme de Persépolis, par Isidore Löwenstern. *Paris et Leipzig*, 1847, *de l'imprimerie de Panckoucke*, in-4, pap. vélin, vig. sur le titre, maroq. bleu jans. tr. dor.

2383. Inscriptions assyriennes des briques de Babylone, essai de lecture et d'interprétation par Joachim Menant. *Paris, Benjamin Duprat,* 1859, in-4, demi-rel. v. bleu, tr. jasp.

2384. Les Écritures cunéiformes, exposé des travaux qui ont préparé la lecture et l'interprétation des inscriptions de la Perse et de l'Assyrie, par Joachim Ménant. *Paris, Benj. Duprat,* 1860, gr. in-8, demi-rel. chagr. rouge.

2385. Les Fastes de Sargon, roi d'Assyrie, traduits et publiés d'après le texte assyrien de la grande inscription des salles du palais de Khorsabad, par MM. J. Oppert et J. Ménant. *Paris, Imprimerie impériale,* 1863, br. in-folio.

2386. Exposé des éléments de la grammaire assyrienne. — Leçons d'épigraphie assyrienne, par M. Jochim Ménant. *Paris*, 1868-73, 2 br. gr. in-8. (*Envoi d'auteur.*)

2387. Lettres assyriologiques, seconde série. Études accadiennes, par François Lenormant. *Paris, Maisonneuve,* 1873, in-4, 2 part. en 1 vol. autographié; demi-rel. chagr. rouge, dos orné. (Tome Ier.)

2388. Mémoires sur diverses antiquités de la Perse, par Silvestre de Sacy. *Paris*, 1793, in-4, demi-rel.

PALÉOGRAPHIE. — HISTOIRE LITTÉRAIRE. SOCIÉTÉS SAVANTES.

2389. Éléments de paléographie, par M. Natalis de Wailly. *Paris, Impr. royale,* 1838; 2 vol. gr. in-4, v. ant. fil. non rog. (*Avec de nombreuses planches.*)
Exemplaire en grand papier.

2390. Codex diplomaticus Brandenburgensis. *Berlin*, 1838, 8 vol. in-4, demi-rel. v. f.

1rd partie, 5 vol.
2º partie, 3 vol.

2391. Grammatographie du ix° siècle, types calligraphiques tirés de la Bible de Charles le Chauve, manuscrit de la Bibliothèque royale, par J.-B.-J. Jorand, publié sous les auspices de M. Guizot, ministre... *Paris*, 1837, in-fol. 66 planches, demi-rel. mar. r. dos orné, non rog.

2392. Fac-simile de quelques manuscrits de la bibliothèque d'Épinal, exécutés sous la direction de M. Parisot, par J.-R. Duval, 1834, in-4, obl. mar. comp. tr. dor.

Manuscrit exécuté avec soin.

2393. I Manoscritti italiani della regia Biblioteca parigina, descritti ed illustrati dal dottore Antonio Marsand. *Parigi, dalla Stamperia reale*, 1835, 2 vol. in 4, en v. r., orné et mar. r. orné, tr. dor. (*Reliures différentes.*)

Avec envoi d'auteur à chaque volume.

2394. Description des manuscrits français du moyen âge, de la Bibliothèque royale de Copenhague, précédée d'une notice historique sur cette bibliothèque, par N.-C.-L. Abrahams. *Copenhague, impr. de Thielle*, 1844, in-4, avec 3 planches de fac-simile color. demi-rel. mar. violet.

2395. A Catalogue of the Harleian manuscripts in the British Museum. *London*, 1808, 4 vol. in-folio, cart. n. rogn.

2396. NOTICES ET EXTRAITS des manuscrits de la Bibliothèque du Roi. *Paris, Impr. roy.*, 1787-1868, 22 tomes en 31 part. in-4, rel. br. et cart.

Manque la 1re partie du tome XXII.

2397. COURS FAMILIER de littérature, par M. A. de Lamartine. *Paris*, 1856-69, 28 vol. in-8, portr. demi-rel. v. f.

2398. Handbuch der Geschichte der Litteratur, von Ludw. Wachler. *Frankfurt*, 1822, 4 t. en 2 vol. in-8, demi-rel.

2399. Tableau des littératures anciennes et modernes, par M. A. Théry. *Paris, Dézobry, s. d.*, 2 vol. in-8, br. (*Envoi d'auteur.*)

2400. Essais d'Histoire littéraire, par Eugène Géruzez, deuxième édition. *Paris, Garnier*, 1853, 2 vol. in-12, demi-rel. v. gris. (*Envoi d'auteur.*)

2401. Études sur la littérature grecque moderne ; imitations en grec de nos romans de chevalerie depuis le

XIIe siècle... par M. A.-Ch. Gidel. *Paris, Impr. imp.*, 1866, gr. in-8, demi-rel. v. viol.

2402. Histoire abrégée de la littérature romaine, par F. Schoell. *Paris, Gide fils*, 1815, 4 vol. in-8, v. grav. dent.

2403. Études morales et historiques sur la littérature romaine, depuis son origine jusqu'à nos jours, par J.-P. Charpentier (de Saint-Prest). *Paris, L. Hachette*, 1829, in-8. demi-rel. v. tr. marbr.

2404. Histoire de l'éloquence latine, depuis l'origine de Rome jusqu'à Cicéron, d'après les notes de M. Adolphe Berger, réunies et publiées par M. Victor Cucheval. *Paris, Hachette*, 1872, 2 vol. in-12, demi-rel. v. bleu.

2405. Tableau de la littérature en Europe, depuis le XVIe siècle jusqu'à la fin du XVIIIe, par J.-J. Leuliette. *Paris, L. Collin*, 1809, in-8, demi-rel. v. f.

2406. Introduction to the litterature af Europe, by Henry Hallam. *London, John Murray*, 1837-39, 4 vol. in-8. demi-rel. dos et coins de mar. rouge, tr. peigne. (*Envoi d'auteur.*)

2407. Littérature du moyen âge en France, en Italie, en Espagne et en Angleterre, par M. Villemain. *Paris, Pichon et Didier*, 1830, 2 vol. in-8, demi-rel. v. f. tr. jasp.

2408. HISTOIRE LITTÉRAIRE DE LA FRANCE, par les Religieux Bénédictins. *Paris*, 1733 à 1869. 25 vol. in-4. (*Les tomes XXIV et XXV sont cartonnés.*)

Ex libris du Resnel, abbé de Sept-Fontaines, de l'Académie française.

2409. Essais sur l'histoire de la littérature française, par J.-J. Weiss. *Paris, M. Lévy*, 1865, in-12, v. v. (*Envoi d'auteur.*)

2410. Histoire de la littérature française, par D. Nisard. *Paris, F. Didot*, 1867, 3 vol. in-12, demi-rel. v. bleu.

2411. Histoire nationale de la littérature française, par Émile Chasles. *Paris, Ducroc*, 1870, in-8, demi-rel.

2412. Histoire de la littérature française, par D. Nisard. *Paris, F. Didot*, 1874, 4 vol. in-12, demi-rel. v. f.

2413. Histoire de la poésie provençale, par M. Fauriel. *Paris, J. Labitte*, 1846, 3 vol. in-8, demi-rel. v. ant.

2414. Histoire littéraire des Troubadours. *Paris, Durand*, 1774, 3 vol. in-12, v. marbr.

2415. Histoire littéraire de la France sous Charlemagne, et durant les Xe et XIe siècles, par J. Ampère. *Paris, Didier*, 1868, in-8, demi-rel. v. viol. tr. jasp.

HISTOIRE. 203

2416. Histoire littéraire de la France avant le XII° siècle, par J. Ampère. *Paris, L. Hachette*, 1839-41, 4 vol. in-8, demi-rel. v. f. tr. jasp.

2417. De l'État de la poésie françoise dans les XII° et XIII° siècles, par B. de Roquefort-Flaméricourt. *Paris, Fournier*, 1815, in-8, demi-rel. v. ant.

2418. Histoire littéraire de la France au XIV° siècle; Discours sur l'état des lettres, par Victor Le Clerc; Discours sur l'état des beaux-arts, par Ern. Renan. *Paris, Mich. Lévy fr.*, 1865, 2 vol. in-8, demi-rel. v. bleu, tr. jasp.

2419. Les Gladiateurs de la République des lettres aux XV°, XVI° et XVII° siècles, par Ch. Nisard. *Paris, Mich. Lévy fr.*, 1860, 2 vol. in-8, demi-rel. chagr. bleu, tr. jasp.

2420. Tableau de la littérature française au XVI° siècle, par M. Saint-Marc Girardin et M. Ph. Chasles. *Paris, F. Didot*, 1829, in-8, demi-rel. v. viol.

2421. Histoire de la querelle des anciens et des modernes, par M. Hippolyte Rigault. *Paris, L. Hachette*, 1856, in-8, demi-rel. v. f. fil. noirs, tr. jasp.

2422. Un Sermon sous Louis XV, suivi de Deux Soirées à l'hôtel de Rambouillet, par Félix Bungener. *Paris, J. Cherbuliez*, 1859, in-12, demi-rel. mar. br. — La Politique de Bossuet, par Nourrisson. *Paris, Didier*, 1867, in-12, demi-rel. v. f. (*Envoi d'auteur.*)

2423. Histoire de la littérature française à l'étranger, depuis le commencement du XVII° siècle, par A. Sayous. *Paris, J. Cherbuliez*, 1853, 2 vol. in-8, demi-rel. v. v.

2424. Le Président de Brosses. Histoire des lettres et des parlements au XVIII° siècle, par Th. Foisset. *Paris, Olivier Fulgence*, 1842, in-8, demi-rel. mar. bl.

2425. CORRESPONDANCE LITTÉRAIRE, philosophique et critique de Grimm et de Diderot, depuis 1753 jusqu'en 1790. *Paris, Furne*, 1829, 16 vol. in-8. demi-rel. v. ant. dos orné.

2426. Études sur la littérature française au XIX° siècle, par A. Vinet. *Paris*, 1849-51, 3 vol. in-8, demi-rel. v. ant. tr. jasp.

Manque le tome II.

2427. Histoire de la littérature française sous la Restauration, par M. Alfred Nettement; 2° édition. *Paris, J. Lecoffre*, 1858, 2 vol. in-8, demi-rel. v. bl.

2428. Histoire de la littérature française sous le gouvernement de Juillet, par M. Alfred Nettement; 2° édition. *Paris, J. Lecoffre*, 1857, 2 vol. in-8, demi-rel. v. bl.

2429. Archives des Missions scientifiques et littéraires; choix de rapports et instructions publié sous les auspices du ministère de l'instruction publique et des cultes. *Paris, Impr. nationale,* 1850-57, 6 vol. in-8, demi-rel. v. f.

2430. Storia della litteratura italiana del cavaliere abate Girolamo Tiraboschi. *In Vinezia,* 1795-96, 16 vol. in-8, demi-rel. v. ant.

2431. Histoire littéraire d'Italie, par P.-L. Ginguené. *Paris, Michaud frères,* 1811-1813, 6 vol. in-8, demi-rel. v. ant.

2432. Histoire critique de la littérature anglaise, depuis Bacon jusqu'au commencement du xixe siècle, par M. L. Mézières. *Paris, Baudry,* 1834, 3 vol. in-8, v. bl. fil. dent. à froid, tr. marbr.

2433. Poétique anglaise, par M. Hennet. *Paris, Th. Barrois,* 1806, 2 vol. in-8, demi-rel. v. r. n. rog.

2434. Histoire critique de la littérature anglaise, depuis le règne d'Elisabeth jusqu'au commencement du xixe siècle, par M. L. Mézières. *Paris, A. Allouard,* 1841, 3 vol. in-8, demi-rel. v. bl.

2435. Histoire de la littérature anglaise, par H. Taine. *Paris, L. Hachette,* 1866-69, 5 vol. in-12, demi-rel. v. f.

2436. Écrivains et poëtes de l'Allemagne, par le baron Henri Blaze de Bury. *Paris, M. Lévy,* 1846, in-12, cart. non rog.

2437. History of Spanish literature. *New-York,* 1849, 3 vol. in-8, cart.

2428. Tableau de la littérature du Nord au moyen âge, en Allemagne et en Angleterre, en Scandinavie et en Slavonie, par F.-G. Eichhoff. *Paris, Didier,* 1853, in-8, demi-rel. v. gris.

2439. Histoire de la littérature scandinave, par M. Xavier Marmier. *Paris, Arthus Bertrand,* 1848, in-8, demi-rel. v. f. tr. jasp. (*Envoi d'auteur.*)

2440. Histoire de la littérature hindoue et indoustane, par M. Garcin de Tassy. *Paris, B. Duprat,* 1839, in-8, cart. n. rog.

Exemplaire en grand papier vélin. Tome Ier contenant la biographie et la bibliographie.

2441. Relation contenant l'histoire de l'Académie françoise (par P. Pellisson-Fontanier). *Paris, Pierre le Petit,* 1653, in-8, v. marbr. fil. (*Armoiries.*)

Édition originale. Exemplaire en grand papier.

HISTOIRE. 205

2442. Histoire de l'Académie française, par Pellisson et d'Olivet, avec une introduction, des éclaircissements et des notes, par M. Ch.-L. Livet. *Paris, Didier*, 1858. 2 vol. in-8, fig. demi-rel. v. bl.

2443. Histoire des quarante fauteuils de l'Académie française, depuis sa fondation jusqu'à nos jours, 1635-1844, par M. Tyrtée Tastet. *Paris*, 1844, 2 vol. in-8, demi-rel. mar. rouge.

2444. Histoire de l'Académie royale des inscriptions et belles-lettres. *Paris, Impr. royale*, 1736-1807, 50 vol. in-4. v. ant.

Le tome LI, publié en 1843 est broché.

2445. Histoire et mémoires de l'Académie des inscriptions et belles-lettres. *Paris, Impr. royale*, 1815 à 1870, 8 parties in-4 cartonnées et atlas in-fol.

Tomes I à XXVI, moins XXII et XXVI première partie.

2446. Mémoires présentés par divers savants à l'Académie royale des inscriptions et belles-lettres. *Paris, Impr. roy.*, 1844-1869, 10 parties in-4, cart. et br.

Première série : Sujets divers d'érudition, tomes I à VIII, 1re partie, moins la 1re partie du tome VII.

2447. Mémoires présentés par divers savants à l'Académie des inscriptions et belles-lettres. *Paris*, 1843 à 1865, 5 tomes en 7 parties in-4, grav.

Deuxième série : Antiquités de la France.

2448. Table générale et méthodique des mémoires contenus dans les recueils de l'Académie des inscriptions et belles-lettres, par Eug. de Rozières et Eug. Chatel. *Paris*, 1856, in-4, demi-rel.

2449. Académie du Gard. Mémoires. Années 1805, 1807 à 1822, 1832, 1835-36-37, 1840-1864, 1865 à 1867 ; ensemble 27 vol. in-8, demi-rel. chagr. noir, et les 2 derniers vol. broch.

BIOGRAPHIE.

2450. Biographie universelle, ancienne et moderne, avec supplément. *Paris, Michaud*, 1811-1849, 82 vol. in-8, demi-rel.

Exemplaire en grand papier, les portraits se trouvent dans la 1re série.

2451. Biographie universelle, ancienne et moderne, nouvelle édition, publiée sous la direction de M. Michaud. *Paris*,

A. *Thoisnier-Desplaces*, 1843, t. I à 39; gr. in-8, à 2 col. demi-rel. v. f.

2452. NOUVELLE BIOGRAPHIE GÉNÉRALE, publiée par MM. F. Didot frères. *Paris, F. Didot*, 1855-66; 46 vol. in-8, demi-rel. v. v.

2453. Dictionnaire historique et critique, par M. Pierre Bayle... avec des remarques et la Vie de l'auteur, par M. des Maizeaux. *Amsterdam*, 1734, 5 vol. in-fol. portrait, v. brun.

2454. Dictionnaire historique des personnages célèbres de l'antiquité, par F. Noël. *Paris, H. Nicolle*, 1806, in-8, demi-rel. bas.

2455. Eschyle, Xénophon et Virgile, études philosophiques et littéraires par V. Courdaveaux. *Paris, Didier*, 1872, in-8, demi-rel. v. f.

2456. Les Vies des Hommes illustres de Plutarque, traduites du grec par Amyot, avec des notes et observations de MM. Brotier et Vauvilliers. *Paris*, 1801-1805. 25 vol. in-8, grand papier vélin, front. et figures de Le Barbier, Moreau, v. vert, tr. marbr.

2457. Cornelii Nepotis quæ extant opera, curante J.-B.-F. Descuret, aliquot notas addidit J.-V. Le Clerc. *Parisiis, Lemaire*, 1820, in-8, demi-rel. v. bl.

2458. Le Poëte Attius, étude sur la tragédie latine pendant la République, par G. Boissier. *Paris, E. Giraud*, 1857, in-8, demi-rel. v. v.

2459. Étude sur la Vie et les ouvrages de M. E. Varron, par Gaston Boissier. *Paris, L. Hachette*, 1861, in-8, demi-rel. v. f.

2460. Machiavel, son génie et ses erreurs, par A.-F. Artaud. *Paris, F. Didot*, 1833, 2 vol. in-8, portr. demi-rel. v. aut.

2461. Galileo Galilei, sa vie, son procès et ses contemporains, d'après les documents originaux, par Philarète Chasles. *Paris, Poulet-Malassis*, 1862, in-12, portr. demi-rel. v. tr. jasp.

2462. Christoforo Colombo, libri VIII di Lorenzo Costa. *Genova*, 1846, in-8, portr. cart. toile.

2463. Fernand Colomb; Essai critique, par l'auteur de la Bibliotheca americana vetustissima (Henry Harrisse). *Paris*,

Tross, 1872, très-gr. in-8, demi-rel. dos et coins de mar. vert, fil. tête dor. non rog.

Exemplaire *en grand papier de Hollande*, n° 58. Avec envoi de l'auteur à M. Guizot.

2464. Mendoza et Navarrette; notices biographiques par M. Duflot de Mofras. *Paris, Impr. royale*, 1845; gr. in-4, pap. vélin fort, br.

2465. Jordano Bruno, par Christian Bartholmèss. *Paris, Ladrange*, 1846, 2 vol. in-8, portr. mar. bl. compart. tr. dor.

2466. Daniel Manin, par Henri Martin, précédé d'un Souvenir de Manin, par Ernest Legouvé. *Paris, Furne*, 1861, in-12, portr. demi-rel. mar. br.

2467. Mortillaro (Vincenzo). Reminiscenze de'miei tempi. — I miei ultimi Riccordi. *Palermo*, 1865-68, 2 vol. gr. in-8, demi-rel. v. ant.

2468. Abailard et Héloïse, Essai historique par M. et Mme Guizot. Lettres d'Abailard et d'Héloïse. *Paris*, 1853, gr. in-8, demi-rel. dos et coins de maroq. rouge, tête dor. n. rog. figures sur chine.

2469. Notice biographique sur Rabelais, par E.-J.-B. Rathery. *S. l., n. d.*, br. in-8. (*Envoi d'auteur.*)

Deux exemplaires.

2470. Trois Magistrats français du seizième siècle (études historiques) par Edouard Faye de Brys. *Paris, Guiraudet et Jouaust*, 1844. — Ramus (Pierre de la Ramée), sa vie, ses écrits et ses opinions, par Charles Waddington, 1855. — Etude sur Bayle, par C. Lénient. *Paris, veuve Joubert*, 1855. En 1 gros vol. in-8, demi-rel. v. ant.

2471. La Vérité sur les Arnaud, complétée à l'aide de leur correspondance inédite, par Pierre Varin. *Paris, Poussielgue-Rusand*, 1847, 2 vol. in-8, demi-rel. v. ant.

2472. Étude sur la Vie et les Œuvres de Pellisson, suivie d'une correspondance inédite du même, par F.-L. Marcon. *Paris*, 1859, in-8, demi-rel. v. f. tr. jasp. (*Envoi d'auteur.*)

2473. Notice biographique sur Jean Racine, par M. P. Mesnard. *Paris, Lahure*, 1865, in-8, demi-rel. v. f. tr. jasp. (*Envoi d'auteur.*)

2474. Histoire de madame de Sévigné, de sa famille et de ses amis, par J.-Ad. Aubenas. *Paris, A. Allouard*, 1842, in-8, demi-rel. v. f.

2475. Notice sur madame de Sévigné, par M. Paul Mesnard. *Paris, Hachette,* 1861, in-8, demi-rel. chagr. brun, tr. jasp.

2476. Histoire de Fléchier, évêque de Nîmes, d'après des documents originaux, par M. l'abbé A. Delacroix. *Paris, L. Giraud,* 1865, in-8, portrait, demi-rel. v. f.

2477. Rivarol, sa Vie et ses Œuvres, par M. Léonce Curnier. *Nîmes,* 1858, in-12, demi-rel. chagr. viol. tr. jasp. Envoi autographe de l'auteur à M. Guizot.

2478. Rapin-Thoyras, sa famille, sa vie et ses œuvres; étude historique, suivie de généalogies, par Raoul de Cazenove. *Paris, A. Aubry (Lyon, impr. de L. Perrin),* 1866, in-4, pap. teinté, portr. demi-rel. dos et coins de mar. du Levant, tête, n. rog. (*Envoi d'auteur.*)

2479. Éloge de l'abbé Millot. *Paris,* 1814. — Biographie littéraire de Jean-Baptiste-Modeste Tence. *Paris,* 1835. — Eloge historique de Jacquard, par le comte de Fortis. *Paris,* 1840. — Oraison funèbre de M. l'abbé Desjardins, par l'abbé Olivier, curé de Saint-Roch. *Paris,* 1834. — Discours sur Bossuet, par M. Maillet-Lacoste. *Caen,* 1844. — Éloge de Ch. Michel de l'Epée, par A. Belain. *Paris,* 1819. — En 6 vol. in-8, demi-rel.

2480. Journal historique, ou Mémoires critiques et littéraires sur les ouvrages dramatiques et sur les événements les plus mémorables, depuis 1748 jusqu'en 1772, par Ch. Collé. (*Paris*), *de l'impr. bibliographique,* 1807, 3 vol. in-8, demi-rel. v. ant.

2481. Mémoires et correspondance de madame d'Épinay. *Paris, Brunet,* 1818, 3 vol. in-8, demi-rel. v. dos orné.

2482. Histoire de la vie et des ouvrages de Bordas-Demoulin, par F. Huet. *Paris, M. Lévy,* 1861, in-18, demi-rel. v. f.

2483. Études morales et littéraires sur la personne et les écrits de J.-F. Ducis, par Onésime Léroy. *Paris, Dufei et Vézard,* 1832, in-8, v. marbr. dent. tr. dor.

2484. Histoire de la vie et des travaux politiques du comte d'Hauterive, par M. le chevalier Artaud de Montor. *Paris, A. Le Clerc,* 1839, in-8, demi-rel. mar. r.

2485. Ma Biographie, ouvrage posthume de P.-J. de Béranger. *Paris, Perrotin,* 1857, in-8, portr. par Charlet, demi-rel. v. f.

2486. Notice historique sur François de Bastard, comte d'Estang, par le vicomte de Bastard d'Estang. *Paris, impr. de Schneider et Langrand,* 1844, in-8, demi-rel. mar. r.

Exemplaire en grand papier vélin.

2487. Documents biographiques sur P.-C.-F. Daunou, par M. A.-H. Taillandier. *Paris, F. Didot,* 1847, in-8, portr. demi-rel. v. ant.

2488. Notice sur M. Daunou, par M. B. Guérard, suivie d'une notice sur M. Guérard, par M. N. de Wailly. *Paris, Dumoulin,* 1855, in-8, portr. demi-rel. v. ant.

2489. L'Abbé de l'Épée, sa vie, son apostolat, ses travaux, sa lutte et ses succès, avec l'historique des monuments élevés à sa mémoire à Paris et à Versailles, par Ferdinand Berthier. *Paris,* 1853, in-8, portr. demi-rel. mar. br.

2490. Madame Récamier, with a Sketch of the history of Society in France; by Madame M***. *London, Chapman and Hall,* 1862, in-8, cart. non rog. (*Envoi d'auteur.*)

2491. Souvenirs et correspondance tirés des papiers de madame Récamier. *Paris, M. Lévy,* 1859, 2 vol. in-8, demi-rel. v. f. tr. jasp.

2492. Madame Récamier, les Amis de sa jeunesse et sa correspondance intime (par Mme Lenormand). *Paris, M. Lévy,* 1872. in-8, demi-rel. v. ant.

2493. Henriette Renan, Souvenir pour ceux qui l'ont connue (par Ern. Renan). *Paris,* 1862, pet. in-8, cart. (*Envoi d'auteur.*)

2494. Notice sur l'Œuvre et sur la Vie d'Auguste Comte, par le docteur Robinet. *Paris, R. Pincebourde,* 1864, in-8, portr. demi-rel. v. f.

2495. Lettres inédites de madame Swetchine, publiées par le comte de Falloux. *Paris, Aug. Vaton,* 1866, in-8, demi-rel. v. f.

2496. Madame Swetchine; journal de sa conversion; méditations et prières; publiés par le comte de Falloux. *Paris, Didier,* 1863, in-8, demi-rel. mar. brun.

2497. Lettres de madame Swetchine, publiées par le comte de Falloux. *Paris, Aug. Vaton,* 1862, 2 vol. in-8, demi-rel. chag. brun.

2498. Madame Swetchine, sa vie et ses œuvres, publiées par le comte de Falloux. *Paris, Didier,* 1860, 2 vol. in-8, demi-rel. chag. brun.

2499. Journal et Correspondance de André-Marie Ampère, recueillis par Mme H.-G. *Paris, Hetzel,* 1872, in-12, demi-rel. v. tr. jasp.

2500. Biographie sacrée, par A.-L.-C. Coquerel, pasteur de l'église wallone et d'Amsterdam. *Amsterdam*, 1825-26, 3 vol. in-8, demi-rel. chagr. orange, tr. jasp.

2501. Sabine de Ségur, en religion sœur Jeanne-Françoise, par le comte Anatole de Ségur. *Paris, Tolza*, 1873, in-8, avec portrait photogr. demi-rel. v. f.

2502. L'abbé Deguerry, curé de la Madeleine, par Joubert de Saint-Amand. *Paris, F. Amyot*, 1871, in-18, demi-rel. v. f.

2503. Études critiques et biographiques, par John Lemoinne. *Paris, M. Lévy*, 1852, in-12, demi-rel. v. v.

2504. Études et portraits, par Cuvillier-Fleury. *Paris, M. Lévy*, 1865, in-12, demi-rel. v. ant. (*Envoi d'auteur.*) — La Jeunesse de lord Byron, par l'auteur de Robert Emmet. *Paris, M. Lévy*, 1872, in-12, demi-rel. v. viol.

2505. Mélanges biographiques et littéraires, par M. Guizot. *Paris, M. Lévy*, 1868, in-8, demi-rel. mar. v.

2506. Galerie des Contemporains illustres, par un homme de rien (M. de Loménie). *Paris, A. René*, 1844, 10 vol. pet. in-12, portraits, demi-rel. v. ant. tr. jasp.

2507. Dictionnaire universel des Contemporains, par G. Vapereau. *Paris, L. Hachette*, 1858, gr. in-8, cart.

2508. Mémoires de Félix Platter, médecin bâlois. *Genève, Fick*, 1866, in-8, broché.

2569. La Vie de Thomas Platter, écrite par lui-même. *Genève, Fick*, 1862, in-8, vélin, *figures*.

2510. Biographia Britannica. *London*, 1748, 7 vol. in-fol., demi-rel. n. rog.

2511. Biographia Britannica literaria, anglo-norman period, by Thomas Wright. *London, J.-W. Parker*, 1846, in-8, cart. toile, n. rog.

2512. Biographia Britannica literaria, anglo-saxon period, by Thomas Wright. *London, J. W. Parker*, 1842, in-8, cart. toile, n. rog. (*Envoi d'auteur.*)

2513. The Lives of the British historians, by Eugène Lawrence. *New-York, C. Scribner*, 1855, 2 vol. in-8, cart. toile, n. rog.

2514. Biographical Sketches, by Nassau W. Senior. *London, Longman*, 1863, in-8, cart. en percal. non rog.

2515. Biographical Sketches by Nassau Senior. *London*, 1863, pet. in-8, cart.

2516. Letters from James, earl of Perth, to the countess of Erroll. *London, Camden society*, 1844, in-4, cart.

2517. Histoire du prince Rupert, par John Coindet. *Genève, J. Cherbuliez*, 1851, in-12, demi-rel. v. viol. —Robert Emmet. *Paris, M. Lévy*, 1858, in-12, demi-rel. v. f. — Lucques et les Burlamacchi, souvenirs de la réforme en Italie, par Ch. Eynard. *Paris, Cherbuliez*, 1848, in-12, demi-rel. v. v.

2518. Some Account of the life and writings of John Milton, by the rev. Henry John Todd. *London*, 1809. in-8, portr. v. viol.

2519. Bacon, sa vie, son temps, sa philosophie et son influence jusqu'à nos jours, par Charles de Rémusat. *Paris, Didier*, 1857, in-8, demi-rel. v. f.

2520. Daniel de Foe and Charles Churchill, by John Forster. *London, Longman*, 1855, in-12, v. f. (*Envoi d'auteur.*)

2521. The Life and adventures of Oliver Goldsmith. A biography... by John Forster. *London, Bradbury and Evans*, 1848, in-8, portrait sur le titre et nombr. vign. dans le texte, cart. en percal. tr. dor.

2522. The Life and times of Oliver Goldsmith, by John Forster. *London, Bradbury and Evans*, 1854, 2 vol. gr. in-8, cart. en percal. bleue, non rog. (*Envoi d'auteur.*)

2523. The Life of Edw. Gibbon, with selections from his correspondence and illustrations, by R. Milman. *London, J. Murray*, 1839, in-8, cart. n. rog.

2524. A Review of the life, character and writings of the rev. John Biddle.... by Joshua Toulmin. *London, J. Johnson*, 1789, in-12, v. f. fil.

Avec une note autographe de M. Guizot, signée G., sur le 1er feuillet.

2525. An autobiographical Memoir of sir John Barron. *London, Murray*, 1847, in-8, cart. portrait.

2526. Historical and biographical Essays by John Forster. *London, Murray*, 1858, 2 vol. in-8, cart.

2527. The Life and correspondence of the right hon. Henry Addington, first viscount Sidmouth; by the hon. George Pellew. *London, John Murray*, 1847, 3 vol. gr. in-8, avec 2 portr. cart. en percal. non rog.

2528. Channing, sa vie et ses œuvres, avec une préface de M. Charles de Rémusat. *Paris, Didier*, 1857, in-8, demi-rel. v. f.

2529. The public and private Life of lord chancellor Eldon, with selections from his correspondence, by Horace Twiss.

London, John Murray, 1844, 3 vol. gr. in-8, avec 3 portr. gravés, cart. en percal. non rog.

2530. The Life and correspondence of Thomas Arnold, by Arthur Penrhyn Stanley. *London, T. Fellowes,* 1858; 2 vol. in-8, portrait, cart. en percal. non rog.

2531. Life of John Calhoun, 1811-1843. *New-York,* 1843, in-8, cart.

2532. Memoirs of the life of sir James Mackintosh. *London, Moxon,* 1836, 2 vol. in-8, cart.

2533. Recollections of the Table-Talk of Samuel Rogers. *London, Edward Moxon,* 1856, in-8, cart. n. rog.

2534. Mémoires de madame Élisabeth sur la révolution française. *Paris, M. Lévy fr.,* 1861, portrait. — Gerbert, étude sur sa vie et ses ouvrages, par Ed. de Barthélemy. *Paris,* 1868. — Biographie de William Allen, par G. de Félice. *Paris,* 1869. — Lord Bacon, par Justus de Liebig, traduction française. *Paris,* 1866. — Vie de Mme Isabella Graham, traduite de l'anglais par Mlle de Chabaud-Latour. *Paris,* 1850. — La Maréchale d'Aubemer, nouvelle du xviiie siècle, par Adèle d'Osmond. *Mich. Lévy fr.,* 1867. Ens. 6 vol. in-12, demi-rel. chag. bleu et dem. v. f. tr. jasp.

2535. Athenæ Oxonienses. An exact history of all the writers and bishops who have had their education in the university of Oxford ; with the annals of the sard university, by Antony A. Wood, with a continuation by Philip Bliss. *London,* 1813, 4 vol, in-4, v.

2536. Sparks. American biography. *Boston,* 1839, 9 vol. in-12, cart. n. rog. (*Envoi d'auteur.*)

2537. The Life of John Jay. *New-York,* 1833, 2 vol. in-8, demi-rel.

2538. The Life of Governor Morris, by Jared Sparks. *Boston,* 1832, 3 vol. in-8, cart. (*Envoi d'auteur.*)

2539. The Life of Elbridge Gerry, by James Austin. *Boston,* 1828, 2 vol. in-8, demi-rel.

2540. The Life of Alexander Hamilton. *New-York,* 1840, 2 vol. in-8, cart.

2541. Notice et souvenirs biographiques du comte van der Duyn de Maasdam et du baron de Capellen, recueillis par le baron C.-F. Sirtema de Grovestins. *Saint-Germain-en-Laye,* 1852, in-8, demi-rel. v. f.

2542. A. Mézières. — W. Goëthe. Les Œuvres expliquées par la vie, 1749-95. *Paris, Didier*, 1872, in-8, demi-rel. v. bleu, tr. jasp.

2543. Gœthe. Ses mémoires et sa vie, traduits et annotés par Henri Richelot. *Paris, J. Hetzel, s. d.*, 4 vol. in-8, demi-rel, v. f. tr. jasp.

2544. Le Général Jomini, étude par Sainte-Beuve. *Paris, M. Levy*, 1869, in-12, demi-rel. v. f.

2545. Mémoires posthumes du feld-maréchal comte de Stedingk, rédigés par le général comte de Bjornstjerna. *Paris, Arthus Bertrand*, 1844, 2 vol. in-8, demi-rel. v. v.

2546. Vie du comte Rostopchine, gouverneur de Moscou en 1812, par M. le comte A. de Ségur. *Paris, Bray et Retaux*, 1871, in-8, demi-rel. v. gris.

2547. Histoire des orientalistes de l'Europe, par Gust. Dugat, 1870, 2 vol. in-12, br. et autres biographies, 5 vol. in-12, br.

2548. Mélanges biographiques (1837-1860), 60 pièces en 8 vol. in-8, demi-rel.

2549. Mélanges biographiques, éloges et notices, 45 pièces en 6 vol. in-8, demi-rel.

2550. Mélanges biographiques. *Paris, an VIII*, 1864, in-8, demi-rel. v. ant. (*Envois d'auteurs.*)

Éloge de Washington, par Dubroca. — Guillaume de Lamoignon et Colbert. — Madame Swetchine, par E. Naville. — Étude sur Madame Élisabeth, par G. Du Fresne de Beaumont, etc.

2551. Biographies diverses. — Duplessis-Mornay, par Flammberq. — Richelieu, par la Barre du Parq. — Fr. Delessert, par M. Guizot. — Dübner. — Jacques Cœur. — Le Comte de Lurde, par le baron Alphonse de Ruble. — Le Duc de Luynes, etc. — 22 brochures in-8.

2552. Mélanges biographiques, 1846-67, 2 vol. in-8, demi-rel.

Environ 40 pièces : Lamennais. — L'abbé Perreyve. — L'abbé Beautain. — Rossi, etc.

BIBLIOGRAPHIE.

2553. Origine de l'Imprimerie, d'après les titres authentiques, l'opinion de M. Daunou et celle de M. Van Praet... par P. Lambinet. *Paris, H. Nicolle*, 1810, 2 vol. in-8, figures, demi-rel. v. ant. dos orné.

2554. Histoire de l'Imprimerie, par Paul Dupont. *Paris*, 1854, 2 vol. in-12, demi-rel. v. f.

2555. The fourth estate. Contributions towards a history of newspapers and of the liberty of the press; by Knight Hunt. *London*, 1850, 2 vol. in-8, cart.

2556. Observations, anecdotes and characters of Books and Men, by the reverend Joseph Spence. *London, Murray*, 1820, in-8, cart.

<small>Sur les gardes de ce volume se trouvent de nombreuses notes de la main de M. Guizot, et ces mots signés par lui : *Ce livre m'a été donné par Elwin à Ketteringham-hall. — Juillet* 1858.</small>

2557. Geschichte des Buchdruckerkunst, von Dr Karl Falkenstein. *Leipzig, Teubner*, 1840, in-4, fac-simile, demi-rel. chag. r. tr. dor. (*Envoi d'auteur.*)

2558. Spécimen typographique de l'Imprimerie royale. *Paris, Impr. royale*, 1845 ; in-fol. — Notice sur les Types étrangers du spécimen de l'Imprimerie royale... in-fol; ensemble 2 vol. cart.

2559. Manuel du Libraire et de l'amateur de livres, par Jacq.-Ch. Brunet, seconde édition. *Paris, Brunet*, 1814, 4 vol. in-8, demi-rel. v. ant.

2560. Bibliographie de la France. *Paris*, 1811 à 1834, 24 années, en 23 vol. in-8, demi-rel. v.

2561. Catalogue général des ouvrages de propriété française, publiés antérieurement au 12 mai 1854 et déposés en exécution de l'art. 2 de la convention littéraire du 22 août 1852, avec la table alphabétique des ouvrages et des auteurs. *Bruxelles*, 1875, in-8, demi-rel. v.

2562. Bibliographie des Mazarinades, publiée par C. Moreau. *Paris, J. Renouard*, 1850-51, 3 vol. gr. in-8, demi-rel. v. f. fil.

2563. Histoire des Livres populaires ou de la Littérature du colportage, par Ch. Nisard. *Paris, E. Dentu*, 1864, 2 vol. in-12, figures sur bois, demi-rel. v. f. tr. jasp.

2564. Bibliotheca historica, instructa à Strutio, nunc vero à J.-G. Menselio digesta. *Lipsiæ*, 1782, 11 vol. in-8, demi-rel.

2565. Rapports au Ministre de l'instruction publique sur les Bibliothèques des départements de l'ouest, suivis de pièces inédites, par M. Félix Ravaisson. *Paris, Joubert*, 1841, in-8, demi-rel. v. viol.

2566. Notice sur la bibliothèque d'Aix, dite de Méjanès ; précédée d'un Essai sur l'histoire littéraire de cette ville...

par E. Rouard. *Paris, F. Didot,* 1831, in-8, portrait, demi-rel. v. ant. dos orné.

2567. Catalogue descriptif et raisonné de la bibliothèque de Cambrai, par A. Le Glay. *Cambrai, A.-F. Hurez,* 1831, gr. in-8, demi-rel. v. vert, dos orné.

Exemplaire en papier vélin fort.

2568. Catalogue descriptif et raisonné des manuscrits de la bibliothèque de Cambrai, par A. Le Glay. *Cambrai, A.-F. Hurez,* 1831, in-8, avec une gr. figure et des fac-simile, demi-rel. v. ant. dos orné.

2569. Lettre à M. de Falloux, par G. Libri. *Paris, Paulin,* 1849, in-8, demi-rel. mar. bl.

2570. Recueil bibliographique sur les manuscrits de la Haye, par Jubinal. — Mémoire sur les persécutions qu'on fait souffrir en France à M. Libri, 1850. — Un Nouvel Episode de l'affaire Libri, par Ach. Jubinal, 1851. — Sur les Manuscrits du marquis d'Argenson, par Sainte-Beuve, affaire Pauthier et de Callery. Liberté de la presse. —37 pièces en 2 vol. in-8, demi-rel.

2571. Un Coin du tableau, mai 1871. — Catalogue de livres rares, brûlés au palais du conseil d'État... (par Paulin Paris). *Paris,* 1872. — Catalogue de la bibliothèque de Lisieux. — Spécimen des nouveaux caractères de Didot, 1819, 3 broch. gr. in-8.

2572. Beschreibung der K. Bibliothek zu Dresden, vou Karl Falkenstein. *Dresden,* 1839, in-8, mar. bl. tr. dor.

JOURNAUX

2573. L'Abeille encyclopédique, ou Aperçu raisonné de toutes les connaissances humaines, enrichi d'un tableau analytique des sciences et des arts, par Achille Tardif. *Paris, Rousseau,* 1832, in-8, cart.

2574. Galignani's Messenger. *Paris,* 1840 et 1841, 5 vol. in-fol. demi-rel. v. f.

2575. THE ANNUAL REGISTER. *London,* 1758 (vol. réimprimé en 1768) à 1823. 65 vol. in-8, v. marbr.

Bel exemplaire.

2576. THE EDINBURGH REVIEW, or critical Journal from oct. 1802 to oct. 1868. — 66 années, en 128 vol. in-8, rel.

Livraisons détachées pour les années suivantes.

2577. L'Ami de la Maison, revue hebdomadaire illustrée. *Paris, Paulin et Le Chevalier*, 1856-57, 2 vol. gr. in-8, demi-rel. chagr. brun.

2578. Revue Française, n° I, janvier 1828, au n° XVI, juillet 1830. 16 tomes en 8 vol. pet. in-8, demi-rel. v. ant. tr. jasp. — Juin 1837 à juin 1839; 12 tomes en 6 vol. gr. in-8, demi-rel. v. f. dos orné, fil. tr. jasp. — Ensemble 28 tomes en 14 vol. in-8, demi-rel.

2579. Dictionnaire de la conversation et de la lecture. *Paris, Belin-Mandar*, 1832-1838, 52 vol. in-8, demi-rel. v. fr.

2580. LE NATIONAL, de janvier 1840 à décembre 1848; 19 vol. in-fol. demi-rel. v. viol.

2581. REVUE CONTEMPORAINE, années 1852 à 1869; 105 vol. in-8, demi-rel. v. f. (*Il manque le tome* XIX) (*mois d'avril et de mai* 1855).

2582. LE CORRESPONDANT, recueil périodique. *Paris, Ch. Douniol*, 1853-1872, 55 vol. in-8, demi-rel. v. f. (*Il manque les tomes* LXXVII *et* LXXIX) (*janvier à septembre* 1869).

2583. JOURNAL DES SAVANTS, 1816 à 1868; 43 vol. in-4, demi-rel. v. ant.

Bel exemplaire.

2584. REVUE DES DEUX-MONDES. *Paris*, 1831, 1872; 42 années en 202 vol. in-8, demi-rel. v. ant. (*Reliure uniforme.*)

Bel exemplaire.
L'année 1831 est de la réimpression.

2585. JOURNAL DES DÉBATS POLITIQUES ET LITTÉRAIRES, depuis les États généraux (5 mai 1789 au 31 décembre 1873). 84 années formant 126 vol. in-8, 97 vol. pet. in-fol. et 74 vol. gr. in-fol. — Ensemble 297 vol. in-8, pet. in-fol. et grand in-fol.; reliure pleine, demi-rel. ou cartonnés.

Très-bel exemplaire, complet. Exemplaire de M. Bertin de Vaux.

2586. LE MONITEUR UNIVERSEL, introduction, analyse; années 1789 à 1859. — 70 années en 135 vol. in-fol. et grand in-fol. (avec les tables depuis 1850), demi-rel.

L'année 1861, en plus.

TABLE DES DIVISIONS.

BEAUX-ARTS.

	N°⁸
Mélanges sur les arts	1
Peinture	18
Dessins et gravures	43
Architecture	55
Sculpture et ciselure	69
Musique	74

BELLES-LETTRES.

Rhétorique, Linguistique	76
Poésie	159
Théâtre	307
Romans	359
Philologie	400
Satire	415
Épistolaires	416
Mélanges	443
Polygraphes et collections	493

HISTOIRE.

Géographie	571
Voyages	597
Histoire universelle	705
Histoire ancienne	723
Histoire moderne.	
A. Histoire générale	841

		Nos
B. Histoire de France.		
a. Géographie de la France		896
b. Histoire générale		910
c. Matériaux pour l'histoire de France		940
d. Histoire particulière de France, jusqu'à Henri III		1024
e. Histoire particulière de France, depuis Henri IV jusqu'à Napoléon		1155
f. Histoire de France depuis Napoléon Ier jusqu'à nos jours		1310
g. Histoire des provinces et villes de France		1491
C. Histoire d'Angleterre.		
a. Histoire générale		1690
b. Matériaux pour l'histoire d'Angleterre		1716
c. Histoire particulière de l'Angleterre		1790
d. Histoire des provinces, des villes et des colonies de l'Angleterre		1990
D. Pays-Bas		2038
E. Italie		2072
F. Suisse		2121
G. Espagne		2132
H. Allemagne, Russie et autres États de l'Europe		2160
I. Asie et Afrique		2238
K. Amérique et Océanie		2263
Noblesse		2327
Archéologie		2331
Paléographie. — Histoire littéraire. — Sociétés savantes		2389
Biographie		2450
Bibliographie		2553
Journaux		2573

FIN DE LA TABLE DES DIVISIONS.

Paris. — Imprimerie de Georges Chamerot, rue des Saints-Pères, 19.

SOUS PRESSE :

CATALOGUE
DES LIVRES

COMPOSANT LA

BIBLIOTHÈQUE DE FEU M. GUIZOT

DEUXIÈME PARTIE

THÉOLOGIE. — JURISPRUDENCE. — SCIENCES. — ARTS DIVERS.
AUTOGRAPHES.

Paris. — Typographie Georges Chamerot, rue des Saints-Pères, 19.

www.ingramcontent.com/pod-product-compliance
Lightning Source LLC
Chambersburg PA
CBHW051917160426

43198CB00012B/1926